21世纪经济管理新形态教材·会计学系列

内部控制与风险管理

沙秀娟 ◎ 主 编

清华大学出版社
北京

内 容 简 介

本书较好地体现了系统性、实用性、前瞻性的特点，既有基础理论知识的系统阐述，又有内部控制与风险管理在企业战略、投融资、内部运营和评价实践等方面的介绍。本书加入数字经济、新发展理念背景下企业内部控制与风险管理的新挑战和新特色内容，将理论与实践、传承与创新相结合，力求提高实践性和创新性。

本书适用的读者对象是高等院校工商管理及相关专业的本科生，也可以作为相关专业本科生、研究生以及科研、管理人员的自学和参考用书，受众群体具有广泛性。

本书封面贴有清华大学出版社防伪标签，无标签者不得销售。
版权所有，侵权必究。举报: 010-62782989，beiqinquan@tup.tsinghua.edu.cn。

图书在版编目（CIP）数据

内部控制与风险管理 / 沙秀娟主编. -- 北京 : 清华大学出版社, 2025.2. (21世纪经济管理新形态教材). -- ISBN 978-7-302-68025-3

Ⅰ. F275.1

中国国家版本馆CIP数据核字第2025J1E816号

责任编辑：付潭蛟
封面设计：汉风唐韵
责任校对：宋玉莲
责任印制：杨　艳

出版发行：清华大学出版社
网　　址：https://www.tup.com.cn，https://www.wqxuetang.com
地　　址：北京清华大学学研大厦A座　　　邮　编：100084
社 总 机：010-83470000　　　　　　　　邮　购：010-62786544
投稿与读者服务：010-62776969，c-service@tup.tsinghua.edu.cn
质 量 反 馈：010-62772015，zhiliang@tup.tsinghua.edu.cn
课 件 下 载：https://www.tup.com.cn，010-83470332

印 装 者：三河市东方印刷有限公司
经　　销：全国新华书店
开　　本：185mm×260mm　　印 张：13.25　　字　数：281千字
版　　次：2025年3月第1版　　　　　　　印　次：2025年3月第1次印刷
定　　价：49.00元

产品编号：100845-01

前　言

随着大数据、智能化、移动互联网和云计算等信息技术飞速发展与应用，市场经济越来越发达，不确定性因素也越来越庞杂，企业经营所面临的不确定性因素愈加庞杂，内部控制与风险管理在企业管理中扮演着越来越重要的角色，如何识别企业所面临的各种风险，对企业的风险实现有效管控，已经成为公司治理以及核心竞争力培育中一个非常重要的永恒课题。

为了适应时代发展的需要，本书借鉴了国内外成熟的新理论、新知识、新技术，力求系统反映公司内部控制与风险管理的系统性、实用性、前瞻性。本书立足于使广大读者对内部控制与风险管理的概念、原理、工具建立基本认识，培养适应新形势的内部控制与风险管理人才，结合内部控制与风险管理实例，按照企业内部控制与风险管理过程对内部控制与风险管理理论和工具进行了详细阐述。

本书既有基础理论知识的系统阐述，又有内部控制与风险管理在企业战略、投融资、内部运营和系统评价等实践方面的阐述与应用介绍。本书共10章。包括内部控制与风险管理总论、环境分析、风险评估、控制活动、信息与沟通、内部监督、战略风险识别与内部控制、投融资风险识别与内部控制、运营活动风险识别与内部控制、内部控制与风险管理评价。

本书的特色在于：

（1）结构设计较为合理。本书以现代企业为主体，以我国经济环境和信息技术为背景，以企业价值为核心，系统阐述了内部控制与风险管理的主要内容。从篇章设计，到内容安排与组织，合理有序，逻辑严谨。

（2）理论与实践相结合。本书注重企业内部控制与风险管理实务工作的需求导向，在介绍制度、流程、手段的同时，还特别对风险管理的实务操作，如识别技术、评估技术、管理策略、规划技术以及相关运用等都进行了非常具体的介绍，并在各章前有情境导入案例，章后有复习思考，在理论联系实践的同时，有助于增强使用者的实践应用能力。

（3）传承与创新相结合。本书在继承和保留已有内部控制与风险管理理论、观点和内容的基础上，融入了新时代背景下企业内部控制与风险管理的新要求和新挑战。

在本书编写过程中，在确定总体目标的情况下分工协作，其间部分章节内容先后多次调整、修改。本书由沙秀娟副教授担任主编，承担书稿的主要编写、统稿等工作，参与编写的成员还有王艳博、刘彦宏、王暖，她们分别承担了环境分析、风险评估、控制活动等章节的部分写作任务，感谢她们的辛勤付出。同时，感谢唐慧敏和王玉婷参与了本书的资料查阅、收集和整理工作。由于时间、精力有限，书中不足之处在所难免，还请读者多提宝贵建议。

本书参考了大量的文献资料，正是这些文献的指引才让我们有所启发，已将相关参考文献列于文后，在此向所有参考文献的作者（包括列出的和未列出的）表示感谢。

还要感谢清华大学出版社的编辑们，因为他们认真的态度和耐心的付出，才有本书的出版。

编著者
2024 年 5 月

目 录

第1章 内部控制与风险管理总论 ... 1
- 1.1 内部控制与风险管理的基本理论 ... 2
- 1.2 内部控制与风险管理的历史演进 ... 8
- 1.3 我国内部控制与风险管理的发展 ... 17
- 复习思考题 ... 21

第2章 环境分析 ... 22
- 2.1 企业外部环境分析 ... 23
- 2.2 企业内部环境分析 ... 32
- 复习思考题 ... 40

第3章 风险评估 ... 41
- 3.1 风险评估目标 ... 42
- 3.2 风险识别 ... 46
- 3.3 风险分析 ... 57
- 3.4 风险应对 ... 63
- 复习思考题 ... 71

第4章 控制活动 ... 72
- 4.1 不相容职务分离控制 ... 73
- 4.2 授权审批控制 ... 75
- 4.3 会计系统控制 ... 78
- 4.4 财产保护控制 ... 82
- 4.5 全面预算控制 ... 83
- 4.6 运营分析控制 ... 85
- 4.7 绩效考评控制 ... 87
- 复习思考题 ... 91

第5章 信息与沟通 ... 92
- 5.1 信息传递与沟通 ... 93

5.2 信息管理系统 ······102
5.3 数字化时代信息系统的实践创新 ······111
复习思考题 ······116

第6章 内部监督 ······117
6.1 内部监督的机构及职责 ······118
6.2 内部监督的程序 ······120
6.3 内部监督的方法 ······123
复习思考题 ······128

第7章 战略风险识别与内部控制 ······130
7.1 公司战略概述 ······132
7.2 战略执行的风险识别与内部控制 ······137
7.3 战略变革的风险识别与内部控制 ······143
复习思考题 ······151

第8章 投融资风险识别与内部控制 ······152
8.1 上市公司的财务报告披露 ······153
8.2 投资风险识别与内部控制 ······155
8.3 融资风险识别与内部控制 ······159
复习思考题 ······163

第9章 运营活动风险识别与内部控制 ······164
9.1 采购环节的风险识别与内部控制 ······165
9.2 生产环节的风险识别与内部控制 ······170
9.3 销售环节的风险识别与内部控制 ······174
复习思考题 ······179

第10章 内部控制与风险管理评价 ······180
10.1 内部控制与风险管理评价概述 ······181
10.2 内部控制与风险管理评价的组织与实施 ······187
10.3 内部控制与风险管理缺陷的认定 ······190
10.4 内部控制与风险管理评价的底稿与报告 ······195
复习思考题 ······203

参考文献 ······204

第1章

内部控制与风险管理总论

本章学习目标

通过本章的学习,掌握内部控制的产生与发展历经的几个阶段,以及每一阶段的特点。掌握与内部控制整合框架阶段相比,企业风险管理整合框架阶段所具有的进步性,了解 ERM 框架的最新变化,了解内部控制的现实意义,了解我国内部控制相关法规的发展历程,掌握我国新颁布的《企业内部控制基本规范》的框架体系。

引导案例

内蒙古伊利集团内部控制分析[①]

内蒙古伊利实业集团股份有限公司成立于1993年,是一家为2008年北京奥运会、2010年上海世界博览会提供服务的乳制品企业,位居全球乳业五强,连续九年蝉联亚洲乳业第一,营收连续超百亿级增长。2004 年,伊利发生"独董事件",使其戴上了"公司治理机制不健全"的帽子,股价也跌入谷底。但是,公司内部整体工作有序,员工思想稳定,生产经营正常,销售业绩良好,现金流丰富。长期与伊利合作的经销商投资者,以及银行信贷机构仍然看好伊利的发展。经过重组领导班子与调整内部结构后,伊利集团继续发展,股价持续上涨。

伊利集团的理念分为五部分。价值篇:"健康兴旺,基业长青"是伊利集团的核心价值观;"不断创新,追求人类健康生活"是伊利人的使命。风格篇:"积极主动,勤勉进取"是伊利集团的企业风格。战略篇:直面竞争是活力,领先一步是法宝,共同成长是主题,构成了伊利集团的市场竞争观。管理篇:伊利集团的管理思想是"精确管理",管理到方方面面,精确到每个细节。为消费者提供100%安全、100%健康的优质产品是伊利集团的质量管理观念;严格、细心、节俭、安全是伊利集团的生产管理观念。行为篇:伊利集团的口号是先做伊利人,后做伊利事,欲出好产品,先塑好人品。塑好人品,练好本事,带好队伍是对管理者的要求;忠、诚、勤、俭是伊利人做人的基本原则。

[①] 资料来源:张秀玲. 内蒙古伊利实业集团股份有限公司财务风险预警研究[D]. 内蒙古财经大学,2014.

通过上述案例可见，内部控制和风险管理对企业非常重要。那么，什么是内部控制？内部控制在企业的生存和发展中具有什么样的作用？本章在对内部控制和风险管理定义做出界定的基础上，阐述了内部控制与风险管理的关系，并介绍了内部控制与风险管理的目标、原则、现实意义、历史演进以及我国内部控制与风险管理的发展。

1.1 内部控制与风险管理的基本理论

固有风险是当设定好一个目标后还未开展任何风险控制活动就面临的所有潜在风险。剩余风险就是当设定好目标后，认识了潜在风险，那么通过一系列的控制活动来降低、规避、转嫁这些潜在风险后还有未能被控制的潜在风险。这个一系列的控制活动中对自身（企业内部）进行控制的称为内部控制。

1.1.1 如何定义内部控制与风险管理

1. 内部控制的定义

内部控制最初从拉丁语"contrarotulus"派生而来，意为"对比卷宗"。正如内部控制专家 Tom Lee 所说："这个今日在经济管理领域的许多方面仍发挥重要作用的内部控制思想，其发展应归功于历代企业家、政府官员、会计人员和著书立说者们的不懈努力。他们不是在实践中应用这一思想，就是至少提倡应用这一思想。"内部控制思想的发展是一个历史渐进过程，随着社会经济不断发展，企业规模日益扩大，所有权和经营权分离，融资需求持续增加，业务活动日趋频繁，内部控制也处在不断发展之中，其概念逐步完善。

从 21 世纪初财政部颁布的《内部会计控制规范——基本规范（试行）》，指导内部控制规范体系的基本形成，我国对内部控制的定义几经变迁，经历了从无到有、范围逐步扩大、科学严谨性逐步提升的发展过程。根据《企业内部控制基本规范》的解释，"内部控制是由企业董事会、监事会、经理层和全体员工实施的，旨在实现控制目标的过程"。

内部控制制度是单位内部建立的使各项业务活动互相联系、互相制约的措施、方法和规程。现代化企业管理的产物。企业在竞争日益激烈的外部环境中，为了增强自身的竞争能力，需不断完善内部管理，提高工作效率，提高产品产量。由于内部控制制度的严密程度直接决定着被审单位提供的会计数据和全体经济资料的可靠性，现代审计总是把被审单位现行的内部控制制度当作审计的起点和重点，通过对内部控制制度的调查、核实和评价，确定审计工作的范围、深度和侧重点。

2. 风险管理的定义

企业风险是指由于企业内外部环境的不确定性、生产经营活动的复杂性和企业能力的有限性而导致企业的实际收益达不到预期收益，甚至导致企业生产经营活动失败的可能性。风险管理是发现和了解组织中风险的各个方面，并且付诸明智的行动帮助组织实现战略目标，减少失败的可能并降低不确定性的经济结果的整个过程。企业风险管理是对企业内可能产生的各种风险进行识别、衡量、分析、评价，并适时采取及时有效的方法进行防范和控制，用最经济合理的方法来综合处理风险，以实现最大安全保障的一种科学管理方法。

风险管理是社会组织或个人用以降低风险的消极结果的决策过程，通过风险识别、风险估测、风险评价，并在此基础上选择与优化组合各种风险管理技术，对风险实施有效控制和妥善处理风险所致损失的后果，从而以最小的成本收获最大的安全保障。风险管理含义的具体内容包括：风险管理的对象是风险。风险管理的主体可以是任何组织和个人，包括个人、家庭、组织（包括营利性组织和非营利性组织）。风险管理的基本目标是以最小的成本收获最大的安全保障。风险管理成为一个独立的管理系统，并成为一门新兴学科。

3. 内部控制与风险管理的关系

经济学家布莱克本认为，"风险管理和内部控制即使人为地分离，而在现实的商业化行为中，它们也是一体的"。还有学者分析了内部控制是怎样变为风险管理的，认为理论上风险管理和内部控制没有差异，这两个概念的外延正变得越来越广，正在转变为同一事物。内部控制与风险管理之间的联系是十分紧密的。内部控制的实质是风险控制，风险包含内部风险和外部风险，对内部风险的控制即内部控制，从这一概念来说，风险管理是内部控制的重要内容，风险管理包含内部控制，但两者之间的关系并不是简单的相互关系，两者之间存在着相互依存的、不可分离的内在联系。

内部控制的一个基本作用是控制风险。风险管理是内部控制的发展，风险管理拓展了内部控制内涵，内部控制发展成了以风险为导向的内部控制。因此，本书将内部控制与风险管理一体化，将它们作为一个整体进行理解与处理。

内部控制与风险管理既有区别又有联系。从理论发展以及社会实践角度看，内部控制与风险管理逐渐走向融合。两者的构成要件以及目标要求极为相似，都是注重于发展战略、市场运行、财务管理、法律规范以及经营管理等方面的内容。实际上，风险管理与内部控制的内容是相互交叉、相互融合的，二者相辅相成、密不可分。内部控制的实质是风险控制，风险管理是内部控制的主要内容。从国际的视角来看，风险管理框架的发展离不开内部控制作为基础。尽管二者之间的区别与联系在理论上是一个值得深刻辨析的问题，但是在企业的实际管理活动中，二者均是企业应对风险、提高经营效率、实现组织目标的有力工具。企业应该尽量将二者进行有机结合，利用共同的企业文化、战略目标来统领两项管理工作，同时又要高效、有序调配各项资源，完成信息收集、信息处理、报告编制、决策传递、信息反馈等基础性工作，使二者各司其职、各尽其事，从多个角度来构筑企业的全流程、全方位风险管理体系。

1.1.2 企业内部控制与风险管理的目标

企业内部控制和风险管理的目标决定着内控运行的方式和方向。企业希望通过内部控制的设计和实施来取得的成效，主要表现为业绩的提高、财务报告信息质量的提高、违规行为发生率的降低等。确立内部控制和风险管理的目标并逐层分解目标是控制的开始，内部控制和风险管理的所有方法、程序和措施无一不是围绕着目标而展开；如果没有目标，企业的内部控制和风险管理就会失去方向。

我国《企业内部控制基本规范》规定，内部控制的目标是合理保证企业经营管理合法合规、资产安全、财务报告及相关信息真实完整，提高经营效率和效果，促进企业实现发展战略。内部控制的基本目标是确保单位经营活动的效率性和效果性、资产的安全性、经营信息和财务报告的可靠性。根据财会〔2008〕7号《企业内部控制基本规范》，内部控制包括五大目标：合理保证企业经营管理合法合规，合理保证资产安全，合理保证财务报告及相关信息真实完整，提高经营效率和效果，促进企业实现发展战略。内部控制为实现五类目标提供合理保证。

1. 合规目标——合理保证企业经营管理合法合规

合规目标是指企业内部控制与风险管理要合理保证企业在国家法律和法规允许的范围内开展经营活动。企业的最终目标是生存、发展和获利，企业的内部控制和风险管理要合理保证企业经营管理合法合规。如果企业盲目追求利润，无视国家法律法规，必将为其违法行为付出巨大的代价。依法依规经营是企业从事经营活动的底线，也是企业健康发展、经久不衰的基石。内部控制要求企业必须将发展置于国家法律法规允许的基本框架之下，在诚信守法的基础上实现自身的持续发展。

2. 资产安全目标——合理保证资产安全

财产物资是企业从事生产经营活动的物质基础，保证资产安全是投资者、债权人和其他利益相关者对企业经营管理者的基本要求，也是企业经营管理者的基本职责。内部控制系统应当为企业资产的安全完整提供坚实的保障。资产安全的目标主要是防止资产损失，保护资产的安全与完整。内部控制与风险管理可以通过适当的方法对货币资金的收入、支出、结余以及各项财产物资的采购、验收、保管、领用、销售等活动加以控制，防止贪污、盗窃、滥用、毁坏等不法行为发生，保证财产物资的安全完整。

3. 报告目标——合理保证企业财务报告及相关信息真实完整

企业财务报告及相关信息反映了企业的经营业绩、财务状况以及企业的价值增值过程，揭示了企业的过去和现状，并可预测企业的未来发展，是投资者进行投资决策、债权人进行信贷决策、管理者进行管理决策、相关经济主管部门制定政策和履行监管职责的重要依据。内部控制的重要控制活动之一就是对财务报告的控制。财务报告目标是指内部控制与风险管理要合理保证企业提供真实可靠的财务信息及其他信息。财务报告的内部控制与风险管理，是加强财会监督、遏制财务造假、提高上市公司会计信息质量的重要基础。

内部控制与风险管理要合理保证企业的财务报告及相关信息真实完整。真实可靠的信息资料能够为企业的决策、执行、监督提供依据，支持企业经营活动顺利地进行。对外披露财务信息报告的真实、完整，有利于提高企业的诚信度和公信力，维护企业良好的声誉和形象。财务报告及相关信息的真实、可靠与完整，不仅是企业管理经营活动的需要，也是政府、法律法规、投资者、债权人、其他利益相关者、行业及专业管理机构对企业经营管理者的基本要求，是企业诚信经营、长久经营之道。

4. 经营目标——促进企业提高经营效率和效果

企业的经营目标是提高企业经营的效率和效果，是内部控制与风险管理要达到的最直接也是最根本的目标。提高经营效率和效果，不仅是企业发起成立的宗旨、投资者的目的和经营管理者的职责，也是企业生存、发展的物质源泉。内部控制系统通过确定职责分工，严格各种手续、制度、工艺流程、审批程序、检查监督手段等，可以有效地控制企业生产和经营活动顺利进行、防止出现偏差，纠正失误和弊端，保证实现单位的经营目标。因此，企业应当结合自身所处的经营、行业和经济环境，通过建立健全有效的内部控制与风险管理体系，不断提高企业的经营效率和效果。

5. 战略目标——促进企业实现发展战略

战略目标是企业现在及未来的发展道路和具体安排，是企业的愿景，也是企业内部控制与风险管理的最高目标和终极目标即促进企业实现发展战略。促进发展战略的实现，不仅仅是投资者对企业决策者、经营管理者的要求。如果说提高经营效率与效果是从短期利益角度定位的目标，那么促进发展战略则是从企业长远利益发展的内部控制目标。企业应当将短期利益与长远利益结合起来，在企业经营里中努力做出符合战略要求的策略选择。立足于经营目标，着力提高经营效率和效果，通过内部控制和风险管理规范体系的建立与实施，有效提高企业可持续发展能力和价值创造能力。

1.1.3 企业内部控制与风险管理的原则

原则是指处理问题的准绳和规则。要使内部控制和风险管理达到既定目标，即内部控制和风险管理有效，就必须在内部控制的建立和实施过程中遵循一定的原则。建立和实施内部控制和风险管理必须遵循以下原则。

1. 全面性原则

全面性原则即内部控制与风险管理应当贯穿决策、执行和监督的全过程，覆盖公司及其所属单位的各种业务和事项。企业的内控体系应当贯穿于企业经营活动的决策、执行和监督的各个阶段、各个层级，涵盖企业每一项经营活动的过程始终，体现内部控制的全面、全员、全过程控制的特性。公司内部控制与风险管理在人员上应该涵盖企业董事会、管理层和全体员工，在对象上应该覆盖各项业务和管理活动，在流程上应该渗透到决策、执行、监督、反馈等各个环节，避免内部控制和风险管理出现空白和漏洞。全面性原则既要符合企业的长期规划，又要注重企业的短期目标，还要与企业的其他内控制度相互协调。

2. 重要性原则

重要性原则是指在全面控制的基础上，内部控制和风险管理应当关注重要业务事项和高风险领域。重要性原则是指内控制度的建立要根据企业的实际情况，针对企业重要业务和事项、高风险领域和环境制定切实有效的内部控制和风险管理制度，对各个环节和细节加以有效控制，以提高企业风险防范水平。基于企业资源有限的客观事实，企业在设计内部控制和风险管理制度时不应平均使用资源，而应寻找关键控制点，并对关键控制点投入更多的人力、物力等，着力防范重大风险。中央在国企推行的"三重一大"①制度正是重要性原则的充分体现。

扩展阅读 1-1　中共中央办公厅、国务院办公厅印发《关于进一步推进国有企业贯彻落实"三重一大"决策制度的意见》

3. 制衡性原则

制衡性原则要求企业应当在治理结构、机构设置及权责分配、业务流程等方面形成相互制约、互相监督，同时兼顾运营效率。相互制衡是建立和实施企业内部控制和风险管理的核心理念，更多体现为不相容机构、岗位或人员的相互分离和制约。无论在企业决策、执行环节还是在监督环节，如果不能做到不相容职务的相互分离与制约，就会造成滥用职权或串通舞弊的后果，导致内部控制失效，给企业经营发展带来重大隐患。

4. 适应性原则

内部控制与风险管理应当与企业经营规模、业务范围、竞争状况和风险水平等相适应，并随着情况的变化及时加以调整。根据权变理论，企业要依据内外部所面临的环境的变化而变化，采取适当的管理方法，不存在一成不变的、普遍适用的管理理论和方法。企业内部控制与风险管理的建立和修订必须随着国家法律法规、政策、制度等外部环境的改变，以及企业经营规模、业务范围和竞争状况等内部环境的变化，及时加以调整，促进企业管理水平的不断提高，使内部控制与风险管理真正发挥作用。

5. 成本效益原则

内部控制应当权衡实施成本与预期效益，以适当的成本实现有效控制。成本效益原

---

① 所谓"三重一大"是指重大决策、重大项目安排、重要人事任免及大额资金使用。

则要求企业内部控制与风险管理的建立实施必须统筹考虑投入成本和产出效益之比。内部控制与风险管理的成本一般包括内部控制与风险管理的设计成本、实施成本和鉴证成本。内部控制与风险管理的建立要充分考虑以上三种成本，对成本效益原则的判断需要从企业整体利益出发，尽管某些控制会影响工作效率，但可能会避免整个企业面临更大损失，此时仍应实施相应控制。

1.1.4 企业内部控制与风险管理的现实意义

1. 企业内部控制与风险管理是解决企业现实难题的独特钥匙

如何看待企业在发展过程中效率与安全的矛盾；制度有时为何成为发展的绊脚石，为什么有健全制度仍然出问题；保证制度有效性的主要责任在谁；如何分辨企业、业务、部门的风险；部门与企业发展战略如何切实连接；怎样确保制度的有效贯穿和执行；生产、采购、销售、投资、应收账款的销售如何全面布局；基于财务的内控体系如何构建：面对企业这些现实难题，内部控制制度体系与风险管理框架可以为其提供有效的解决方案。

2. 强化企业的内部控制已经成为发达国家治理公司的重要手段

企业必须建立有效的内部控制体系。但什么是有效的内部控制体系？谁对企业内部控制负责？如何评价和改进企业的内部控制？这已经成为企业可持续发展的关键。企业内部控制是关系到企业发展壮大乃至生存的非常重要的一个方面。虽然企业内部控制不能保证企业成功，但是通过对失败企业案例进行分析后可以发现，如果没有内部控制和风险管理，企业失败的概率会大很多。也就是说内部控制和风险管理不是万能的，但是没有它是万万不能的。

3. 内部控制与风险管理是提高企业运营效率的基本工具

内部控制通过构建完整的企业内部控制制度体系，规范企业各作业流程，明确所有员工责权利，寻找企业经营的风险事件和风险点，完善风险管理措施，可以有效地整合企业资源，提高企业资金利用率。通过内部控制的授权和流程设计可以解决战略失当、决策失误、无效成本、低效成本、不良成本、无为成本、错误、舞弊、违法、信息失真、价值链畸变等问题。因此，随着企业间竞争环境的恶化和竞争程度的不断加剧，21世纪企业发展的基础有赖于内部控制和风险管理技术的不同，内部控制与风险管理是提高企业运营效率的基本工具。

4. 内部控制与风险管理已经成为财务主管的主要职责

随着全球范围内内部控制的不断推广，各国家分别对企业内部控制与风险管理提出了新的要求。财务主管的主要职能也在悄然发生着变化，由原来的简单记账、财务评价、企业顾问到决策支持，即由会计控制到管理控制再到资金控制然后到风险控制。全面风险管理已经成为现代企业财务主管的重要职责。

5. 内部控制与风险管理可以防范错弊

错弊的防范是企业生存的底线，企业在盈利之前，先要保证资金的安全，不要让可能的风险发生，这就是防范错弊。在设计错弊的防范机制之前，首先要知道错弊都是怎么发生的。错弊三角理论认为，任何错弊的发生都是在压力、借口和机会三个要素共同作用下形成的。要防范错弊，就要从这三个要素入手：通过进行职业道德教育让其不愿犯错；通过法律法规让其不敢犯错；通过内部控制和风险管理让其不犯错误。企业只有建立和有效实施科学的内部控制与风险管理体系，才能夯实内部管理基础，提升防御风险能力。

1.2 内部控制与风险管理的历史演进

内部控制与风险管理是组织运营与管理活动发展到一定阶段的产物，是科学管理的必然要求。内部控制与风险管理思想的发展是一个不断发展、完善的历史渐进过程，随着社会经济不断发展，推动其发展的因素主要来自组织的演进和政治、经济、社会、技术等环境的变化。内部控制是伴随组织的形成而产生的，自从组织产生以后，对企业内部管理的需要在长期的经营实践中逐渐演进。企业规模日益扩大，所有权和经营权分离，融资需求持续增加，业务活动日趋频繁，内部控制和风险管理也处在不断发展之中，其概念逐步完善。内部控制理论与实践的发展大体上经历了内部牵制、内部控制系统、内部控制结构、内部控制整合框架阶段等四个不同的阶段，并已初步呈现出与企业风险管理整合框架交融发展的趋势。

1.2.1 内部牵制阶段

企业组织的内部控制伴随着企业组织的形成而产生，内部控制与风险管理是在内部牵制的基础上发展起来的。早期的分工、牵制、授权、汇报、稽查等都是内部控制活动。因而，内部控制最初是在组织中内生的，而非外力催生的。

最早的内部控制定义仅仅局限于会计控制。20世纪以前，社会生产力还相对落后，商品生产尚不发达，内部控制主要表现为对会计账目和会计工作实行岗位、职责分离和相互牵制，任何一个部门或人员都不能独立地控制账目，并且使两个或两个以上的部门和人员能够对会计账目实现交叉检查或交叉控制。其目的主要是保证财产物资安全和会计记录真实。

1. 内部牵制的产生和发展

内部控制的最原始思想雏形来源于内部牵制（Internal Check）。从现有的历史记录和考古证据来看，牵制思想的体现可以追溯到人类几千年以前的古文明时期。古埃及、古希腊、古罗马和古代中国都有原始内部牵制制度的雏形。如古埃及"三官

扩展阅读 1-2　九府圜法

牵制"、古希腊"官员任前、任中、卸任审查"、古罗马时代对会计账簿实施的双人记账制、我国西周实施的分权控制和九府圜法。

在中世纪查理时代，查理皇帝继承了古罗马和波斯运用审计人员对国家财政事项进行控制的系统。规定同一笔经济业务应由两位记录官独立地进行记录以预防舞弊行为发生，同时确保报告工作的正确性。盘存工作也定期举行，以监督和明确有关官员的经济责任，并保证会计记录的正确性。

到了15世纪末，资本主义经济初步发展起来，在会计核算方面，由意大利商人发明的借贷记账法，要求对于任何一笔经济业务都要用相等的金额，在两个或两个以上有关账户中相互联系记录。复式记账法的出现促进了内部牵制方法的发展，也是内部牵制的重要手段。这个时期内部牵制的主要内容是会计核算的相互牵制，是账目之间的相互核对，实施一定程度的岗位职责分离，任何一个部门或个人不能独立控制会计核算，从而发挥会计核算相互牵制的作用；同时，设置两个或两个以上的部门或个人对会计账目进行交叉检查。内部牵制在这一时期逐渐成熟起来，但范围以内部会计牵制为主。

18世纪第一次工业革命后，现代化的企业快速发展，企业规模迅速扩大，公司制企业开始出现，特别是公司内部稽核制度因收效显著而被各大企业纷纷效仿。一些企业在应用内部会计牵制的过程中，逐步摸索出一系列组织、协调、制约和检查生产经营活动的方法，形成了内部牵制制度。内部牵制从内部会计牵制逐步扩展到企业经营的各个方面，主要是通过对岗位的职责分工，使得任何一个部门或个人无法单独控制任何一项业务，实现在正常履行业务过程中进行交叉检查控制的目的。此外，还有会计记账和人员轮换等控制要素，目的是防范财产物资流转和管理中的舞弊，保证企业资产的安全和完整。

20世纪初，资本主义经济迅速发展，生产关系和生产力的重大变化促进了社会化大生产的发展、加剧了企业间的竞争，企业的内部控制管理成了关系企业生死存亡的关键因素。在激烈的竞争中，一些企业逐步摸索出组织调解、制约和检查生产活动的办法，即当时的内部牵制制度。

内部牵制是内部控制的萌芽阶段，目标是预防差错和舞弊；对象是在业务活动层面，聚焦的层面较低。内部牵制是以账目间的相互核对为主要内容并实施岗位分离，以确保所有账目正确无误的一种控制机制。内部牵制制度的建立主要基于两个设想：两个或两个以上的人或部门无意识地犯同样错误的机会是很小的；两个或两个以上的人或部门有意识地合伙舞弊的可能性大大低于单独一个人或部门舞弊的可能性。按照这样的设想，通过内部牵制机制，实现上下牵制，左右制约[①]，相互监督，因而具有查错防弊这个主要

---

① 所谓的上下牵制，左右制约，是指从纵向看，每项经济业务的处理至少要经过上下级有关人员之手，使下级受上级监督，上级受下级制约，促使上下级均能忠于职守，不可疏忽大意。从横向看，每项经济业务的处理至少要经过彼此不相隶属的两个部门的处理，使每一部门工作或记录受另一部门的牵制，不相隶属的不同部门均有完整的记录，使之互相制约，自动检查，防止或减少错误和舞弊；同时，通过交叉核对也能及时发现错误和舞弊。特点：以任何个人或部门不能单独控制任何一项或一部分业务权力的方式进行组织上的责任分工，每项业务通过正常发挥其他个人或部门的功能进行交叉检查或交叉控制。

功能。

2. 内部牵制制度的方式

内部牵制制度的核心内容是不兼容职务的分离与牵制。不兼容职务指的是不能同时由一个人兼任的职务。在企业中，每项业务的处理都必须经过授权、批准、执行、记录和检查等五个步骤。在不兼容职务分离控制下，为达到有效控制的目的，任何部门或个人不能独揽业务处理的全过程，不同步骤应交由不同的部门或人员去完成。一般而言，内部牵制可通过以下四种方式进行，即机械牵制、实物牵制、分权牵制、簿记牵制。

（1）机械牵制

机械牵制即只有按照正确的程序操作机械，才能完成一定过程的操作。它采用的是程序牵制，即将单位各项业务的处理过程，用文字说明或流程图的方式表示出来，以形成制度，颁发执行。它属典型的事前控制法，要按牵制的原则进行程序设置，而且要求所有的业务活动都要建立切实可行的办理程序。机械牵制一般可以与特定的授权结合运用。例如，企业出纳在管理库存现金时，可以借助设置保险柜密码来防止失窃。

（2）实物牵制

实物牵制也叫实物负责制，是指将财产物资的保管责任落实到特定的部门和人员头上，以达到保护这些财产物资安全完整的目的。实物牵制即由两个或两个以上人员共同掌管必要的实物工具，共同完成一定程序的牵制。通过落实实务保管责任，对企业相关财产物资的安全完整起到良好的保护作用。例如，将保险柜的钥匙交由两个或两个以上的工作人员保管，不同时使用这两把或两把以上的钥匙，保险柜就无法打开，以防止一个人作弊。

（3）分权牵制

分权牵制也叫职责分离，是指通过分工和制衡，由不同的部门和人员来完成不同的业务环节，以达到牵制的目的。为防止错误和舞弊，对于每一项经济业务的处理，都要求有两个或两个以上人员共同分工负责，以相互牵制、互相制约的机制。这主要通过组织分工来实现。其基本要求是职责分离。它不仅要求划分职责，明确各部门或个人的职责和应有的权限，同时还要规定相互配合与制约的方法。恰当的组织分工是内部牵制最重要、最有效的方法。例如，数名记录人员编制会计记录，其中一位记录仓库的进项，一位记录仓库的出项，审核工作由第三位记录人员通过比较前两位记录人员的会计记录进行。分权程度越高，牵制效果越好。

（4）簿记牵制

在手工操作的会计记录系统中，不可避免会产生错误，因此定期结账和对账不仅是编制财务报表的需要，也是防止错误的有效方法，这是一种簿记牵制。簿记牵制也叫会计系统牵制，是指通过簿记在内的控制职能而实现的牵制。复试簿记体系对所有的业务和事项都要以原始凭证为基础进行序时和分类记录，这就使得原始凭证与记账凭证、会计凭证与账簿、账簿与账簿、账簿与会计报表之间存在核对的牵制。在某种意义上，它也是程序牵制的一个方面。

3. 内部牵制阶段的特点

内部牵制制度只是对业务活动及有关记录处理的一种程序或制度规定，该制度是否合理，执行效果如何，则应由内部审计去检查、监督与评判。随着经济社会的发展，内部控制日益超越了内部牵制的范畴，但内部牵制理念仍在企业内部控制中发挥着重要的作用。

案例

麦克森-罗宾斯案件

麦克森-罗宾斯（Mckesson & Robbins）案件可以认为是全美企业内部控制史上的里程碑事件，也直接促进了全美注册会计师职业中对内部控制问题的关注。麦克森-罗宾斯企业是美国一家主要经营化学和医疗产业的大公司。

在1937年，它的企业总额曾经达到了1亿美元，这在当时是规模相当巨大的企业，对麦克森-罗宾斯公司进行审核的是美国普华永道审计师事务所。这些公司都通过纽约证券交易所进行股票交易。

1938年12月，美国联邦证券交易所停止了收购该公司的全部股权。但在后来，经由对美国联邦证券交易委员会（SEC）进行检查时指出，该公司所虚构的总额近2 000万美元的存货和应收账款，已超出公司全部资产的20%。

随着事件的曝光，社会各界反响强烈。后来，美国证监会专门组建了一个专业委员会就此问题展开研究，并发表了名为《审计程序的扩展》的研究报告。其中提出了针对内部控制问题的研究方向："关于会计中那些最基本的、重要的问题……被许多会计师随意对待。因为在财务报告审核时，测试程序和抽样方法被大量使用，人们觉得有必要对公司的牵制和控制系统加以充分理解。"它被作为1939年第一号会计程序标准（SAP No.1）的主要依据。

中国证监会也认识到，对内部牵制体系的审视不应当仅仅局限在专门的业务领域，更需要对交易管理的方法有充分的认识，这对会计师职业界来说意义是很大的。目前证监会已经要求职业界能进行有关企业内部控制审计的研究，当然这项研究需要超越审计的范围，但具体超越多少范围并没有确定。从此之后会计职业界一直在朝着这个方向努力。

1.2.2 内部控制系统阶段（二要素阶段）

1. 内部控制系统的产生和发展

内部控制系统阶段产生的时间大致是20世纪40年代到80年代。

20世纪20年代末30年代初，以美国为代表的西方国家爆发了严重的经济危机，这种经济危机很快演变成为世界性的经济"大萧条"。许多生产线关闭，企业倒闭，工人大量失业，迫使很多企业为求生存，免受破产厄运，加强生产经营的控制和监督，不断地探索应用一系列控制措施。

到20世纪40年代末，生产的社会化程度空前提高，股份有限公司迅速发展，市场竞争进一步加剧。为了在激烈的竞争中生存及发展，企业迫切需要在管理上采用更为完善、有效的控制方法。同时，为了适应股份日益分散的形势和保护社会公众投资者的利益，西方国家纷纷以法律的形式要求企业披露会计信息，这样对会计信息的真实性就提出了更高的要求。

1949年美国会计师协会[①]（AIA）所属的审计程序委员会发表的题名为《内部控制：系统协调的要素及其对管理部门和独立公共会计师的重要性》的特别报告中首次对内部控制进行了权威定义，即"内部控制包括组织结构的合计和企业内部采取的所有协调方法和措施，旨在保护资产、检查会计信息的准确性和可靠性，提高经济效益，促进既定管理政策的贯穿执行"。这促使企业内部控制工作第一次将管理视角超越了会计范畴，内部控制实践由职责分离、账户核对主要内容的内部牵制，逐渐深入所有部门及整个企业管理活动，如组织结构、业务程序、质量管理、内部稽核、处理手续、统计分析等方面，甚至第一次将管理效率、经营效率也纳入视野。

1953年AIA在其颁布的第19号审计程序公告《审计程序说明》中，对内部控制定义做了正式修正，将内部控制按照其特点分为会计控制和管理控制两部分，前者旨在保护企业资产、检查会计数据的准确性和可靠性，后者旨在提高经营效率、促使有关人员遵守既定的管理方针。这种划分是为了规范内部控制检查和评价的范围，目的在于缩小注册会计师的责任范围。

1958年，美国注册会计师协会（AICPA）审计程序委员会发布的《独立审计人员评价企业内部控制的范围》中确定了将内部控制分为会计控制和管理控制两类。其中，会计控制设计与财产安全和会计记录的准确性、可靠性有直接关系的所有方法和程序，如授权与审批控制等；管理控制是与贯彻管理方针和提高经济效益有关的所有方法和程序，如业绩报告、员工培训等。

1963年，AICPA审计程序委员会在发布的《审计准则程序》公告中强调，针对1958年发布的会计控制和管理控制两项工作，审计人员应主要检查会计控制。

1972年11月发布的第54号审计程序公告《审计师对内部控制的研究和评价》中，对管理控制和会计控制的定义进行了修订。同年同月份，AICPA审计准则委员会发布第1号审计准则公告《审计准则和程序汇编》，将内部控制一分为二，使得注册会计师在研究和评价企业内部控制制度的基础上来确定实质性测试的范围和方式成为可能。这一

---

① 该协会于1957年改名为美国注册会计师协会（AICPA）。

阶段，内部控制被正式纳入相关准则和制度体系中，管理控制正式成为内部控制的一个重要组成部分。

2. 内部控制系统的特点

内部控制系统阶段又被称为"系统二分法"或"二要素阶段"，这一阶段的特点主要有：①企业的所有权与经营权进一步分离，推动了注册会计师行业的出现；②企业披露会计信息开始上升为法律要求；③AIA首次正式提出了内部控制的权威性定义；④内部控制被正式纳入相关准则和制度体系之中，内部控制的内容被一分为二，不仅包括内部会计控制①，内部管理控制②也被正式纳入内部控制组成部分中。

1.2.3 内部控制结构阶段（三要素阶段）

1. 内部控制结构的产生和发展

进入20世纪80年代，内部控制的理论和实务又有了新发展，内部控制由"二要素阶段"进入了"结构三要素"阶段或"三元论"时代。

1985年，美国注册会计师协会（AICPA）、美国会计协会（AAA）、国际财务经理人协会（FEI）、内部审计师协会（IIA）、美国管理会计师协会（IMA）5家权威机构联合成立了美国反虚假财务报告委员会（National Commission on Fraudulent Financial Reporting，又被称为Treadway委员会），旨在探讨财务报告中的舞弊产生的原因，并寻找解决之道。1987年，基于该委员会的建议，其赞助机构成立了COSO（Committee of Sponsoring Organizations）委员会，专门关注研究内部控制方面的问题。

1988年，AICPA发布了第55号审计准则公告《在财务报告审计中考虑内部控制结构》。该公告中提出"内部控制结构"（Domination Structure）的概念取代了原来的"内部控制系统"，明确提出"企业内部控制结构包括为企业实现特定目标提供合理保证而建立的各种政策和程序"，并将内部控制分为控制环境（Control Environment）、会计系统（Accounting System）和控制程序（Control Program）三部分。在三个构成要素中，会计系统是内部控制结构的关键要素，控制程序是保证内部控制结构有效运行的机制。

2. 内部控制结构阶段的特点

内部控制结构阶段的特点主要有以下两点：①首次将控制环境纳入内部控制的范围，因为人们在管理实践中逐渐认识到控制环境应该作为内部控制的一个组成部分来考虑，尤其是董事会、管理层及其他员工对内部控制的态度和行为，是内部控制体系建立和运行的基础保障；②注册会计师在实践中发现很难区分内部会计控制和内部管理控制，而且后者对前者其实有重大影响，两者在实践中相互联系、难以分割，需要统一以要素来表达。

---

① 内部会计控制主要是针对会计记录系统和相关的资产保护实施的控制。
② 内部管理控制主要是针对经济决策、交易授权和组织规划等实施的控制。

1.2.4 内部控制整合框架阶段（五要素阶段）

1. 内部控制整合框架的产生和发展

1992年，COSO发布《内部控制整合框架》，即通称的COSO报告，这份报告是内部控制发展历史上的里程碑事件。该整合框架针对公司行政总裁、其他高级执行官、董事、立法部门和监管部门的内部控制进行高度概括。该报告对内部控制下了一个迄今为止最为权威的定义："内部控制是由主体的董事会、管理层和其他员工实施的，旨在为经营的效率和有效性、财务报告的可靠性、遵循使用的法律法规等目标的实现提供合理保证的过程。"此外，该报告还明确了内部控制的内容，即内部控制包括控制环境、风险评估、控制活动、信息与沟通和监控五个相对独立又相互联系的要素（见图1-1）；将内部控制目标划分为经营目标、财务报告目标和合规目标。

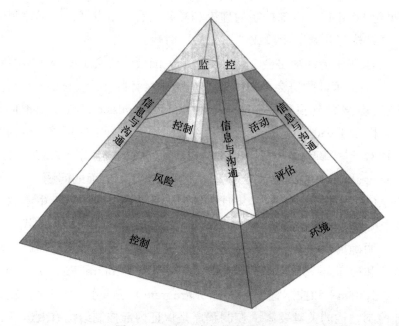

图1-1 COSO内部控制整合框架

1994年，COSO委员会对1992年COSO报告进行了增补。这一框架自发布之日起就广受赞扬并被广泛应用，无论是理论界还是商界也纷纷积极提出改进建议，他们的共同观点是内部控制整合框架应当充分结合企业风险管理。

2. 内部控制整合框架阶段的要素

（1）控制环境

控制环境是企业实施内部控制的基础，是指有效建立和实施特定政策与程序有重大影响力的各种因素。一般包括治理结构、机构设置及权责分配、人力资源政策、企业文化等。

（2）风险评估

风险评估是企业及时识别、系统分析经营活动中与实现内部控制目标相关的风险，合理确定风险应对策略。

（3）控制活动

控制活动是企业根据风险评估结果，采用相应的控制措施，将风险控制在可承受度之内。

（4）信息与沟通

信息与沟通是企业及时、准确地收集、传递与内部控制相关的信息，确保信息在企业内部、企业与外部之间进行有效沟通。

（5）监控

监控是企业对内部控制建立与实施情况进行监督检查，评价内部控制的有效性，发现内部控制缺陷，应当及时加以改进。

3. 内部控制整合框架阶段的特点

内部控制整合框架阶段的特点如下：①1992年COSO发布的《内部控制整合框架》，是内部控制发展历程中的一座重要里程碑，它对内部控制下了一个迄今为止最为权威的定义；②明确了内部控制的内容，即内部控制包括控制环境、风险评估、控制活动、信息与沟通、监控五个相对独立而又相互联系的构成要素。

1.2.5　企业风险管理整合框架（八要素阶段）

1. 企业风险管理整合框架的产生和发展

相对于内部控制整合框架，2001年起，COSO委员会开始致力于企业风险管理方面的研究，2003年7月发布的《企业全面风险管理框架（征求意见稿）》中明确指出全面风险管理体系框架包括内部控制，并将其作为一个子系统。2004年9月，COSO委员会颁布了《企业风险管理框架》（*Enterprise Risk Management Framework*，ERM2004）。该框架新增加了风险组合观、一个目标（战略目标）、两个概念（风险偏好和风险容忍度）和三个要素（目标制定、事项识别和风险反应），强调内部控制是企业风险管理必不可少的一部分，风险管理框架的范围比内部控制框架的范围更广泛，是对内部控制框架的扩展。同时，该框架指出，"全面风险管理是一个过程，它由一个主体的董事会、管理层和其他人员实施，应用于战略制定并贯穿于企业之中，旨在识别可能影响主体的潜在事件，管理风险以使其在该主体的风险容量之内，并为主体目标的实现提供合理保证"。这一阶段的显著变化是正式提出了全面风险管理的概念。

自ERM2004发布以来，实施该框架的企业面临各种问题：一是美国上市企业不得不全力以赴应对《萨班斯法案》的合规工作；二是企业风险管理的实施范围往往并不面向整个组织机构，并且很少被运用到战略制定中；三是 COSO 在编制框架时采用了类似于内部控制框架所使用的"立方体"结构，许多企业试图在过于细微的层面实施该框架；四是许多组织机构将企业风险管理作为保证活动来实施，而不是将其视为更佳的企业管理方式，如运用于流程层面而非战略制定层面，企业风险管理的实施活动也因此陷于细节的泥潭，令许多高管很快失去兴趣；五是 2008 年金融危机所引发的经济大萧条，令许多企业进入危机应对模式，企业风险管理的实施也因此受到影响。因此，企业风险管理框架在早些年并未被广泛接受和应用。

正是由于金融危机带来的惨痛教训，企业高管逐渐意识到有效风险管理的重要性，从而引起整个企业对有关风险事项的关注和重视。人们要求对风险管理框架做出更明晰阐释的呼声日渐高涨。自 2014 年起，COSO 启动了修订项目，对 2004 年的《企业风险管理框架》进行修订，并于 2016 年发布了题为《企业风险管理——整合战略和绩效》征求意见稿。该征求意见稿中重新定义了风险，放弃了原框架中的"立方体"结构，改为惯用的要素和原则结构，重点关注如何使企业风险管理在组织机构内行之有效。

随着风险类型和复杂程度的不断演变，为了进一步满足风险管理实践的需求，COSO 对 ERM2004 进行了更新升级，于 2017 年 9 月 6 日正式发布风险管理的新版框架，即 *Enterprise Risk Management-Integrating with Strategy and Performance*（ERM 2017）。

2. 从内部控制整合框架到企业风险管理框架分析

相对于内部控制整合框架，企业风险管理框架（ERM 框架，见图 1-2）的创新之处在于：

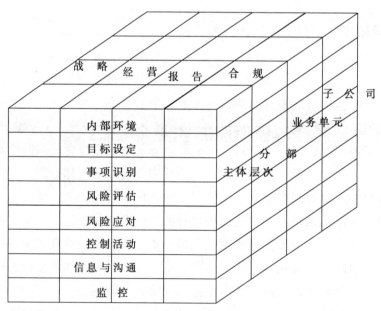

图 1-2 ERM 框架

其一，从目标上看，ERM 不仅涵盖了内部控制框架中的运营、报告、合规三个目标，而且新提出一个更具管理意义和管理层次的战略管理目标，同时还扩大了报告的范畴。ERM 框架指出，企业风险管理应贯穿于战略目标的制定、分解和执行全过程，从而为战略目标的实现提供合理保证。报告范围的扩大表现在内部控制框架中的财务报告目标只与公开披露的财务报表的可靠性相关，而企业风险管理框架中的报告范围有很大的扩展，覆盖了企业编制的所有报告。

其二，从内容上看，内部控制五要素包括控制环境、风险评估、控制活动、信息与沟通和监控；风险管理八要素包括内部环境、目标设定、事项识别、风险评估、风险应对、控制活动、信息与沟通和监控。ERM 框架除了包括内部控制整合框架中的五要素外，还增加了目标设定、事项识别和风险应对三个管理要素。目标设定、事项识别、风险评估与风险应对四个要素环环相扣，共同构成了风险管理的完整过程。

其三，从概念上看，ERM 框架提出了两个新概念：风险偏好和风险容忍度。风险偏好是指企业在实现其目标的过程中愿意接受的风险的数量。风险容忍度是指在企业目标实现过程中对偏离的可接受程度，是企业在风险偏好的基础上设定的在目标实现过程中对偏离的可接受程度和可容忍程度。

其四，从观念上看，ERM 框架提出了一个新的观念——风险组合观。企业风险管理要求企业管理层以风险组合的观念看待风险，对相关的风险进行识别并采取措施将企业所承担的风险控制在风险偏好的范围内。对企业的各个组成部分而言，其风险可能在各自的风险容忍度范围内，但从企业总体来看，总风险仍可能超过企业总体的风险偏好范围。因此，应从企业整体的角度评估风险。

3. 企业风险管理整合框架阶段的特点

这一阶段的显著变化是将内部控制上升至全面风险管理的高度来认识。内部控制的目标、要素与组织层级之间形成了一个相互作用、紧密相连的有机统一体系；同时，对内部控制要素的进一步细分和充实，使内部控制与风险管理日益融合，拓展了内部控制。

1.3 我国内部控制与风险管理的发展

1.3.1 我国内部控制与风险管理的发展历程

1. 我国古代的内部控制与风险管理发展

内部控制与风险管理经历了由低级到高级的一个演进过程。我国古代的内部控制制度始于西周，完善于唐朝，衰落于宋代。

我国内部会计控制的思想，最早见于《周礼》一书。《周礼》中，考虑到掌管和使用财务的官吏可能贪污盗窃，弄虚作假，为防止负责财赋的官吏弄虚作假或贪污挪用，因而规定每笔财赋的出入要经几个人的耳目，达到互相牵制的目的。西周时期（公元前1046—前771），我国就有"一毫财赋之出入，数人之耳目焉"的记录，会计系统分设"职内""职岁""职币"，分别负责收入支出和盘点登记，内部控制还体现在统治者对政权的控制中，出现了许多分工牵制和交叉检查的制度。周王朝为了加强财政收支的核算控制，实施了分权控制方法、九府圜法和交互考核制度。这三种制度构成较为科学的原始内部牵制制度的基本内容。西周的财务、会计、行政、国库组织各成系统，责任清楚、分工明确，并形成了相互牵制的关系，司会主天下大计。此时内部控制的初始目标就是防止舞弊行为和保障财产的安全性。

秦朝实施了较为严密的上计制度①和御史监察制度，会计、审计、国库发展到较为完备的程度。西汉时期，上计制度有了进一步的完善，通常由丞相主持，皇帝亲自受计，规定各级地方政府将辖区内的户口、垦田、钱财谷物变化情况编成簿册，层层上报，并要经常呈报给皇帝审查。这样不仅可以监督官吏经手的财物收支情况，而且可以考核其工作成绩。

到了宋代，有了"审计司""审计"，监督制度变得更加健全，还出现了"主库吏三年一易"，这实际相当于现代的岗位轮换制度。宋太祖时期，施行了奇特而繁杂的官职制，围绕着中央集权制，实行"官职分离""职差分离"。"官"是虚名，"职"才是实际的官；"职"不一定是职务，只有差遣，即通过授权才有职务。该制度起到相互牵制、防止舞弊、遏止分庭抗礼的作用。由此可见，我国统治者很早以前就已懂得了钱、物、账必须实行"三分管"的道理。

2. 鸦片战争后内部控制与风险管理的发展

鸦片战争以后，随着资本主义经济的侵入，国外先进的管理方法也传播进来。西方的内部牵制体系，为我国建立健全内部控制制度、加强内部控制起到了借鉴作用。中国内部控制起步发展较晚，大致经历了以下几个阶段。

（1）起步阶段

我国在内部控制方面的理念始于1985年1月颁布的《中华人民共和国会计法》（以下简称《会计法》），其中规定："会计机构内部应当建立稽核制度。出纳人员不得兼任稽核、会计档案保管和收入、支出、费用、债权债务账目的登记工作。"1985年《会计法》对会计稽核所做的规定是我国首次在法律文件上对内部牵制提出的明确要求。随着改革的深入和我国经济的迅猛发展，为适应市场经济条件下企业会计工作的需要，加强会计基础工作，建立规范的会计工作秩序，1996年6月，财政部颁发了《会计基础工

---

① 上计制度是我国历史上最早的一套审计监督制度，中国古代地方政府对中央承诺，担负、履行赋税义务的制度，也是中央政府用来对地方政府实行财政监督和政绩考核的制度。

作规范》。1996 年 12 月后，中国注册会计师协会相继出台了具体审计准则，包括《独立审计具体准则第 8 号——错误与舞弊》《独立审计具体准则第 9 号——内部控制与审计风险》等，对内部控制的定义和内容都做了具体规定，并要求注册会计师从制度审计的角度审查企业的内部控制，进行企业内部控制评价。以上这些，以及 1997 年 5 月中国人民银行颁布的《加强金融机构内部控制的指导原则》，都促进了我国企业内部控制制度的初步建设。

（2）发展阶段

在 1997 年 6 月爆发的亚洲金融危机的背景下，我国借鉴亚洲各国在金融危机中的经验教训，积极推进企业管理制度改革和会计监督制度建设。1999 年 10 月我国修订了《会计法》，该法第二十七条中明确提出，各单位应当建立、健全本单位内部会计监督制度，不相容岗位相互分离。这是我国内部控制制度建设历程中的一次重大突破。2000 年 4 月，证监会发布了《关于加强期货经纪公司内部控制的指导原则》；2001 年 1 月，证监会发布了《证券公司内部控制指引》；2001 年 6 月，财政部相继出台了《内部会计控制规范——基本规范（试行）》《内部会计控制规范——货币资金（试行）》《内部会计控制规范——采购与付款》等具体规范。这些规范不仅涉及会计领域，而且对采购、生产、销售、投资等许多方面的内部控制进行了规范，为未来我国内部控制规范体系的形成提供了参考。

（3）建设阶段

2002 年，美国安然、世通等公司的破产，带出一连串财务欺诈丑闻，美国资本市场 7 万多亿美元的市值蒙受损失，投资者对上市公司和资本市场表现出信心不足甚至是失望。为加强对企业的监管，美国国会在 2002 年 7 月出台了《2002 年公众公司会计改革和投资者保护法案》。该法案由美国众议院金融服务委员会主席奥克斯和参议院银行委员会主席萨班斯利联合提出，又被称作《萨班斯—奥克斯利法案》（简称萨班斯法案或 SOX 法案）。在萨班斯法案的推动下，我国的内部控制制度建设的步伐明显加快，相关的法规和文件密集出台，并且逐渐形成了内部控制的组织配套和保障机制。我国企业内部控制标准委员会于 2006 年正式成立，2006 年 6 月 6 日，国资委发布了《中央企业全面风险管理指引》，这是我国第一个全面风险管理的指导性文件，意味着中国走上了风险管理的中心舞台。

（4）完善阶段

始于 2007 年的全球金融危机在 2008 年愈演愈烈，但我国并未因世界经济局势的动荡和企业业绩的波动而放慢完善企业内部控制制度体系的步伐。

2008 年 5 月 22 日，财政部、证监会、审计署、银监会、保监会五部门联合发布了《企业内部控制基本规范》，要求自 2009 年 7 月 1 日起在上市公司范围内实行，并且鼓励非上市的大中型企业也执行。该规范的发布，标志着我国企业内部控制规范体系建设取得重大突破，有业内人士和媒体甚至称之为中国版的"萨班斯法案"。

2010年4月26日，五部门联合发布了《企业内部控制配套指引》。该配套指引包括《企业内部控制应用指引》《企业内部控制评价指引》《企业内部控制审计指引》，连同2008年发布的《企业内部控制基本规范》，标志着适应我国企业实际情况，融合国际先进经验的中国企业内部控制规范体系基本建成。

1.3.2 目前我国内部控制体系

我国内部控制规范框架中，《企业内部控制基本规范》是内部控制体系的最高层次，起统驭作用。《企业内部控制应用指引》是对企业按照内部控制原则和内部控制五因素建立健全本企业内部控制所提供的指引，在配套指引乃至整个内部控制规范体系中占据主体地位；《企业内部控制评价指引》是为企业管理层对本企业内部控制有效性进行自我评价提供的指引；《企业内部控制审计指引》是注册会计师和会计师事务所执行内部控制审计业务的职业准则。《企业内部控制配套指引》的三个部分之间既相互独立，又相互联系，形成一个有机整体。

1. 企业内部控制基本规范

为了加强和规范企业内部控制，提高企业经营管理水平和风险防范能力，促进企业可持续发展，维护社会主义市场经济秩序和社会公众利益，根据国家有关法律法规，财政部会同证监会、审计署、原银监会、原保监会制定了《企业内部控制基本规范》，自2009年7月1日起先在上市公司范围内实行。

《企业内部控制基本规范》（以下简称《基本规范》）是内部控制体系的最高层次，起统领作用。它描述了建立与实施内部控制体系必须建立的框架结构，规定了内部控制的定义、目标、原则、要素等基本要求，是规定应用指引、评价指引、审计指引和企业内部控制制度的基本依据。《基本规范》共七章五十条，各章分别是：总则、内部环境、风险评估、控制活动、信息与沟通、内部监督和附则。

2. 企业内部控制应用指引

《企业内部控制应用指引》由内部环境类应用指引、控制业务类应用指引、控制手段类应用指引三类组成。这三类应用指引基本涵盖了企业资金流、实物流、人力流和信息流等各项业务和事项。

3. 企业内部控制评价指引

对内部控制的建立、实施进行评价，是优化内部控制自我监督机制的一项重要的制度安排，是企业内部控制的重要组成部分。《企业内部控制评价指引》主要包括实施内部控制评价应遵循的原则、内部控制评价的内容、内部控制评价的程序、内部控制评价缺陷的认定以及内部控制评价报告。《企业内部控制评价指引》第二条规定，内部控制评价是指企业董事会或类似权力机构对内部控制有效性进行全面评价、形成评价结论、出具评价报告的过程。在企业内部控制实务中，内部控制评价是极为重要的一环，它与日常监督共同构成了对内部控制制度本身的控制。

4. 企业内部控制审计指引

内部控制审计是指会计师事务所接受委托，对特定基准日内部控制设计与运行的有效性进行审计。它是企业内部控制规范体系实施中引入的强制性要求，既有利于促进企业健全内部控制体系，又能增强企业财务报告的可靠性。审计指引主要内容包括：审计责任划分、审计范围、整合审计、计划审计工作、实施审计工作、评价控制缺陷、出具审计报告以及记录审计工作。

复习思考题

1. 请简述内部控制理论的产生与发展历经的阶段，并指出每一阶段的特点。
2. 请简述我国内部控制的基本规范。
3. 请简述内部控制与风险管理的关系。
4. 企业建立与实施内部控制应把握哪些原则？
5. 你认为内部控制产生和发展的动因是什么？你认为未来内部控制发展的方向应是什么？请说明理由。

即测即练

自学自测　扫描此码

第 2 章

环 境 分 析

本章学习目标

通过本章的学习,了解企业外部宏观环境分析和内部环境分析的定义,了解组织架构的定义,了解组织架构的形式,理解发展战略的定义,理解发展战略的制定,理解人力资源的定义,了解社会责任,了解企业文化,掌握内部环境的构成要素及内容,掌握内部环境分析的方法,掌握组织架构的设计原则,掌握治理结构的设计,掌握发展战略的意义,掌握人力资源管理的主要风险,掌握社会责任的意义,掌握企业文化的意义,掌握诚信和道德价值观的意义。

引导案例

海尔集团竞争优势

1997 年,美国杂志《家用电器》公布了世界上增长最快的家用电器公司。其中,海尔集团排名第一,超过了通用电气、西门子等世界知名家电公司。据英国《金融时报》报道,1998 年 11 月 30 日,海尔凭借其出色的表现,成为亚太地区最具影响力的企业之一,引起了全球的关注。1999 年 12 月 7 日,《金融时报》发表"世界 30 位最受尊敬企业家",进一步强调了海尔的成功。海尔董事长张瑞敏位居第 26,引起全球关注。海尔的声誉不断攀升,吸引着十万个以上的客户前往参观,其中包括松下、三星等著名企业,知名公司的高管。

1. 海尔集团的内部环境优势分析

(1)物质资源优势。海尔集团为了提高效率和质量,在全球范围内开展了招标活动,精确比较了原材料的采购价格,并建立了一个先进的物流中心,以确保产品的供应充足,同时保证原材料的库存能够持续 3 天以上,现金周转率仅为 160 天。

(2)人力资源优势。海尔人力资源中心坚持"人人是人才、赛马不相马"的原则,通过以人为中心的员工生活设计和公司内部的 SST 市场链,激发员工上进。

(3)无形资产的收益。海尔集团建立了自己的品牌,其营销理念是首先销售信誉,然后销售产品。

（4）企业文化的好处。海尔集团借鉴了美国和日本企业的创新理念和团队合作精神，并在优秀的中国传统文化的基础上将两者结合起来。

（5）公司组织结构的优势。海尔集团拥有强大的组织能力，"快速反应，立即行动"的理念深深植根于海尔集团的核心。公司的所有方面都"无缝"连接，整体协调顺畅。

2. 海尔集团外部环境优势分析

海尔集团的发展遵循宏观经济改革和发展，抓住了有利的发展机遇。海尔集团的旗帜就叫"从制造业转向服务业"。它本质上并不是真正意义上的产业转移，而是概念性的产业转移。事实上，这是一种以客户满意度为目标的商业理念转变。

任何经济组织的内部控制都是在特定环境下建立并实施的。企业需要注意不断调整和改进企业本身的管理、技术、产品和市场策略，以应对外界变化对企业的影响。企业也应在企业管理和组织方面持续改进和创新，这样可以提高企业的稳定性和抗风险能力。可见，环境分析是公司实施内部控制和风险管理的基础条件，决定着公司的内部控制与风险管理有效性。本章对企业外部环境和内部环境进行了分析。

2.1 企业外部环境分析

2.1.1 企业外部环境的定义

企业外部环境（Enterprise External Environment）是对企业外部的政治环境、社会环境、技术环境、经济环境等的总称。企业外部环境是指企业所处的宏观环境和产业环境所组成的外部环境。宏观环境是指宏观经济、政治、文化、法律、技术等因素的综合影响，对整体社会和经济发展产生深远影响。产业环境是指企业所处行业内部的相关环境，如行业的竞争格局、市场需求、市场容量、行业法规等因素。

企业外部环境会直接影响企业的经营决策和战略规划。在宏观环境方面，企业需要关注政策的变化、市场的变化、经济形势的变化、国际市场的影响等；在产业环境方面，企业需要了解市场竞争状况、行业趋势、技术创新等因素。经过对外部环境的分析，企业能够更好地理解市场需求和竞争状况，制定更具前瞻性和可适应性的经营策略和发展规划，从而提高企业的市场地位和竞争力。

2.1.2 宏观环境分析

PEST 分析模型是为企业或行业发展提供的宏观环境分析方法，是一种比较普遍的分析方法。所谓 PEST，即 P 是政治（Politics）、E 是经济（Economy）、S 是社会（Society）、T 是技术（Technology）。一般来说，宏观环境因素可以概括为以下四类（见图 2-1）。

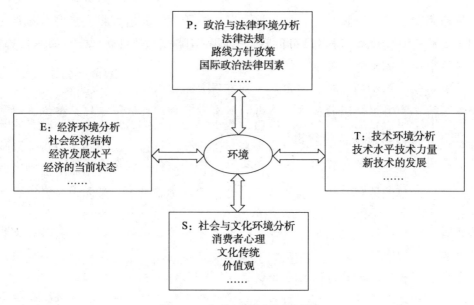

图 2-1 宏观环境因素分析图

1. 政治和法律环境分析

政治和法律环境是指一个国家或地区的政治制度、体制、方针政策、法律法规等。这些因素常常制约、影响公司的经营行为，尤其是影响公司较长期的投资战略。具体来说，政治环境主要包括国家或地区的政治制度与体制、政局的稳定性以及政府对外来公司的态度等因素；法律环境主要包括政府制定的对公司经营具有刚性约束力的法律、法规，如反不正当竞争法、税法、环境保护法以及外贸法规等因素。

2. 经济环境分析

经济环境是指构成公司生存和发展的社会经济状况，社会经济状况包括经济要素的性质、水平、结构、变动趋势等多方面的内容，涉及国家、社会、市场及自然等多个领域。构成经济环境的关键战略因素包括：GDP 的发展趋势、利率水平的高低、财政货币政策的松紧、通货膨胀程度及其趋势、失业率水平、居民可支配收入水平、汇率升降情况、能源供给成本、市场机制的完善程度、市场需求情况等。公司的经济环境分析就是要对以上因素进行分析，运用各种指标，准确地分析宏观经济环境对公司的影响，从而使其战略与经济环境的变化相匹配。

3. 社会和文化环境分析

社会文化环境是指公司所在社会中成员的民族特征、文化传统、价值观念、宗教信仰、教育水平以及风俗习惯等因素。从影响公司战略制定的角度来看，社会文化环境可分解为人口、文化两个方面。人口因素对公司战略的制定有着重大的影响。文化环境对公司的影响是间接的、潜在的和持久的，文化的基本要素包括哲学、宗教、语言与文字、文学艺术等，它们共同构筑成文化系统，对公司文化有重大的影响。公司分析文化环境的目的是把社会文化内化为公司的内部文化，使公司的一切生产经营活动都符合环境文化的价值检验。另外，公司对文化的分析与关注最终要落实到对人的关注上，从而有效地激励员工，有效地为顾客服务。

4. 技术环境分析

技术环境指的是公司所处的社会环境中的技术要素及与该要素直接相关的各种社会现象的集合，技术不仅是指那些引起时代革命性变化的发明，而且指与公司生产有关的新技术、新工艺、新材料的出现和发展趋势以及应用前景。变革性的技术正对公司的经营活动产生着巨大的影响。技术进步创造新的市场，改变公司在行业中的相对成本及竞争位置，为公司带来更为强大的竞争优势。公司要密切关注与本公司产品有关的科学技术的现有水平、发展趋势及发展速度，对于相关的新技术如新材料、新工艺、新设备或现代管理思想、管理方法、管理技术等，公司必须随时跟踪，尤其对高科技行业来说，识别和评价关键的技术机会与威胁是宏观环境分析中最为重要的部分。

2.1.3 产业环境分析

宏观环境是公司的间接环境，产业环境则是公司所处的直接环境，会对公司行为和绩效产生直接影响。产业环境分析的基本目的就是评价一个产业的总体经济吸引力。处于经济上极具吸引力产业中的公司，其平均绩效将优于处在经济上缺乏吸引力产业中的公司。因此，产业环境分析不仅要把握现在，还需要对产业前景进行预测，以抢占制高点并取得先发优势。

波特在《竞争战略》一书中指出："形成竞争战略的实质就是将一个公司与其环境建立联系。尽管相关环境的范围广阔，包括社会的因素，也包括经济的因素，但公司环境的最关键部分就是公司投入竞争的一个或几个产业。"波特采用了一种关于产业的常用定义"一个产业是由一群生产相似替代品的公司组成的"。

1. 产品生命周期

产品生命周期是指产品的市场寿命。一种产品进入市场后，它的销售量和利润都会随时间推移而改变，呈现一个由少到多又由多到少的过程，就如同人的生命一样，由诞生、成长到成熟最终走向衰亡，这就是产品的生命周期现象。波特认为，"预测产业演变过程的鼻祖是我们熟知的产品生命周期""关于生命周期是只适用于个别产品还是适用于整个产业存在着争论。这里概括了认为适用于产业的观点"。

产业发展要经过四个阶段：导入期、成长期、成熟期和衰退

扩展阅读 2-1 OLED 面板行业 PEST 分析

期。这些阶段是以产业销售额增长率曲线的拐点划分。产业的增长与衰退由于新产品的创新和推广过程而呈"S"形。当产业走过它的生命周期时，竞争的性质将会变化。波特总结了常见的关于产业在生命周期中如何变化以及它如何影响战略的预测。

（1）导入期

①产量与成本。在导入期，由于产品刚进入市场，产品用户很少，只有高收入用户会尝试新的产品。产品虽然设计新颖，但质量有待提高，尤其是可靠性。由于产品刚刚出现，前途未卜，产品类型、特点、性能和目标市场等方面尚在不断发展变化当中。

②竞争对手。这里依市场具体情况仅列举两种可能性：一种可能是，这是一种新发明、新设计的产品，在市场上尚属首创，那么，至少在短时期内，竞争对手没有或很少；另一种可能是，市场上的同类产品竞争已经很激烈，那么，此时推出的产品一经投放市场，便面临着竞争的威胁。

③销售量与利润。产品的独特性和客户的高收入使得价格弹性较小，可以采用高价格、高毛利的政策，但是销量小使得净利润较低。

④企业战略目标。企业的规模可能会非常小，企业的战略目标是扩大市场份额，争取成为"领头羊"。这个时期的主要战略路径是投资于研究开发和技术改进，提高产品质量。

⑤经营风险程度。导入期的经营风险非常高。研制的产品能否成功，研制成功的产品能否被顾客接受，被顾客接受的产品能否达到经济生产规模，可以规模生产的产品能否取得相应的市场份额，等等，都存在很大不确定性。通常，新产品只有成功和失败两种可能，成功则进入成长期，失败则无法收回前期投入的研发、设备投资和市场开拓等成本。

（2）成长期

①产量和成本。在产品的成长期，由于生产技术的完善和产品性能、质量的定型，产品进入大批量生产阶段；产品成本不断降低，其价格也会在波动中趋向稳定。不过，影响价格的最终因素仍是市场。

②竞争对手。这仍依市场的具体情况而定。这里试举两种可能：一种可能是上文提到的新发明、新设计的产品经过了导入期，由于利润的增大，吸引竞争者的介入，市场上出现仿制品竞争逐渐激烈起来；另一种可能是由于市场扩大，竞争者涌入，企业之间开始争夺人才和资源，会出现兼并等意外事件，引起市场动荡。由于需求大于供应，此时产品价格最高，单位产品净利润也最高。

③销售与利润。随着产品形成较大的市场需求，销售量大增，利润也不断提高；有的产品的利润额可能达到该产品整个生命周期中所获利润的最高值。

④企业战略目标。企业的战略目标是争取最大市场份额，并坚持到成熟期的到来。如果以较小的市场份额进入成熟期，则在开拓市场方面的投资很难得到补偿。成长期的

主要战略路径是市场营销，此时是改变价格形象和质量形象的好时机。

⑤经营风险程度。成长期的经营风险有所下降，主要原因是产品本身的不确定性在降低。但是，经营风险仍然维持在较高水平，原因是竞争激烈，导致市场的不确定性增加。这些风险主要与产品的市场份额以及该份额能否保持到成熟期有关。

（3）成熟期

①产量和成本。经过前两个阶段，产品的生产工艺和技术都达到最佳状态，生产批量很大，成本降到最低限度，价格稳中有降。

②竞争对手。这一阶段的竞争可以说已到白热化程度，竞争对手增加，多种品牌的同类产品和仿制品相继出现，并有了畅销名牌产品（并不一定是现在刚刚出现，也有可能早已雄踞市场），竞争者常常采取价格战策略，整体价格呈下降趋势。

③销售与利润。由于产品成熟期的市场需要已趋于饱和，销量增长缓慢，较为稳定，有时甚至稳中有降，但利润还是稳定可观的。

④企业战略目标。由于整个产业销售额达到前所未有的规模，并且比较稳定，任何竞争者想要扩大市场份额，都会遇到对手的顽强抵抗，并引发价格竞争。既然扩大市场份额已经变得很困难，经营战略的重点就会转向在巩固市场份额的同时提高投资报酬率。成熟期的主要战略路径是提高效率，降低成本。

⑤经营风险程度。成熟期的经营风险进一步降低，达到中等水平。因为创业期和成长期的高风险因素已经消失，销售额和市场份额、盈利水平都比较稳定，现金流量变得比较容易预测。经营风险主要是稳定的销售额可以持续多长时间，以及总盈利水平的高低。企业和股东希望长期停留在能产生大量现金流入的成熟期，但是价格战随时会出现，衰退期迟早会到来。

（4）衰退期

①产品陈旧，价格下降，新产品出现。

②竞争对手。只有大批量生产并有自己销售渠道的企业才具有竞争力。有些竞争者先于产品退出市场。只有到后期，多数企业退出后，价格才有望上扬。

③销售与利润。各企业的产品差别小，因此价格差异也会缩小。为降低成本，产品质量可能会出现问题。产能严重过剩，产品积压滞销，利润下降。

④企业战略目标。企业在衰退期的经营战略目标首先是防御，获取最后的现金流。战略途径是控制成本，以求能维持正的现金流量。如果缺乏成本控制的优势，就应采用退却战略，尽早退出。

⑤经营风险程度。进入衰退期后，经营风险会进一步降低，主要的悬念是在什么时间节点产品将完全退出市场。

（5）产品生命周期理论的缺陷

①各阶段的持续时间随着产业的不同而显著不同，并且一个产业究竟处于生命周期

的哪一阶段通常不清楚。这就削弱了此概念作为规划工具的有用之处。

②产业的增长并不总是呈"S"形。有的产业跳过成熟阶段,直接从成长走向衰亡;有的产业在经历一段时间衰退之后又重新上升;还有的产业似乎完全跳过了导入期这个缓慢的起始阶段。

③公司可以通过产品创新和产品的重新定位,来影响增长曲线的形状。如果公司认定产品的生命周期一成不变,那么它就成为一种没有意义的自我臆想的预言。

④与生命周期每一阶段相联系的竞争属性随着产业的不同而不同。例如,有些产业开始集中,后来仍然集中;而有些产业集中了一段后就不那么集中了。

基于上述种种合理的分析,运用产品生命周期理论就不能仅仅停留在预测产业的演变,而应深入研究演变的过程本身,以了解是什么因素真正推进这种演变过程。

2. 产业五种竞争力

波特在《竞争战略》一书中,从产业组织理论的角度,提出了产业结构分析的基本框架——五种竞争力分析。该模型为系统分析产业环境中各种竞争要素提供了工具,帮助管理者进行战略性的思考。五种竞争力模型的五个维度分别是潜在进入者的威胁、替代产品的威胁、供应商讨价还价的能力、购买者讨价还价的能力以及产业内部竞争能力,如图2-2所示。

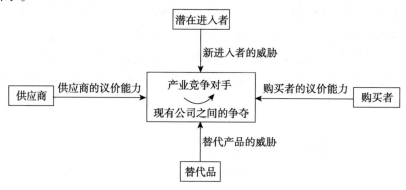

图2-2 波特的五种竞争力模型

(1)潜在进入者的进入威胁

新进入者的威胁程度取决于市场的进入壁垒和新进入者的能力。如果行业的进入壁垒较高,新进入者的门槛也较高,就可以降低新进入者对行业内现有企业的威胁。而如果新进入者有足够的实力和资源,就可以对行业内现有企业形成威胁。对于一个产业来说,进入威胁的大小取决于呈现的进入障碍与准备进入者可能遇到的现有在位者的反击,统称为进入障碍,前者称为"结构性障碍",后者称为"行为性障碍"。进入障碍是指那些允许现有企业赚取正的经济利润,却使产业的新进入者无利可图的因素。

①结构性障碍。波特指出存在七种主要障碍:规模经济、产品差异、资金需求、转

换成本、分销渠道、其他优势及政府政策。如果按照贝恩（J. Bain）的分类，这七种主要障碍又可归纳为三种主要进入障碍：规模经济、现有企业对关键资源的控制以及现有企业的市场优势。

A.规模经济是指在一定时期内，企业所生产的产品或劳务的绝对量增加时，其单位成本趋于下降。当产业规模经济很显著时，处于最小有效规模（MES）或者超过最小有效规模经营的老企业对于较小的新进入者就具有成本优势，从而构成进入障碍。

B.现有企业对关键资源的控制。企业对于关键资源的控制一般表现为对资金、专利或专有技术、原材料供应，分销渠道，学习曲线等资源及资源使用方法的积累与控制。如果现有企业控制了生产经营所必需的某种资源，那么它就会受到保护而不被进入者所侵犯。

C.现有企业的市场优势。企业的市场优势主要表现在品牌优势上。这是产品差异化的结果，产品差异化是指因顾客或用户对企业产品的质量或商标信誉的忠实程度不同而形成的产品之间的差别。此外，现有企业的优势还表现在政府政策上。政府的政策、法规和法令都会在某些产业中限制新的加入者或者清除一些不合格者，这就为现有企业造就了强有力的进入障碍。

②行为性障碍（或战略性障碍）。行为性障碍是指现有企业对进入者实施报复手段所形成的进入障碍。报复手段主要有限制进入定价和进入对方领域两类。

A.限制进入定价。限制进入定价往往是现有的大企业报复进入者的一个重要武器，特别是在那些技术优势正在削弱而投资正在增加的市场上，情况更是如此。在限制价格的背后包含一种假定，即从长期看，在一种足以阻止进入的较低价格条件下所取得的收益，将比一种会吸引进入的较高价格条件的收益要大。现有企业企图通过低价来告诉进入者自己是低成本的，进入将是无利可图的。

B.进入对方领域。进入对方领域是寡头市场常见的一种报复行为，其目的在于抵消进入者首先采取行动可能带来的优势，避免对方的行为给自己带来的风险。

（2）替代品的替代威胁

替代品的威胁程度取决于替代品的效能和成本。如果某些替代品比传统的产品更好、成本更低，那么会对行业内现有企业的产品形成威胁。例如，互联网对传统的传媒和零售业等产生了较大的替代威胁。研究替代品的替代威胁，首先需要澄清"产品替代"的两种概念。产品替代有两类，一类是直接产品替代，另一类是间接产品替代。

①直接产品替代，即某一种产品直接取代另一种产品。如苹果计算机取代微软计算机。前面所引用的波特关于产业的定义中的替代品，是指直接替代品。

②间接产品替代，即由能起到相同作用的产品非直接地可以替代另外一些产品。如人工合成纤维可以替代天然布料。波特在这里所提及的对某一产业而言的替代品的威胁，是指间接替代品。

（3）供应者、购买者讨价还价的能力

五种竞争力模型的水平方向是对产业价值链（Valuechain）的描述。它反映的是产品（或服务）从获取原材料开始到最终产品的分配和销售的过程。企业战略分析的一个中心问题就是如何组织纵向链条。产业价值链，描述了厂商之间为生产最终交易的产品或服务，所经过的价值增值的活动过程。因此，产业价值链上的每一个环节，都具有双重身份：对其上游单位来说，它是购买者；对其下游单位来说，它是供应者。购买者和供应者讨价还价的主要内容围绕价值增值的两个方面——功能与成本。讨价还价的双方都力求在交易中使自己获得更多的价值增值。因此，对购买者来说，希望购买到的产品物美而价廉；而对供应者来说，则希望提供的产品质次而价高。购买者和供应者讨价还价的能力大小，取决于它们各自在以下几个方面的实力。

①买方（或卖方）的集中程度或业务量的大小。当购买者的购买力集中，或者对卖方来说交易很可观时，该购买者讨价还价的能力就会增加。对应地，当少数几家公司控制着供应者集团，在其将产品销售给较为零散的购买者时，供应者通常能够在价格、质量等条件上对购买者施加很大的压力。

②产品差异化程度与资产专用性程度。当供应者的产品存在着差异，因而替代品不能与供应者所销售的产品相竞争时，供应者讨价还价的能力就会增强。反之，如果供应者的产品是标准的，或者没有差别，又会增加购买者讨价还价的能力。因为在产品无差异的条件下，购买者总可以寻找到最低的价格。与产品差异化程度相联系的是资产专用化程度，若上游的供应者的产品是高度专用化的，它们的顾客将紧紧地与它们联系在一起，在这种情况下，投入品供应商就能够影响产业利润。

③纵向一体化程度。如果购买者实行了部分一体化或存在后向一体化的现实威胁，在讨价还价中就处于能迫使对方让步的有利地位。在这种情况下，购买者对供应者不仅形成进一步一体化的威胁，而且由于购买者自己生产一部分零件从而使其具有详尽的成本知识，这对于谈判也极有帮助。同样，若供应者表现出前向一体化的现实威胁，也会提高其讨价还价能力。

④信息掌握的程度。当购买者充分了解需求、实际市场价格甚至供应商的成本等方面信息时，要比在信息贫乏的情况下掌握更多的讨价还价的筹码，可使自己从供应者那里得到最优惠的价格，并可以在供应者声称其经营受到威胁时予以回击。同样，如果供应者充分地掌握了购买者的有关信息，了解购买者的转换成本（即从一个供应者转换到另一个供应者的成本），也会增加其讨价还价的能力，并能够在购买者盈利水平还能承受的情况下，拒绝提供更优惠的供货条件。需要注意的是，劳动力也是供应者的一部分，他们可能对许多产业施加压力。经验表明，短缺的、高技能雇员以及紧密团结起来的劳工可以与雇主或劳动力购买者讨价还价而削减相当一部分产业利润潜力。

（4）产业内现有企业的竞争

产业内现有企业的竞争取决于企业数量，市场份额和企业之间的竞争关系。如果企业数量较少，市场份额分布不均衡，那么行业内现有企业的竞争就会比较激烈，企业之间会为争夺市场份额和优势而展开竞争。产业内现有企业的竞争在下面几种情况下可能是很激烈的：产业内有众多的或势均力敌的竞争对手；产业发展缓慢；顾客认为所有的商品都是同质的；产业中存在过剩的生产能力；产业进入障碍低而退出障碍高。

（5）应对五种竞争力的战略

五种竞争力分析表明了产业中的所有公司都必须面对产业利润的威胁力量。公司必须寻求几种战略来对抗这些竞争力量。首先，公司必须自我定位，通过利用成本优势或差异优势把公司与五种竞争力相隔离，从而能够超过竞争对手。其次，公司必须识别在产业的哪一个细分市场中，五种竞争力的影响更小一点，这就是波特提出的"集中战略"。最后，公司必须努力去改进这五种竞争力。公司可以与供应者或购买者建立长期战略联盟，以减少相互之间的讨价还价；公司还必须寻求进入阻绝战略来减少潜在进入者的威胁。

（6）五种竞争力模型的局限性

波特的五种竞争力模型在分析企业所面临的外部环境时是有效的，但它也存在局限性。

①该分析模型基本上是静态的。在现实中竞争环境始终在变化。这些变化可能从高变低，也可能从低变高，其变化速度比模型所显示的要快得多。

②该模型能够确定行业的盈利能力，但是对于非营利性机构，有关获利能力的假设可能是错误的。

③该模型基于这样的假设，即一旦进行了这种分析，企业就可以制定企业战略来处理分析结果，但这只是一种理想的方式。

④该模型假设战略制定者可以了解整个行业（包括所有潜在的进入者和替代产品）的信息，但这一假设在现实中并不一定存在。对任何企业来讲，在制定战略时掌握整个行业信息的可能性不大。

⑤该模型低估了企业与供应商、客户或分销商、合资企业之间可能建立长期合作关系以减轻相互之间威胁的可能性。在现实的商业世界中，同行之间、企业与上下游企业之间不一定完全是你死我活的关系。强强联手，或强弱联手，有时可以创造更大的价值。

⑥该模型对产业竞争力的构成要素考虑不够全面。哈佛商学院教授亚非（D. Yoffie）在波特教授研究的基础上，根据企业全球化经营的特点，提出了第六个要素，即互动互补作用力，进一步丰富了五种竞争力理论框架，如图2-3所示。

亚非认为，任何一个产业内部都存在不同程度的互补互动（指互相配合一起使用）的产品或服务业务。例如，对于房地产业来说，交通、家具、电器、学校、汽车、物业管理、银行贷款、有关保险、社区、家庭服务等会对住房建设产生影响，进而影响到整个房地产业的结构。企业认真识别具有战略意义的互补互动品，并采取适当的战略，会使企业获得重要的竞争优势。

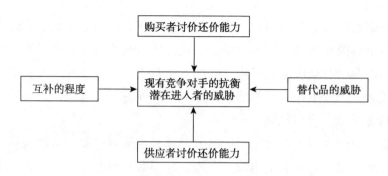

图 2-3 影响产业利润的六个要素

根据业非提出的互补互动作用力理论，在产业发展初期阶段，企业在对其经营战略定位时，可以考虑控制部分互补品的供应，这样有助于改善整个行业结构，包括提高行业、企业、产品、服务的整体形象，提高行业进入壁垒，降低现有企业之间的竞争程度。随着行业的发展，企业应有意识地帮助和促进互补行业健康发展，如为中介代理行业提供培训、共享信息等，还可考虑采用捆绑式经营或交叉补贴销售等策略。

3. 成功关键因素分析

成功关键因素（KSF）是指公司在特定市场获得盈利必须拥有的技能和资产。成功关键因素所涉及的是每一个产业成员所必须擅长的东西，或者说公司要取得竞争和财务成功所必须集中精力搞好的一些因素。

成功关键因素随着产业的不同而不同，甚至在相同的产业中，也会因产业驱动因素和竞争环境的变化而随时间变化。对于某个特定的产业来说，在某一特定时候极少有超过三四个成功关键因素。甚至在这三四个成功关键因素之中，也有一两个占据较重要的地位。

扩展阅读 2-2 淘宝网的 C2C 店铺竞争战略

2.2 企业内部环境分析

2.2.1 企业内部环境的定义

在对企业进行详尽而全面的外部环境分析之后，战略分析的另一个方面是进行企业内部环境分析。通过内部环境分析，企业可以决定"能够做什么"，即企业所拥有的独特资源与能力所能支持的行为。

企业内部环境（Enterprises Internal Environment）是指企业内部的物质、文化环境的总和，包括企业资源、企业能力、企业文化等因素，也称企业内部条件，即，组织内部的一种共享价值体系，包括企业的指导思想、经营理念和工作作风。

根据我国《企业内部控制基本规范》的定义，内部环境是企业实施内部控制的基础，一般包括治理结构、结构设置及权责分配、内部审计、人力资源政策、企业文化等。

2.2.2 企业内部环境的内容

根据企业内部环境的定义，本书将内部环境分为组织架构、发展战略、人力资源、社会责任、企业文化等方面。组织架构评价重点从机构设置的整体控制力、权责划分、相互牵制、信息流动路径等方面进行；发展战略评价重点从发展战略的制定合理性、有效实施和适当调整三方面进行；人力资源评价重点从企业人力资源引进结构合理性、开发机制、激励约束机制等方面进行；社会责任评价重点从安全生产、产品质量、环境保护与资源节约、促进就业、员工权益保护等方面进行；企业文化评价重点从建设和运行两方面进行，从而促进正直诚信、道德价值观的提升，为内部控制的完善夯实人文基础。

1. 组织架构

根据《企业内部控制应用指引第1号——组织架构》的定义，组织架构是指企业按照国家有关法律、法规，股东（大）会决议，企业章程，结合本企业实际情况，明确董事会、监事会、经理层和企业内部各层级机构设置、职责权限、人员编制、工作程序和相关要求的制度安排。

组织架构是企业的流程运转、部门设置及职能规划等最基本的结构依据，常见的组织架构形式包括中央集权制、分权制、直线式、矩阵式等。

（1）中央集权制

在中央集权制下，管理权力、资源配置等决策集中在一个中央管理层手中，其他层级之间的协作关系和配合能力并不强，企业呈现出组织层次分明、各个部门的权力和职责不平衡的特点。

（2）分权制

分权制强调本地化决策和控制，低层次的分支机构和岗位拥有大量决策权和相应资源，可以灵活地完成任务，改进和提高组织的效率。但分权制也可能导致企业的分散和各自为政，缺乏整体规划、协作和协调。

（3）直线式

直线式组织架构是最为常见的一种，简单直接，各级别的职能部门按照固定的链式结构进行管理和决策，中层管理层不但具备管理各个分支机构的任务，也要对上层管理层进行反馈。这种组织架构具有明确的职责分工、决策效率高的优点，但也造成上级管理层无法快速了解下级管理层发生的情况。

（4）矩阵式

矩阵式组织架构是一种折中方法，综合了分权制和直线式，通过平行管理的方法来提升组织的灵活性和效率。这种组织的形式通常是两种或多种不同部门的按项目的要求分配的多个组合,而不是按照传统的职能部门的形式。这种组织形式在跨部门、跨领域、跨地域、跨文化、跨公司、跨国情形下都更具优势。

2. 发展战略

根据《企业内部控制应用指引第 2 号——发展战略》的定义,发展战略是企业在对现实状况和未来趋势进行综合分析和科学预测的基础上,制定并实施的中长期发展目标与战略规划。

发展战略是关于企业如何发展的理论体系。发展战略就是一定时期内对企业发展方向、发展速度与质量、发展点及发展能力的重大选择、规划及策略。企业战略可以帮助企业指引长远发展方向,明确发展目标,指明发展点,并确定企业需要的发展能力,战略的真正目的就是要解决企业的发展问题,实现企业快速、健康、持续发展。企业发展战略的制定需要充分考虑内部和外部环境,包括行业和市场的变化,企业自身的技术水平、资源和能力,以及政策制度、竞争对手等因素。企业发展战略有以下重要作用:

(1)为企业提供长远规划方向

发展战略将企业的长期目标和规划明确化,为企业的决策提供基础和方向,可以在内部资源和财政等方面进行规划和分配,调整和优化资本和资源构成,以适应变化的市场需求。

(2)指导资源配置和优化

发展战略提供了有关资源的集中配置、优化和调整,因此,可以使企业在有效的财务控制下,通过实质性的投资和支出向企业未来成长迈进。

(3)促进组织结构和流程的协调性

发展战略将整个企业以实现一个长远目标为基础,强调各部门之间的协调及沟通,增加组织的互动性和流程的体性,从而可以使企业资源得以合理共享和利用。

(4)促进企业品牌价值的提升

发展战略的制定可以提高公司的品牌形象,提升品牌价值,增强企业品牌形象并进一步加深客户的品牌印象和客户忠诚程度。

(5)增强企业的竞争力

发展战略可以使企业更加关注市场、关注客户、关注潜在竞争伙伴,从而帮助企业增强适应市场变化和人才流动中的重要竞争能力和适应性。

3. 人力资源

根据《企业内部控制应用指引第 3 号——人力资源》的定义,人力资源是指企业组织生产经营活动而录(任)用的各种人员,包括董事、监事、高级管理人员和一般员工,其本质是企业组织中各种人员所具有的脑力和体力的总和。

人力资源是指组织成员向组织提供的技能、知识以及推理和决策能力。大量研究发现，那些能够有效开发和利用人力资源的企业比那些忽视人力资源的企业发展得更好、更快。是人掌握的技能、知识创造了企业的繁荣，而不是其他资源。在技术飞速发展和信息化加快的新经济时代，人力资源在企业中的作用越来越突出。人力资源管理的主要工作包括以下方面：

（1）人力资源规划

这是指公司管理者通过分析市场和企业自身情况，制订一套人力资源计划，以确保员工数量和素质与公司战略和业务发展的需要相匹配。

（2）招聘管理

招聘管理是指公司通过自身的需求和标准，选择合适的人才，以适应公司发展的需要。在招聘过程中需要考虑到员工的工作技能、职业素质、潜力和出色的表现能力。

（3）培训和发展

培训和发展是指向员工提供相应的培训和方向，使他们更好地了解公司的核心价值和市场需求，同时提升员工的专业素质和关键技能，满足公司不断发展和变化的需要。

（4）绩效管理

绩效管理涉及制定可以衡量员工表现的标准，以确保员工达到了公司的标准，并通过合理的奖惩机制来鼓励员工进一步提高表现，与公司实现共赢。

4. 社会责任

根据《企业内部控制应用指引第 4 号——社会责任》的定义，企业社会责任是指企业在经营发展过程中应当履行的社会职责和义务。主要包括安全生产、环境保护等。

社会责任是指一个组织对社会应负的责任。一个组织应以一种有利于社会的方式进行经营和管理。社会责任通常是指组织承担的高于组织自己目标的社会义务。它超越了法律与经济对组织所要求的义务，社会责任是组织管理道德的要求。

5. 企业文化

根据《企业内部控制应用指引第 5 号——企业文化》的定义，企业文化是企业在生产经营实践中逐步形成的价值观、经营理念和企业精神，以及在此基础上形成的行为规范的总称。

企业文化是一个组织由其价值观、信念、仪式、符号、处事方式等组成的其特有的文化形象，简单而言，就是企业在日常运行中所表现出的各方各面。企业文化的构成要素包括以下几个方面：

（1）企业的价值观和信仰

这是企业文化的核心组成部分，具有关键作用。企业的价值观和信仰可以塑造企业的组织文化，传达企业的使命和宗旨。

（2）企业的行为准则

企业的行为准则涉及公司员工应遵循的行为规范、道德标准等，它规范了员工的行为和工作方式。

（3）组织架构和工作方式

组织架构和工作方式体现企业的管理方式，可以影响到员工对企业文化的接受程度。一个灵活、贴近员工生活的企业架构，可以提高员工的工作效率、满意度和归属感。

（4）企业历史和文化传统

企业的历史和文化传统是企业文化的重要组成部分，企业可以通过其历史和文化传统塑造出特有的企业文化形象。

2.2.3 内部环境的要素

1. 企业资源分析

企业资源，是指企业所拥有或控制的有效因素的总和。按照竞争优势的资源基础理论，企业的资源禀赋是其获得持续竞争优势的重要基础。企业的资源有些是有形的，有些是无形的。企业资源分析是对企业现有资源的数量和利用效率以及资源的应变能力等方面的分析，以便明确形成公司核心能力和竞争优势的战略性资源。公司通过与竞争对手比较来确认自己在资源上的优劣势，评价资源优势的价值创造能力和可持续性。企业资源分析的目的在于识别企业的资源状况、企业资源方面所表现出来的优势和劣势及其对未来战略目标制定和实施的影响。在分析一个企业拥有的资源时，必须知道哪些资源是有价值的，可以使企业获得竞争优势。其主要的判断标准如下：

（1）资源的稀缺性

如果一种资源是所有竞争者都能轻易取得的，那么，这种资源便不能成为企业竞争优势的来源。如果企业掌握了处于短缺供应状态的资源，而其他的竞争对手又不能获取这种资源，那么，拥有这种稀缺性资源的企业便能获得竞争优势。如果企业能够持久地拥有这种稀缺性资源，则企业从这种稀缺性资源获得的竞争优势也将是可持续的。

（2）资源的不可模仿性

资源的不可模仿性是竞争优势的来源，也是价值创造的核心。资源的不可模仿性主要有以下四种形式：

①物理上独特的资源。有些资源的不可模仿性是物质本身的特性所决定的。例如，企业所拥有的房地产处于极佳的地理位置，拥有矿物开采权或是拥有法律保护的专利生产技术等。这些资源都有它的物理上的特殊性，是不可能被模仿的。

②具有路径依赖性的资源。这是指那些必须经过长期的积累才能获得的资源。例如，中国海尔公司在售后服务环节的竞争优势并不仅仅在于有一支训练有素的售后服务人员队伍，更重要的是由于海尔多年来不断完善营销体制建设，能够为这支队伍健康运作提供坚实的基础和保障。其他公司想要模仿海尔售后服务的资源优势，同样需要花费大量

时间完善自身的营销体制,这在短期内是不可能实现的。

③具有因果含糊性的资源。企业对有些资源的形成原因并不能给出清晰的解释。例如,企业文化常常是一种因果含糊性的资源。美国西南航空公司以拥有"家庭式愉快,节俭而投入"的企业文化著称,这种文化成为企业的重要资源,竞争对手难以对其进行模仿。其原因就是没有人可以明确地解释形成这种文化的真实原因。具有因果含糊性的资源,是组织中最常见的一种资源,难以被竞争对手模仿。

④具有经济制约性的资源。这是指企业的竞争对手已经具有复制其资源的能力,但因市场空间有限不能与其竞争的情况。例如,企业在市场上处于领导者的地位,其战略是在特定的市场上投入大量资本。这个特定市场可能会由于空间太小,不能支撑两个竞争者同时盈利,在这种情况下,企业的竞争对手即使有很强的能力,也只好放弃竞争。这种资源便是具有经济制约性的资源。

(3)资源的不可替代性。波特的五种竞争力模型指出了替代产品的威胁力量,同样,企业的资源如果能够很容易地被替代,那么即使竞争者不能拥有或模仿企业的资源,它们也仍然可以通过获取替代资源而改变自己的竞争地位。例如,一些旅游景点的独特优势就很难被其他景点的资源所替代。

(4)资源的持久性。资源的贬值速度越慢,就越有利于形成核心竞争力。一般来说,有形资源往往都有自己的损耗周期,而无形资源和人力资源则很难确定其贬值速度。例如,一些品牌资源随着时代的发展实际上在不断地升值,反之,通信技术和计算机技术迅速地更新换代会对建立在这些技术之上的企业竞争优势构成严峻挑战。

2. 企业能力分析

企业能力是指公司所拥有的和整合公司资源实现公司经营目的所需的各种知识、方法、技巧、经验等。公司战略受制于其拥有的能力以及能力的整合。公司战略管理者需要认清自己的能力,包括能力的类型、数量和质量等,通过与竞争对手比较来确认自己在能力上的优势和劣势,评价能力优势的价值创造力和持续性。能力分析的目的是了解自己是否具有实现现有和新战略的能力优势,以及通过能力的发挥和整合来形成所需的能力优势。公司能力是公司有形资源、无形资源和组织资源等各种资源有机组合的结果,主要由研发能力、生产管理能力、营销能力、财务能力和组织管理能力五个方面构成。

(1)研发能力

随着市场需求的不断变化和科学技术的持续进步。研发能力已成为保持企业竞争活力的关键因素。企业的研发活动能够加快产品的更新换代,不断提高产品质量,降低产品成本,更好地满足消费者的需求。企业的研发能力主要从研发计划、研发组织、研发过程和研发效果几个方面进行衡量。

(2)生产管理能力

生产是指将投入(原材料、资本、劳动等)转化为产品或服务并为消费者创造效用的活动。生产活动是企业最基本的活动。生产管理能力主要涉及五个方面,即生产过程、生产能力、库存管理、人力资源管理和质量管理。

（3）营销能力

企业的营销能力是指企业引导消费以占领市场、获取利润的产品竞争能力、销售活动能力和市场决策能力。

①产品竞争能力。产品竞争能力主要可从产品的市场地位、收益性、成长性等方面来分析。产品的市场地位可以通过市场占有率、市场覆盖率等指标来衡量。产品的收益性可能通过利润空间和量本利进行分析。产品的成长性可以通过销售增长率、市场扩大率等指标进行比较分析。

②销售活动能力。销售活动能力是对企业销售组织、销售绩效、销售渠道、销售计划等方面的综合考察。销售组织分析主要包括对销售机构、销售人员和销售管理等基础数据的评估。销售绩效分析以销售计划完成率和销售活动效率分析为主要内容。销售渠道分析则主要分析销售渠道结构（如直接销售和间接销售的比例）、中间商评价和销售渠道管理。

③市场决策能力。市场决策能力是以产品竞争能力、销售活动能力的分析结果为依据的，是领导者对企业市场进行决策的能力。

（4）财务能力

企业的财务能力主要涉及两个方面：一是筹集资金的能力；二是使用和管理资金的能力。筹集资金的能力可以用资产负债率、流动比率和已获利息倍数等指标来衡量；使用和管理资金的能力可以用投资报酬率、销售利润率和资产周转率等指标来衡量。

（5）组织管理能力

组织管理能力主要从以下几个方面进行衡量：职能管理体系的任务分工；岗位责任；集权和分权的情况；组织结构（直线职能、事业部等）；管理层次和管理范围的匹配。

3. 企业核心能力

（1）企业核心能力的定义

20世纪80年代，库尔（Cool）和申德尔（Schendel）通过对制药业若干个企业的研究，确定了企业的特殊能力是造成它们业绩差异的重要原因。1990年，美国学者普雷哈拉德（C. K. Prahald）和英国学者哈梅尔（G. Hamel）合作在《哈佛商业评论》上发表了《公司核心能力》一文，在对世界上优秀公司的经验进行研究的基础上提出，竞争优势的真正源泉在于"管理层将公司范围内的技术和生产技能合并为使各业务可以迅速适应变化机会的能力"。1994年哈梅尔与普雷哈拉德又发表专著《竞争未来》。由此在西方管理学界掀起关于核心能力的研究与讨论的高潮，对企业界也产生了很大影响。作为竞争优势的源泉，企业独特的资源与能力日益受到人们的关注，"核心能力""核心业务"也成为流行的术语。

所谓核心能力，就是企业在具有重要竞争意义的经营活动中能够比其竞争对手做得更好的能力。企业的核心能力可以是完成某项活动所需的优秀技能，也可以是在一定范围和深度上的企业的技术诀窍，或者是那些能够形成很大竞争价值的一系列具体生产技能的组合。从总体上讲，核心能力的产生是企业中各个不同部分有效合作的结果，也就是各种单个资源整合的结果。这种核心能力深深地根植于企业的各种技巧、知识和人的能力之中，对企业的竞争力起着至关重要的作用。公司的资源和能力是决定公司发展的内部基础，但有了资源和能力并不代表公司就具有竞争优势。因此，在完成了资源和能力分析以后，要确定公司的哪些资源和能力更具有竞争力，以及它们在多大程度上支持公司获取优于竞争对手的可持续竞争优势。那些有价值的、稀缺的、难以模仿的和不可替代的资源和能力就形成了公司的核心竞争力，可以提高公司战胜竞争对手的竞争优势。在公司实践中，由于公司资源有限，一个公司不可能面面俱到，必须开发属于自己特色产品，才能在竞争残酷的市场中占有一席之地。

（2）企业核心能力与成功关键因素的区别与联系

企业核心能力与成功关键因素是两类不同的概念。成功关键因素应被看作产业和市场层次的特征，而不是针对某个个别公司。拥有成功关键因素是获得竞争优势的必要条件，而不是充分条件。比如，一个公司要成为成功的体育运动鞋的供应商，它就必须有发展新款式、管理供应商和分销商网络以及进行营销活动的能力。但只有这些还不够，所有大运动鞋公司都有产品发展部门、供应商和销售网络以及很大的营销预算，然而只有少数公司才能将这些活动做得很出色，从而创造出高于竞争对手的价值。

企业核心能力和成功关键因素的共同之处在于它们都是公司盈利能力的指示器。虽然它们在概念上的区别是清楚的，但在特定的环境中区分它们并不容易。例如，一个成功关键因素可能是某产业所有企业要成功都必须具备的，但它也可能是特定公司所具备的独特能力。

2.2.4 内部环境分析的方法

1. 价值链分析

价值链的概念是由迈克尔·波特（Michael E. Porter）在《竞争优势》一书中首次提出的，指的是公司将投入要素转换为产出所涉及的内部活动。公司在价值链上的每一项活动都可以增值，原材料和其他投入最终都会转换为提供给客户的产品或服务的组成部分。通过价值链分析，可以了解运营过程中哪些环节可以创造价值、哪些环节不能创造价值。

资源、能力和核心能力是公司内部环境分析的基本要素，而价值链这种非常有效的工具，能够帮助公司正确识别和评价公司资源与能力、发现竞争优势、制定竞争战略。价值链分析方法是公司一系列的输入、转换与输出的活动序列集合，每个活动都有可能相对于最终产品产生增值行为，从而增强公司的竞争地位。公司采用的信息技术和关键业务流程的优化是实现公司战略的关键。公司通过在价值链过程中灵活应用信息技术，发挥信息技术的势能作用、杠杆作用和乘数效应，可以增强公司的竞争能力。

2. 业务组合分析法

业务组合分析是对公司产品和服务的全面评估。这种评估的目的是确定公司应将其投资和业务活动的重点放在哪里。公司可以聘请第三方公司来执行这项工作，或者可以在管理层关键成员的协助下进行内部重组。这可以作为重组计划的一部分，改善商业战略，或者降低成本使公司更有效地运行。

业务组合分析的第一步是确定业务组合的内容。对于没有持股的单一业务，这可能是一项相对简单的任务，因为提供的任何产品和服务都很容易列出。有细分机构的公司，专门从事其他活动的部门，单独持有的股票更难分析。在这种情况下，分析师必须仔细追踪投资组合中的所有资产，以获得详细而完整的信息。

复习思考题

1. 宏观环境因素主要有哪几类？
2. 五种竞争力分析模型由哪几部分组成？
3. 简要说明内部环境的要素。
4. 企业内部环境分析的方法有什么？

第3章

风险评估

本章学习目标

通过本章的学习,从战略目标和业务层面目标的设定进一步理解目标设定的含义,熟悉战略目标设定的原则、内容和过程。了解风险识别的概念和内容,理解风险识别的过程,掌握风险识别的方法,理解风险偏好和容忍度。在了解风险分析的概念和内容的基础上,理解风险分析的核心内容,掌握定量分析法和定性分析法。理解风险应对的概念,掌握风险规避、风险降低、风险分担、风险承受四种风险应对策略。

引导案例

温州"眼镜大王"负债过亿元玩失踪

信泰集团成立于1993年,员工3 000多人。公司是瓯海经济技术开发区眼镜行业的"龙头老大",目标是"中国民营企业100强"。旗下的"海豚"品牌是中国眼镜业唯一的驰名商标。信泰集团除了眼镜业,还有太阳能光伏、房地产等行业。胡福林是信泰集团的董事长。

2011年9月21日晚,信泰集团董事长胡福林跑路的消息传开,债权人和供货商一下子涌来。不少人开着面包车、小货车,准备哄抢东西。2011年9月22日下午,大批保安把守在信泰集团新厂房门口,所有的东西"只许进不许出"。

据知情人士透露,造成此现象的原因在于胡福林还涉及了高达20多亿元的欠款,其中包括了12亿元的民间高利贷和8亿元的地方银行贷款。胡福林的个人负债差额高达9亿元,正面临着严重的资不抵债危机。政府工作人员已登记的数据显示,胡福林涉及民间借贷1.3亿元,但由于真正的高利贷债主不敢登记,实际欠款可能更高。

在2011年9月22日当天,温州的"跑路"大老板数量猛增。分析人员指出,由于信泰公司造成的民间借贷链断裂情况更加恶劣,或许会使得越来越多的公司存在倒闭的可能性。

如果信泰公司能够及时地评估和识别风险,加强企业内部控制,就不会沦落到破产的境地。由此可见，企业的生存发展离不开内部控制与风险管理。风险评估和风险识别是风险管理的第一步，也是风险管理的基础，随着内外部环境的变化，企业面临的风险也日益复杂化。为此，精准识别企业所面临的风险，并对风险发生的可能性进行评估和分析，进而采取有效的风险应对策略将内部控制风险控制在企业可以承受的范围内，对企业目标的实现有着至关重要的意义。

3.1 风险评估目标

3.1.1 风险评估目标的定义

风险评估（Risk Assessment）是指在风险事件发生之前或之后（但还没有结束），对该事件给人们的生活、生命、财产等各个方面造成的影响和损失的可能性进行量化评估的工作。目标设定是指企业在识别和分析实现目标风险并采取行动来管理风险之前，采取恰当的程序去设定目标，确保所选定的目标支持和切合企业的发展使命，并且与企业的风险承受能力相一致。风险评估评价应对日常经营管理过程中的目标设定、风险识别、风险分析、应对策略等进行认定和评价。

《企业内部控制基本规范》第三章第二十条规定，企业应当根据设定的控制目标，全面、系统、持续地收集相关信息，结合实际情况，及时进行风险评估。可见，目标设定是企业风险评估的起点，是风险识别、风险分析和风险应对的前提。根据《企业内部控制基本规范》可以将风险评估的目标分为战略目标、经营目标、报告目标、资产安全目标、合规目标。

3.1.2 战略目标

1. 战略目标的定义

战略目标是指企业在实现其使命过程中所追求的长期结果，是在一些最重要的领域对企业使命的进一步具体化。它可以帮助企业找准市场定位，指导企业执行层的行动，并为企业内部控制指明方向。

不同企业的战略目标是不同的，但需要制定目标的内容却是相似的。一个企业不一定在盈利能力、市场、生产率、产品、资金、研究与开发、组织、人力资源、社会责任等所有领域都规定目标，并且战略目标也并不局限于这几个方面。

2. 战略目标设定的原则

企业在确定战略目标时，通常使用一套被称作 SMART 的基本原则，它是以下五个英文单词首个字母的缩写：Specific 代表明确性，是指战略目标应该是具体的，不能是笼统的；Measurable 代表度量性，是指战略目标是数量化或者行为化的，验证这些目标的数据或者信息是可以获得的；Attainable 代表可实现性，是指战略目标在付出努力的情况下可以实现，避免设立过高或过低的目标；Relevant 代表可实现性，是指战略目标在付出努力的情况下可以实现，避免设立过高或过低的目标；Time-based 代表时限性，是指战略目标的实现是有时间限制的。

例如：如果企业的战略目标是提高产品质量。这种对目标的描述就很不明确，因为提高产品质量有很多具体做法。比如，将零件的不合格率作为一个标准，过去的零件的不合格率是 4%，我们可以把目标进一步明确为将零件的不合格率降低至 2.5%。

3. 战略目标的内容

在风险评估中，战略目标是评估中的一个重要考虑因素。面对不同的风险，企业也需要根据其战略目标来评估和分析风险的影响和潜在损失。在风险评估中，企业制定战略目标时需要考虑以下几个方面：

（1）评估风险对战略目标的影响

在风险评估中，企业需要确定每个战略目标所面临的潜在风险，并评估这些风险对战略目标的影响。风险可能会影响企业的盈利能力、产品质量、知识产权、品牌声誉等，因此企业需要考虑每个战略目标受损的潜在程度。

（2）制定风险管理策略

企业需要根据战略目标确定适当的风险管理策略，并制定应对措施。企业可以采取风险转移、降低风险、规避风险等措施，降低风险对战略目标的影响。

（3）风险管理成本

企业需要考虑风险管理的成本。在制定风险管理策略时，企业需要权衡成本与盈利的关系，确保有效降低风险的同时最大化收益。

（4）优化风险管理

企业需要不断优化其风险管理策略，确保其战略目标随着时间变化而得到保护。企业需根据其业务模式和市场环境进行定期评估和优化风险管理过程，以便不断提升风险管理的有效性和效率。

4. 战略目标设定过程

战略目标需要通过董事会及员工的相互沟通来确定，同时还要有支持其实现的战略计划及年度预算。具体设定过程如下：

（1）明确企业发展目标

这是制定企业战略目标的基础。企业愿景和使命是企业长期发展的精神支柱和指引方向：愿景是对未来的设想，表达了企业的长远目标和发展方向；使命则是企业为实现愿景所坚持的核心价值观和行为准则。企业需要根据自身实际情况制定具有时效性和可行性的企业使命和愿景，并在制定战略目标方面始终坚持愿景和使命，不断完善和优化，从而实现长期发展目标。

（2）宏观经济环境分析

宏观经济环境是制定战略目标的重要参考依据，包括经济增长、消费水平、货币政策、税收政策等因素。针对当前和未来的宏观经济情况，企业需要进行精准的分析和预测，以确定自身的发展方向，并根据宏观经济的变化不断调整和优化营销策略和战略目标。

（3）行业竞争力分析

行业竞争力是企业长期发展的重要因素，要在市场中获得竞争优势和市场份额，企业需要分析行业的竞争格局、市场份额和增长率、新兴趋势等，以及竞争对手的经营策略和市场策略等。针对行业竞争力的分析结果，企业需根据自身优势和市场机会及市场趋势制定符合实际情况的战略目标。

（4）内部环境分析

内部环境分析是企业制定战略目标和制定相关营销策略的重要基础。企业需要对自身资源、人才队伍、组织结构、技术能力等进行全面的分析，确定自身的竞争优势和劣势，从而有针对性地确定战略目标和制定长期发展的营销策略。企业还需不断完善公司文化和管理制度，提升自身内部管理水平和企业文化品质，营造良好的内部工作环境和企业形象，为战略目标的实现奠定良好的基础。

（5）监控与调整

制定战略目标后，企业还需要采取有效的措施和手段，对战略目标的实施过程进行监控和调整。企业需要建立完善的内部控制机制和控制系统，对战略目标达成情况进行监管，及时调整经营计划和营销策略，并针对市场变化和顾客需求变化不断优化产品和营销方案，使公司的战略目标不断实现和优化。

3.1.3 业务目标

1. 业务目标的定义

业务指的是在各个行业当中，所需要处理好的相关事务。业务目标是企业在实施战略过程中为了实现企业愿景和使命，通过制订具体的经营计划、行动方案和目标规划而确定的具体目标。

2. 业务目标的要素

业务目标包括经营目标、资产目标、财务报告目标、合规目标。

（1）经营目标

经营目标是指在既定的所有制关系下，企业作为一个独立的经济实体，在其全部经营活动中所追求的，并在客观上制约着企业行为的目的。经营目标是在一定时期企业生产经营活动预期要达到的成果，是企业生产经营活动目的性的反映与体现。经营目标包括以下内容：

①营收目标。营收目标是指企业在特定时间内制定达到的收入目标，包括销售额、净收入或其他财务指标。

②利润目标。利润是企业持续发展的基础，企业应确保实现健康盈利，确保企业的可持续发展。

③成本控制目标。成本控制目标即企业在产品生产、管理、市场推广中，要加强成本控制，提高利润率和降低投资风险。

④市场定位目标。针对消费者的行为、需求以及市场的变化，制定企业的市场定位目标，进而确定有针对性的营销手段和策略。

⑤质量目标。质量是企业持久发展的基础，制定出企业的产品质量目标，确保产品的合格，提升客户之间的认可度。

⑥员工培训目标。培训员工和提升员工素质是企业短期和长期成功的必要手段之一，通过与员工的沟通交流，明确员工培训目标，可以更好地提高员工能力和质量。

（2）资产目标

资产目标是由组织设定的，与组织目标和资产管理方针相一致，并符合利益相关方的需求和期望，特定的、可测量的资产管理活动结果。具体可从内部和外部两个方面探讨：

①内部：以优化资产、调整结构、精益运营、效率优先和战略规划为管理思路和方法，全面梳理资产管理流程，查找出资产管理的薄弱环节，以企业战略为导向，进行资产的优化和结构调整，降低资产冗余，提升公司的资产效能，实现资产运营效益的最大化。

②外部：趋于集团公司未来"打造国际品牌"的战略思想，聚焦与战略目标相匹配的资产管理体系和适应精益运营、敏捷生产的设备管理信息化，资产管理将借鉴国内外先进的管理方法结合自身的管理模式，晋级到"世界级资产管理水平"。

（3）财务报告目标

财务报告目标有受托责任观和决策有用观两种。在受托责任观下，企业会计信息更多地强调可靠性，会计计量主要采用历史成本；在决策有用观下，会计信息强调相关性。财务报告的目标是向财务报告使用者（包括投资者、债权人、政府及其有关部门和社会公众等）提供与企业财务状况、经营成果和现金流量等有关的会计信息，反映企业管理层受托责任履行情况，有助于财务报告使用者做出经济决策。财务报告目标包括以下要素：

①报告透明度。财务报告应具有透明度，能够清晰地表达企业的财务状况和运营情况，以帮助利益相关者了解企业的投资价值和风险。

②财务准确性。财务报告应具备准确性，确保报告的数据和信息真实可靠，并符合相关会计准则和法规要求，以保证财务报告能够客观、公正地反映企业的财务状况。

③盈利和收益要素。财务报告应包括企业的收益和盈利情况，包括每股收益、销售收入、利润等指标，以帮助企业的股东和投资者了解企业的经济表现和盈利能力。

④资产和负债要素。财务报告应包括企业的资产和负债情况，包括现金和现金等价

物、应收款项、有形资产和无形资产等指标,以帮助利益相关者了解企业的财务风险和资产质量。

⑤管理层讨论和分析。财务报告中应包含对管理层讨论和分析,对企业财务状况和运营情况进行详细分析和解释,以帮助利益相关者更好地了解企业的经营策略和运营情况。

(4) 合规目标

合规目标是企业制订和执行符合相关法规和规范的计划和目标,以确保企业合法经营、减少风险和避免非法行为。合规可以涵盖不同需求层级的不同内容。不同的企业、经营者对合规的需求不同。大型企业、跨国公司需要建立的是合规体系;中型企业需要的则是合规管理机制;小微企业需要落实的是合规措施。企业的合规目标包含以下要素:

①遵守法律法规。企业应遵守相关国家和地区的法律法规,确保企业行为合法合规,提高企业在市场中的信誉度。

②财务风险控制目标。企业应制定财务管理与风险控制目标,通过建立有效的内部控制和风险管理体系,减少企业操作风险和市场风险。

③数据保护和隐私保护目标。随着信息化的发展,企业应加强对员工和客户信息的保护,制定数据保护和隐私保护的目标,确保客户信息不被非法获取和滥用。

④职业道德标准目标。企业应坚持职业道德标准,提高员工的职业素养和服务理念,确保企业治理更为公正与透明。

⑤知识产权保护目标。企业应注重知识产权保护,在自主创新和市场竞争中确保企业的专有技术和知识产权不受侵害。

3.2 风险识别

3.2.1 风险识别的定义

风险识别是指对企业面临的各种潜在事项进行确认。所谓潜在事项,是指来自企业内部和外部、可能影响企业战略的执行和目标的实现的一件或者一系列偶发事项。企业应采用一系列技术来识别有关事项并考虑有关事项的起因,对企业过去和未来的潜在事项以及事项的发生趋势进行计量。

3.2.2 风险偏好与风险容忍度

风险偏好和风险容忍度是内部控制和风险管理的重要组成部分。

风险偏好是企业在实现其目标的过程中愿意接受的风险的数量。分析风险偏好要回答的问题是公司愿意承担什么风险,以及承担多少风险。风险偏好是一个企业运营风格的体现，受到企业利益相关各方价值取向和利益追求方式的影响和调节。一般而言，企业风险偏好越高，就越愿意接受一些风险以换取更高的回报；反之则会更加保守。

风险容忍度是指企业在实现目标过程中能够承受的风险程度，反映了企业对风险的忍受程度和容忍度。分析风险容忍度可以将其作为企业采取行动的预警指标，企业可以设置若干承受度指标，以显示不同的警示级别。一般而言，企业的风险容忍度越高，意味着企业能够承受更大程度的风险，并且可能会接受更高的投资风险以换取更高的回报。

风险偏好和风险容忍度概念的提出基于企业风险管理理念的变化。传统风险管理理念认为风险只是灾难，被动地将风险管理作为成本中心；全面风险管理的理念认为风险具有二重性，风险总是与机遇并存。企业风险管理要在机遇和风险中寻求平衡点，以实现企业价值最大化的目标。

因此，风险偏好和风险容忍度概念提出的意义在于研究企业风险和收益的关系，明确了企业的风险偏好和风险容忍度，企业就能够在风险和收益之间把握好平衡点。

3.2.3 风险识别的常用方法

风险识别实际上就是收集有关风险因素、风险事故和损失暴露等方面的信息，发现导致潜在损失的因素。风险识别的方法就是收集和分析这些信息的方法和技术。风险识别的方法一般有：财务报表分析法、流程图分析法、事件树分析法、因果图分析法、现场调查分析法和风险清单分析法等。

1. 财务报表分析法

财务报表分析法是通过对资产负债表、利润表、现金流量表和其他附表等财务信息的分析来识别风险事项。财务报表分析法是 A. H.克里德尔于 1962 年提出的风险识别方法。克里德尔认为，分析资产负债表等财务报表和相关的支持性文件，风险管理人员可以识别风险主体的财产风险、责任风险和人力资本风险等。因为任何企业的经营活动最终涉及的不是现金就是财产，所以对这些项目进行研究是非常可靠和客观的。

（1）财务报表分析法的分类

①趋势分析法。趋势分析是指通过对一个企业两期或连续数期的利润表和资产负债表的各个项目进行比较，求出金额和百分比增减变动的方向和幅度，以揭示当期财务状况和经营状况增减变化的性质及其趋势，并对该企业发展前景做出判断。趋势分析法通常包括横向分析法和纵向分析法。

横向分析法又称水平分析法，是将反映企业报告期财务状况的信息（特别指会计报表信息资料）与反映企业前期或历史某一时期财务状况的信息进行对比，研究企业各项经营业绩或财务状况的发展变动情况的一种财务分析方法。横向分析法可用于一些可比性较高的同类企业之间的对比分析，以找出企业间存在的差距。但是水平分析法在不同企业的应用中一定要注意其可比性问题，即使在同一企业应用，对于存在差异的评价也应考虑其对比基础。

纵向分析法又称垂直分析法,是通过计算报表中各项目占总体的比重或结构,反映报表中的项目与总体的关系情况及变动情况。例如,企业资产负债率=总负债÷总资产×100%,该指标反映企业长期偿债能力,将该指标同以往年度的可比指标进行对比,能更好地揭示出企业长期偿债能力的变化趋势,并能够分析出企业是否存在财务风险。

②比率分析法。比率分析就是把财务报表的某些项目同其他项目进行比较,计算出相应的财务比率,并将该比率与上期比率、计划比率或者同行业平均比率进行比较,以揭示企业的发展情况、计划完成情况或者与同行平均水平的差距。这些金额或者数据可以选自一张财务报表,亦可以选自两张财务报表。比率分析法可以分析财务报表所列项目与项目之间的相互关系,运用得比较广泛。比如,资金利润率的大小反映资本投资的综合效果,如果其值很小乃至是负值则企业的经营风险增大。又如,负债占总资产的比率要适中:负债比率过大,则风险也随之加大;而负债比率过小,企业又不能充分利用财务杠杆作用,从而造成机会损失。

③因素分析法。因素分析法也是财务报表分析中常用的一种技术方法,它是指把整体分解为若干局部的分析方法,包括比率因素分解法和差异因素分解法。

比率因素分解法是指把一个财务比率分解为若干影响因素的方法。例如,资产收益率可以分解为资产周转率和销售利润率两个比率的乘积。在实际的分析中,分解法和比较法是结合使用的,比较之后需要分解以深入了解差异的原因。分解之后还需要比较以进一步认识其特征。不断地比较和分解,构成了财务报表分析的主要过程。

企业可以使用差异因素分解法解释比较分析中形成差异的原因。例如,将产品材料成本差异分解为价格差异和数量差异。差异因素解法又分为定基替代法和连环替代法两种。定基替代法是测定比较差异成因的一种定量方法。按照这种方法,需要分别用标准值(历史的、同业企业的或预算标准)替代实际值,以测定各个因素对财务指标的影响。连环替代法是另一种测定比较差异成因的定量分析方法。按照这种方法,需要依次用标准值替代实值,以测定各个因素对财务指标的影响。

④综合分析法。在进行企业财务分析时,如果仅仅观察财务报表无法洞悉财务状况的全貌,或者仅仅观察单一的财务比率,难以了解企业财务状况的整体情况,就需要对各项财务数据和财务指标进行系统、综合的分析,以便对企业的财务状况和经营成果做出全面、合理的评价。综合分析法主要有财务比率综合评分法、杜邦分析法等,其中杜邦分析法在企业风险识别中应用最多。

杜邦分析法是由美国杜邦公司创造的一种财务分析方法,其最大特点是把一系列的财务指标有机地结合在一起,利用各个指标之间的递进关系,揭示出指标之间的内在联系,找到造成某一指标发生变动的相关因素,为公司经营者控制该项指标朝着良性的方向变动提供可靠的依据。

杜邦分析系统是一个财务指标分解系统，它以最能反映公司理财目标的指标——净资产收益率作为核心和出发点，通过指标的层层分解，揭示出各个财务指标之间的内在联系和不同财务指标对股东权益收益率的影响关系，杜邦分析系统如图3-1所示。

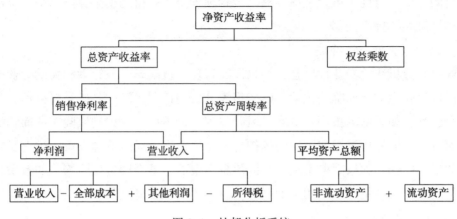

图3-1 杜邦分析系统

第一层：将净资产收益率分解为总资产收益率与权益乘数的乘积。这种分解揭示了不同企业对股东回报的差异来源：一是企业的综合盈利能力；二是融资结构。适度的负债可以帮助企业提高对股东的回报，但是其前提是借债的资金在企业中的回报率必须高于融资成本。同时，过度的负债容易使企业陷入偿债风险。

第二层：将总资产收益率分解为销售净利率和总资产周转率的乘积。其中，销售净利率反映了公司的获利能力，总资产周转率反映了公司的营运能力。这揭示了企业的综合盈利能力的差异是由什么引起的，是来自业务本身的获利能力，还是来自公司的营运能力。这实际上反映了企业的战略选择，企业要么选择成本领先战略，要么选择产品差异战略，两种战略的优势往往不太可能同时具备。

第三层：将销售净利率和总资产周转率进一步分解。销售净利率为净利润和营业收入的比值，总资产周转率为营业收入和平均资产总额的比值。

第四层：将净利润和资产总额细分，揭示各组成部分。净利润由营业收入减去全部成本再加上其他利润之后的税后结果，资产总额则由流动资产和非流动资产构成。

（2）财务报表分析法的优点

①财务报表分析法能够识别风险，财务报表分析法综合反映了一个企业的财务状况，这样，风险主体存在的一些安全隐患就能够从财务报表中反映出来。例如，企业资本保值增值率小于1，说明企业面临生存和发展的问题，现有的生产经营状况亟待转变。

②财务报表分析法识别风险具有可靠性和客观性。财务报表是基于风险主体容易得到的资料编制的，这些资料用于风险识别，具有可靠性和客观性的特点。风险主体在运用财务报表分析时，应当对每个会计科目进行深入的研究和分析，这样可以识别风险主

体隐藏的潜在损失风险,可以防患于未然。

③财务报表分析法可以为风险投资、风险融资提供依据。风险主体的投资能力、水平和财务状况会通过财务报表反映出来。例如,投资风险管理的资金风险融资的数额等财务资料的积累,有助于风险主体预测风险管理投资后获得的安全保障水平,可以为风险投资和风险融资提供依据。

(3)财务报表分析法的缺点

财务报表分析法的专业性较强,如果风险管理人员缺乏财务管理相关的专业知识,就无法识别风险主体所面临的风险。财务报表分析法识别风险的基础是财务信息具有真实性和全面性。如果财务报表不真实,风险管理人员不仅无法识别风险主体面临的潜在风险,而且会由于使用错误或不确切的信息而做出错误的风险管理决策,进而影响风险管理的效果。同样,如果财务报表反映的信息不全面,就会影响风险管理的效果,风险管理人员需要全面搜集、整理相关的财务信息,才能识别风险。

2. 流程图分析法

流程图分析法是将风险主体的全部生产经营过程,按其内在的逻辑联系绘成作业流程图,并针对流程中的关键环节和薄弱环节进行调查和识别风险的方法。

(1)流程图的分类

①按照流程路线的复杂程度划分,流程图可分为简单流程图和复杂流程图。简单流程图是将风险主体的活动按大致流程进行分析,用一条直线将主要流程的内在联系勾画出来,发现活动过程中可能存在的风险事项(见图3-2)。复杂流程图是将主体所面临的风险事项,在风险主体活动过程中的主要程序以及每一程序中的各个详细环节都进行分析(见图3-3)。

生产准备调度申请 → 车间主任审批 → 材料报关员建账 → 生产准备调度领取 → 需用人申请 → 工段长审批 → 生产准备调度审核

图3-2 某公司的劳动保护用品流程

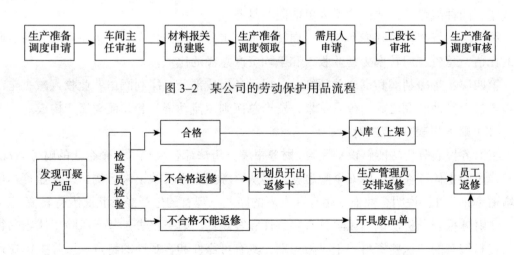

图3-3 某公司的产品返修流程

②按照流程的内容划分，流程图可分为内部流程图和外部流程图。内部流程图是以主体内部的活动为流程路线绘制的流程图，因而也称生产制造程序流程图。某制衣公司的内部流程如图3-4所示。外部流程图是以产品的销售运输过程为流程路线绘制的流程图。外部流程图用以揭示企业从原料供应到制成产品，直到销售出去的全过程存在的风险。图3-5显示了某制衣公司的外部流程。

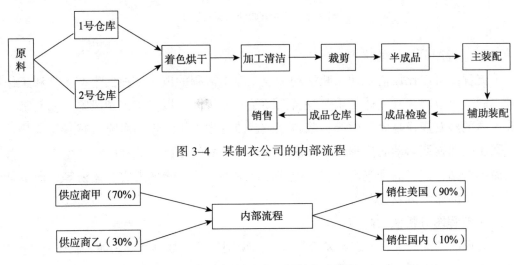

图3-4　某制衣公司的内部流程

图3-5　某制衣公司的外部流程

③按照流程图的表现形式划分，可分为实物形态流程图和价值形态流程图。实物形态流程图（以某生产企业为例）是以某种产品的生产全过程为基本流程路线，将主要生产经营活动以及各种辅助活动以实物形态反映在图表中，对每一过程、每一环节逐步进行调查分析，从中发现潜在的风险（见图3-6）。如果该生产企业拥有其他产品，则需要绘制不同的流程图。

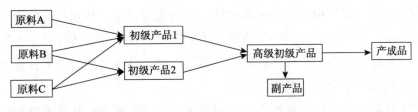

图3-6　简单的实物形态流程

价值形态流程图是以标有价值额度的流程路线来反映生产经营过程内在联系的流程图。在这一流程图中，通过货币价值的指标，可以更清楚地揭示风险主体各部门之间相互联系的程度，明确整个生产过程的关键部门和关键环节，以及生产过程中某一程序的中断给其他程序带来的影响（见图3-7）。

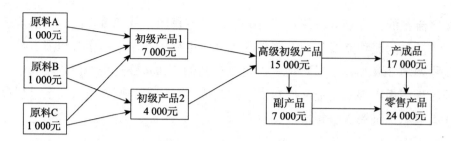

图 3-7　简单的价值形态流程

（2）流程图分析法的优点

①流程图可以比较清楚地反映活动（或工序）流程的风险。根据生产条件和工作目的的不同，可以将风险主体的生产经营活动制成流程图，以便于识别风险。一般来说，风险主体的经营规模越大、生产工艺越复杂，流程图分析法识别风险就越具有优势。

②流程图强调活动的流程，不寻求引发风险事故的原因。流程图只是生产、经营活动的简单概括，其目的是揭示生产、经营活动中的风险，诸如火灾、盗窃等，而不是分析风险发生的原因以及应对方法。

（3）流程图分析法的缺点

①流程图的准确性，决定着风险管理部门识别风险的准确性。例如，制作企业生产、销售等方面的流程图，需要准确地反映生产、销售的全貌，任何部分的疏漏和错误，都有可能导致风险管理部门无法准确地识别风险。

②使用流程图识别风险的管理成本比较高。一般来说，流程图由具有专业知识的风险管理人员绘制，需要花费的时间比较多，耗费的管理成本也比较高。

3. 事件树分析法

事件树分析法是一种常用的风险评估和安全分析方法，它可以帮助人们在进行某项活动或决策时更好地了解可能出现的风险和后果，从而采取合适的措施来避免或减少出现这些风险的损失。事件树是一种树形结构，它用来表示某一特定事件的发生和发展过程。在事件树中，每个节点代表一个可能发生的事件，每个分支代表一个可能的结果。事件树分析法通过逐步分解要评估的事件，将其分解为各种可能的结果，直到达到最可能的事件结果或到达某种无法预料的结果。

事件树的顶部通常是一个基本事件，表示风险分析的起点。从该事件开始，事件树向下不断扩展，直到所有可能的结果都被考虑到。在事件树的叶节点处，列出了最终的事件结果，这些结果对应于各种可能的后果。在进行事件树分析法时，首先要明确要评估的风险或事件，并识别导致这种风险或事件发生的各种因素。然后，根据风险或事件的特点，逐步细化事件树的各个节点，并分析每个节点的概率和可能的后果。最终，根据这些分析结果，确定采取何种措施来避免或减少风险的发生和相应的损失。

（1）事件树分析法的优点

①运用事件树分析法可以找出防止事故发生的途径。在分析所有可能的结果时，那些不会导致事故发生的结果就是防止事故发生的各种可能的途径。

②运用事件树分析法可以灵活选择解决措施。根据各环节事件发生的概率以及影响的后果，可以做出灵活判断。

③运用事件树分析法能够找出消除事故的根本措施。从事件树的分析中可以看出事故发生的起始原因，由此可以从根本上避免事故的发生。

（2）事件树分析法的缺点

①事件树的绘制需要专门的技术。在风险识别中，事件树的绘制需要专门的技术，这也是风险管理人员较少使用事件树分析法识别风险的重要原因。只有风险事件造成的损失较大或者存在较大的安全隐患，难以通过其他方法识别风险时，才采用事件树法对系统进行整体的分析。

②采用事件树法识别风险的管理成本比较高。事件树分析风险事故的方法需要花费大量的时间，需要收集大量的资料，这会导致风险管理成本的增加。

③相关概率的准确性直接影响估测的结果。在事件树分析中，有关事件概率统计的准确程度，直接影响风险识别的结果。而一般来说，相关概率的估计主要依靠操作者的经验，主观性大，易受人为操纵，进而直接影响结果的可靠性。

4. 因果图分析法

因果图分析法（Cause and Effect Diagram），也称鱼骨图、石川图，是一种常用的问题分析方法。其基本思想是将一个问题或目标视为鱼的头部，通过鱼骨模型，在鱼的脊骨上写上各种可能导致此问题发生的原因，进而找到影响问题发生的主导因素和潜在影响因素。它的应用范围非常广泛，既可以用于生产、加工、服务等各个领域工作过程中的问题识别和解决，也可以运用到个人、小组和组织方面的问题分析和决策中。在风险管理中，导致风险事故的原因可以归纳为类别和子原因，可以画成形似鱼刺的图（见图3-8）。导致风险事故的因果图中，风险事故与主骨、大骨、中骨和小骨之间存在逻辑上的因果关系。其中，主骨在引发风险事故的过程中起决定作用，大骨、中骨和小骨在因果图中是起次要作用的因素，但是，就具体的大骨、中骨和小骨来说，每一个骨所起的作用也是不同的。尽管如此，这些因素都会引起主骨的变化，最终导致风险事故的发生。

例如，某企业产品制造工序中，尺寸不合格产品占不合格产品的80%，风险识别的重点就在于减少导致尺寸不合格的风险因素。根据车间工作人员的讨论，将导致产品尺寸不合格的原因绘制成因果图（见图3-9）。

（1）因果图分析法的优点

①因果图是一种非定量的工具，可以辨识出导致风险的所有原因，分析各原因之间的相互关系，并从中找到根本原因。

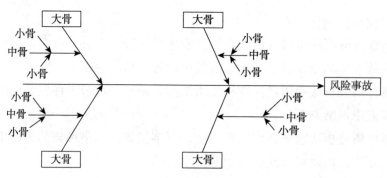

图 3-8　因果分析法的逻辑结构

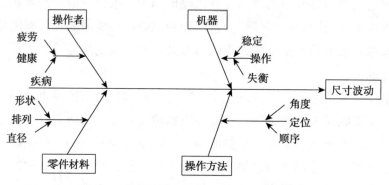

图 3-9　因果图分析产品尺寸不合格的原因

②运用因果图分析法识别风险，关注于因果分析，没有不相干的抱怨或争论，而且简单直观，便于理解。

（2）因果图分析法的缺点

①因果图分析法只是一种较为定性的方法，无法精确计算各因素对问题的贡献程度，也不能给出解决方案的具体数值参考。

②因果图分析法是一种简单的工具，其所提取的因素可能存在时间顺序上的问题，难以清晰地将各个因素的先后关系列出。

③因果图的制定需要对问题的因素进行整合和分类，可能存在因素漏考虑的情况。

④当问题的因素较为繁多时，因果图处理较为困难，造成分析困难和工作效率低下。

5. 现场调查分析法

现场调查分析法是一种调查研究方法，主要通过对现场的观察、记录和分析，获取有关信息、数据和材料。其重点是对于一定范围和空间内的事件、事物或现象进行直接观察、记录和探究，从而获取更加真实、准确、全面的信息。获知风险主体经营情况的最佳途径是现场调查。对企业各个经营场所进行调查，与各种员工或管理员沟通，可以发现原本已经被忽略的风险。现场调查有三个步骤：一是调查前的准备，包括确定调查时间（开始的时间、持续的时间）和调查对象等；二是现场调查和访问，认真填写表格；

三是形成调查报告与反馈。

（1）现场调查法的优点

①获得风险主体从事活动的第一手资料。例如，风险调查员对于投保人财产状况的调查，是保险人获得的保险标的风险状况的第一手资料。如果保险标的存在安全隐患，可以按照风险调查员的要求进行整改。只有在投保标的符合保险公司的承保条件后，保险公司才会予以承保。

②了解风险主体的资信状况，避免道德风险的发生。例如，风险调查员对于投保人管理能力、资信状况等方面的分析和评价，是承保人确定保险费率的重要参考依据，可以减少保险公司的赔付，降低保险公司的经营风险。

③防止风险事故的发生。风险主体通过具有丰富经验的风险调查员的调查，经过一系列的整修和改造，可以将可能发生的风险事故消灭在萌芽状态，减少不必要的损失。例如，风险调查员发现投保人的仓库面向某化工厂，随即要求投保人砌上面向该化工厂的窗户，这样就可以防止化工厂发生火灾时殃及仓库。

（2）现场调查法的缺点

①采用现场调查法耗费的时间比较长。要真正了解风险主体面临的风险需要进行大量的现场调查工作，这会耗费大量的时间。

②现场调查的管理成本比较高。现场调查需要组织人员亲临现场，必要时，需要聘请具有风险管理经验的调查人员（或者有关专家）参加，加大了风险主体的管理成本。

③风险管理人员的风险识别能力和水平决定调查的结果。在现场调查的过程中，受识别、发现风险的能力和水平所限，风险管理人员可能注意不到某些安全隐患，这在一定程度上会影响调查的结果。例如，保险公司委托的风险调查员发现风险的能力，在一定程度上决定着保险公司的利润状况。

6. 风险清单分析法

风险清单分析法又称列表检查法，是一种风险管理的方法，它通过识别、测量和评价各种可能的风险，并制定应对策略来降低风险。风险清单是指一些由专业人员设计好的标准的表格，上面非常全面地列出了一个企业可能面临的风险。清单中的项目逐一列出了客户所面临的风险，并将这些风险与客户的经营活动联系起来进行考察。通常风险清单都很长，因为清单试图将企业所有可能面临的风险全部囊括在内。风险清单使用者对照清单上的每一项都要回答："我们公司会面临这样的风险吗？"在回答这些问题的过程中，风险管理者逐渐构建出本公司的风险框架。

风险清单是对潜在风险进行分析时最常用和最普遍的一种方法。比较常见的风险识别方法有风险分析调查表、保单检视表和资产—暴露分析表。本章以保单检视表为例，表3-1是甲公司的风险保单检视表。

表 3–1　风险保单检视表（节选）

A. 财产损失风险
　　1. 有需要财产损毁的基本防护但未执行的情况吗？
　　　（1）自有建筑物和财物的直接损毁
　　　（2）由财产损毁导致的间接损失
　　　（3）他人财产直接损毁
　　　（4）运送中财产的直接损毁
　　2. 被保险的风险保证足够吗？
　　　自有的建筑物和财务
　　　（1）如果保单附有共保条款，保额小于共保条款之要求吗？
　　　（2）任何一项财产的所有保额少于其可保价值吗？
　　　（3）财务价值波动剧烈吗？
　　　（4）其他地点之财务有未投保之情形吗？
　　　（5）有违反保单条款和保证的情形吗？
　　　（6）基本的火灾保险范围可扩大到包含其他危险事故吗？
　　　（7）在任何一个房屋内有自动沥水系统吗？
　　　（8）重置成本保险有必要吗？
　　　（9）商业财产保障合适吗？
　　　（10）附加任何其他批单可改变保障的情形吗？
　　　间接损失（略）
　　　他人财产（略）
　　　运输中财产（略）
　　3. 财产保单的签订有不恰当的情形吗？（略）
B. 犯罪风险（略）
　　　……

（1）风险清单分析法的优点

①通过风险清单的制定，可以明确分类所有可能的风险。这有助于组织和管理风险，避免忽视或遗漏潜在的风险。

②将风险分类和排序后，可将风险信息可视化，从而使风险更容易管理。有助于快速确定风险分级和优先级，并针对性地开展风险管理策略。

③风险清单分析法适用于各种规模和复杂度的企业，可用于管理各种类型的风险，如财务风险、技术风险、市场风险等。

④风险清单分析法是一个可持续的过程，不仅能帮助组织发现和管理风险，而且能够不断地随着风险的变化而调整和更新该清单。

（2）风险清单分析法的缺点

①风险清单分析法需要对所有可能的风险进行逐一分类和评估，需要较长的时间和精力，这会对公司的资源造成一定影响。

②该方法涉及大量的主观判断，从而可能导致风险清单的不完整和不精确。而且在

风险的识别和评估等环节中,人为的主观判断可能造成结果不够准确。

③对于风险清单的制定,必须要有对风险管理过程有一定了解的专业人员参与。因此,立项和实施的困难度也相应增加。

④风险清单分析法是一种被动的反应方式,即等到风险显现的时候再进行分析和处理,会导致响应的迟缓。因此,建议使用风险清单分析法时,要时刻关注风险的变化,并及时制定和执行风险管理策略。

7. 其他风险识别方法

风险管理人员不能一直依靠企业的其他人员来报告企业里正在发生的一切,风险管理人员必须对新的、变化中的风险始终保持警惕,而经常检查关键文档就是一种有效的方法。关键文档包括董事会会议的详细记录、资金申请表、公司指南、年度报告等,这些文件提供的信息并不详尽,却是风险管理中使用最为频繁的信息资源。

面谈也是另外一种获取重要信息资源的渠道。许多信息没有记录在文档文件的信息资源里面,只存在于经营管理人员和员工的头脑里。因此,可以与不同层次、不同领域的员工面谈,以增加识别潜在风险事项的信息资源。一般情况下,可以考虑与以下人员进行面谈:经营部门经理、首席财务官、法律顾问、人力资源部门经理、基层护理人员、工人和领班、外部人员等。与一般基层工人的谈话可以发现一些不安全的设备和操作方法,这些问题在正规的报告里面是不会反映出来的,而通过与高层管理者的面谈,风险管理人员可以知道最高管理层可以容忍的纯粹风险程度(即企业可以部分或全部消化的风险),以及希望转移的风险。

风险识别的方法很多,各有其优缺点和适用条件,并不存在适用于全部风险识别的最优方法。在实际工作中,即使识别同一种风险也可以同时采用几种方法。企业应当根据自身经营活动的特点、内外环境变化和经营管理的需要选择风险识别方法或方法组合。企业应当列出企业面临的所有主要风险,同时列出每种风险产生的具体原因,并建立风险数据库。风险数据库是一种简单实用的风险管理工具,是风险识别环节的重要工作和成果。通过建立风险数据库,对识别出来的风险及其原因进行适当分类,并用文字加以清楚的描述,将有利于进一步开展风险分析工作。

3.3 风险分析

3.3.1 风险分析的定义

风险分析是指对潜在、实际或已经发生的风险的各种特征进行评估和分析的过程。它旨在发现和识别风险,并且评估可能带来的风险影响和概率大小。风险分析是风险管理过程中至关重要的一步,允许企业更好地识别和减少可能会破坏企业财富的风险。风险分析是风险应对的基础,没有客观、充分、合理的风险分析,风险应对将无法达到预期效果。

3.3.2 风险分析的定性方法

定性分析是指对风险的影响和可能性以定性的方式进行分析。在风险分析中,基于评估人员丰富的实践经验而做出的定性评估结论同样具有重要意义,定性分析方法是目前风险分析中采用比较多的方法,在不要求做定量分析或者定量分析所需的充分、可靠的数据实际上无法取得,以及获取这些数据不合成本效益原则时,管理者通常采用定性分析的方法。它具有很强的主观性,往往需要凭借分析者的经验和直觉,或者国际标准和惯例,对风险因素的大小或高低程度进行定性描述。最常用的定性分析方法有德尔菲法、头脑风暴法、人员访谈、风险矩阵等。

1. 德尔菲法

德尔菲(Delphi)法由美国总咨询机构兰德公司于1964年首次提出。它主要是借助于有关专家的知识、经验和判断来对企业的潜在风险加以分析。它特别适用于客观资料或数据缺乏情况下的长期预测,或其他方法难以进行的风险分析。

德尔菲法是在专家个人判断和专家会议方法的基础上发展起来的一种直观预测方法,是一种集中众人智慧进行科学预测的分析方法。它主要是采用匿名发表意见的方式,即专家之间不得互相讨论,不发生横向联系,只能与调查人员发生关系,通过多轮次调查专家对问卷所提问题的看法,经过反复征询、归纳、修改,最后汇总成专家基本一致的看法,作为预测的结果。这种方法具有广泛的代表性,较为可靠。

2. 头脑风暴法

在群体决策中,由于群体成员心理相互作用影响,易屈从于权威或大多数人意见,形成所谓的"群体思维"。群体思维削弱了群体的批判精神和创造力,损害了决策的质量。为了保证群体决策的创造性,提高决策质量,管理上发展了一系列改善群体决策的方法,头脑风暴法是较为典型的一个。

头脑风暴法是由美国创造学家奥斯本(A. F. Osborn)于1939年首次提出的。采用头脑风暴法组织群体决策时,要集中有关专家召开专题会议,主持者以明确的方式向所有参与者阐明问题,说明会议的规则,尽力创造融洽轻松的会议气氛。一般不发表意见,以免影响会议的自由气氛。由专家们"自由"提出尽可能多的方案。

3. 人员访谈

人员访谈是一种采集定性数据的方法,通过与受访者面对面访谈,以获取他们的看法、思考方式、问题等信息。这种方法可以用于深入地了解受访者的想法和看法,收集更详细的定性数据。

4. 风险矩阵

风险矩阵（Risk Matrix）法指按照风险发生的可能性和风险发生后果的严重程度，将风险绘制在矩阵图中，展示风险及其重要性等级的风险管理工具方法。而风险矩阵图，是风险矩阵法使用过程中所参照的图表，风险矩阵法是一种能够把危险发生的可能性和伤害的严重程度综合评估风险大小的定性的风险评估分析方法。它是一种风险可视化的工具，主要用于风险评估领域。例如某公司绘制了风险矩阵，如图3-10所示。与影响较小且发生的可能性较低的风险（图3-10中的点B）相比，具有重大影响且发生的可能性较高的风险（图3-10中的点A）更加需要企业的重点关注。

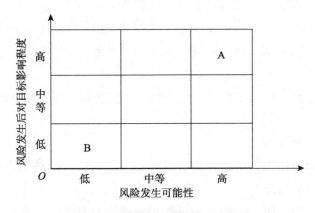

图3-10 某公司绘制的风险矩阵

风险矩阵法常用一个二维的表格对风险进行半定性的分析，其优点是操作简便快捷，为企业确定各项风险重要性等级提供了可视化的工具，因此得到较为广泛的应用。该方法也有它的局限性，即需要对风险重要性等级标准、风险发生可能性、后果严重程度等做出主观判断，可能影响使用的准确性。同时，应用风险矩阵所确定的风险重要性等级是通过相互比较确定的，因而无法将列示的个别风险重要性等级通过数学运算得到总体风险的重要性等级。企业在应用风险矩阵时，需要注意的是每种风险的最大程度及影响会因企业结构的不同而有所差别，所以企业要根据自身的经营特点来确定各种风险因素影响程度的等级。

3.3.3 风险分析的定量方法

在可以获得充分、准确的数据和有必要实施定量评估的情况下，选择定量分析方法评估分析风险是适当的。定量分析具有精确性，可以弥补定性分析的不足，但是定量分析的缺陷也是明显的，即对所有的重要因素进行量化是困难的，获得更多的数据需要更高的成本，所以通常应用在特别重要的活动中。常见的定量分析方法有：风险价值法、风险现金流法、风险收益法、损失分布法、事后检验法等。

1. 风险价值法

风险价值法（Value at Risk Method，VaR）是一种将概率和损失量结合起来考虑的风险分析方法。风险价值法是一种常用的风险测量方法，它可以用来评估金融机构或企业面临的风险大小。该方法基于对风险贡献的价值进行量化分析，从而帮助企业更好地对风险做出评估和决策。风险价值法通常采用风险价值指标和风险价值图表来呈现分析结果。

（1）风险价值法的优点

①全面性：风险价值法可以将未来损失的大小与该损失发生的概率结合起来，使管理层既了解了损失的规模，又能清楚其发生的概率。

②适用范围广：风险价值法适用于衡量多种类型的风险，如利率风险、汇率风险、资本市场风险以及衍生金融工具风险等，便于公司各业务部门对于有关风险信息的交流和管理层决策。

③灵活性：通过调节置信度水平，可以得到不同置信水平下的 VaR 值，满足不同风险偏好管理的需要。

（2）风险价值法的缺点

①忽略置信区间外损失：由于风险价值法不考虑置信区间外的损失，因此不适用于风险分布偏斜度较大的情况。

②缺乏连续性假设的讨论：VaR 模型假设连续交易日之间存在独立性。这种假设是有缺陷的，可能导致 VaR 不能对一系列连续时间做出充分的解释。

③信息不足：尽管 VaR 可以提供未来可能遭受的最大损失的信息，但它并不能明确说明会亏损的具体金额，即无法解决"亏多少"的问题。

2. 风险现金流法

风险现金流法是一种基于现金流对风险进行分析的方法。该方法涉及计算特定风险的现金流量，并将其与现有投资组合和未来预期财务状况进行比较。通过评估不同风险情形下的现金流量变化，提供有关未来可能发生的事件的概率数据，进而帮助企业做出更全面的决策。

（1）风险现金流法的优点

①考虑风险因素：风险现金流法能够将风险因素纳入考虑，与传统的现金流量估算方法相比，更能反映项目或资产的不确定性。

②灵活性：该方法具有一定的灵活性，可以根据不同的风险水平和假设进行调整，使得评估结果更符合实际情况。

③综合性：考虑了多种可能的风险情景和概率分布，能够提供更全面的评估结果。

④符合现实：现实世界中的投资项目或资产往往面临各种风险，风险现金流法更符合实际情况，能够更好地帮助决策者做出决策。

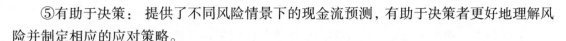

⑤有助于决策：提供了不同风险情景下的现金流预测，有助于决策者更好地理解风险并制定相应的应对策略。

（2）风险现金流的缺点

①复杂性：风险现金流法通常比较复杂，需要大量的数据和假设，而且需要较高水平的专业知识来进行分析和评估。

②数据需求高：风险现金流法的有效应用，需要大量的数据支持，包括历史数据、市场数据、概率分布等，而这些数据不一定总是容易获取或准确可靠。

③主观性：在对风险因素进行估计和假设时，可能存在一定的主观性，不同的分析人员可能得出不同的结论，从而影响评估结果的准确性。

④计算难度：风险现金流法的计算可能比较复杂，特别是在处理不同的风险情景和概率分布时，需要采用复杂的数学模型和计算方法。

⑤依赖假设：风险现金流法的有效性和准确性很大程度上取决于所做的假设，如果假设不准确或不合理，可能导致评估结果出现偏差。

3. 风险收益法

风险收益法是一种基于风险和收益来进行资产分析的方法。该方法主要关注资产看待的总回报，并结合资产的整体风险水平来评估其风险所代表的收益。评估和比较不同的资产类别风险和收益的变化，以指导企业做出更明智的决策。

（1）风险收益法的优点

①反映企业的真实盈利情况：收益法能够将企业的收益和成本按照时间分配到多个会计期间中，从而更准确地反映企业在整个经营周期中的实际盈利情况。

②适用范围广：收益法适用于各种类型的企业，包括生产型企业、销售型企业、服务型企业等。

③有利于预测未来收益：通过收益法，企业可以较为准确地预测未来的收益情况，从而更好地制定经营策略和决策。

（2）风险收益法的缺点

①复杂度高：收益法需要对多个会计期间的收益和成本进行分配，因此需要进行复杂的计算和核算。

②可能会导致误差：由于收益法的计算较为复杂，可能会出现计算误差，从而影响企业的财务报表准确性。

③可能会被滥用：收益法容易被企业滥用，从而出现虚假财务报表等问题。

4. 损失分布法

损失分布法是一种基于风险事件的发生概率和损失水平的概率分布函数进行风险分析的方法。利用损失分布函数，可以计算不同损失程度的概率，以预估潜在风险事件可能造成的经济损失情况。

（1）损失分布法的优点

①综合性：损失分布法考虑了不同损失事件的可能性和影响，能够提供较为全面的风险评估。

②灵活性：可以根据金融机构的特点和需要，灵活调整模型和假设，以更好地适应不同的情况和环境。

③考虑相关性：考虑了不同风险因素之间的相关性，更符合实际情况，能够更准确地评估综合风险。

④提供分布信息：损失分布法不仅提供了预期损失的估计值，还提供了损失的分布信息，包括损失的概率分布、分位数等，有助于风险管理者更好地理解和管理风险。

⑤适用性广泛：该方法适用于评估各种类型的风险，包括信用风险、操作风险等，可应用于银行、保险公司等不同类型的金融机构。

（2）损失分布法的缺点

①数据需求高：损失分布法需要大量的数据支持，包括历史损失数据、概率分布数据等，而且需要数据具有一定的质量和完整性，这对金融机构来说可能是一个挑战。

②模型复杂性：该方法涉及复杂的统计模型和计算方法，对于一般的风险管理人员来说，可能需要具备一定的专业知识和技能才能进行分析和应用。

③假设敏感性：损失分布法的评估结果很大程度上取决于所做的假设，如果假设不准确或不合理，可能导致评估结果出现偏差。

④计算成本高：计算损失分布需要大量的数据处理和模型计算，可能需要投入较高的成本和资源。

⑤历史局限性：损失分布法主要依赖于历史数据，可能无法充分反映未来可能出现的新型风险和事件，特别是在金融市场快速变化的情况下。

5. 事后检验法

事后检验法是一种通过分析已经发生的风险事件和损失情况，来评估先前制订的风险管理计划是否有效的方法。许多机构和企业通过历史数据的相关量化和结论，总结经验教训，或是规划更好的风险管理策略，以提高更为安全和可靠的风险管理控制能力。

（1）事后检验法的优点

①实用性强：事后检验法基于实际观察到的数据，可以直接评估模型在实际应用中的效果，具有很强的实用性。

②直观性：通过对模型预测结果与真实数据的比较，可以直观地了解模型的准确性和可靠性，为决策者提供直观的信息。

③客观性：事后检验法不依赖于任何预先设定的假设或参数，基于实际数据进行评估，因此具有较高的客观性。

④反馈及时：事后检验法可以及时发现模型的不足之处，为改进和优化模型提供反

馈，有助于及时修正风险管理策略。

⑤适用范围广：事后检验法适用于各种类型的风险模型，包括信用风险、市场风险等，可以对不同类型的模型进行评估。

（2）事后检验法的缺点

①过度拟合风险：事后检验法可能受到过度拟合的影响，即模型在历史数据上表现良好，但在未来数据上的预测能力却较差。

②数据限制：事后检验法需要大量的历史数据来评估模型的准确性，如果历史数据不充分或不具有代表性，可能导致评估结果不准确。

③局限性：事后检验法只能评估模型在已经发生的事件上的表现，无法预测未来可能发生的新型风险或事件。

④无法检验因果关系：事后检验法只能观察到模型的预测结果与实际情况之间的关系，无法确定其中的因果关系，可能存在其他未考虑到的因素影响了模型的表现。

⑤成本较高：对于一些复杂的风险模型，进行事后检验可能需要投入较高的成本和资源，包括数据处理、模型评估等。

3.4 风险应对

3.4.1 风险应对的定义

风险应对是指企业根据风险识别和分析的结果，结合自身的风险偏好和风险容忍度，确定风险管理策略，制定风险解决方案，进而把风险控制在风险容忍度之内，以实现企业风险管理目标的过程。在识别与分析了相关的风险之后，风险管理者会选择相应的风险应对策略，如风险规避、风险降低、风险转移和风险承受等。而在考虑风险应对策略的过程中，管理者需要评估风险应对策略的实施效果以及成本效益，以制定具体的风险解决方案。

3.4.2 风险应对的策略

风险应对策略包括风险规避、风险降低、风险转移以及风险承受。在选择风险应对策略时，企业首先要评估一项风险是不是可接受，在此基础上再决定是承担该项风险还是拒绝该项风险。

1. 风险规避

风险规避是指企业根据自己的风险偏好、风险承受能力以及战略目标，结合管理者对某项风险发生的可能性或影响的预计，以及对企业风险容限的限定，而取终止、放弃或拒绝可能诱发风险事项的策略。

（1）风险规避的方式

①完全风险规避，即企业评价相关事项后认为某项风险发生的可能性很大或可能造成重大损失，从而完全不从事可能引起该风险的活动。

②部分风险规避，即通过评价后发现，企业难以承担一步到位地开展某项经营活动的风险，而该项经营活动的预期收益又很可观，则可以采取将经营活动进行分解、分步实施的策略，由此可以回避掉一部分风险，也可以使企业有机会和时间，待竞争能力和抗风险能力增强后再进行此项经营活动。

③中途风险规避，即进行某项经营活动时，企业内在原因或外在环境发生变化，使得企业中途终止承担此项风险。

（2）风险规避的具体实施措施

①分散投资。企业可以通过将资金投于多个业务或项目，以降低单个投资所承受的风险。因为不同项目的风险是相互独立的，因此多个项目的组合风险会更加可控，从而规避潜在的风险。

②保险。企业可以通过购买保险来规避一些大额风险。保险公司可以帮助企业分摊风险和成本，从而减少企业承担的风险压力。各种类型的保险可以覆盖企业的财产、责任、员工、业务等方面，提供全面的保障。

③风险分析和评估。企业可以通过风险分析和评估来识别各种潜在风险并评估其概率和影响，从而制订相应的规避和应对计划。风险分析和评估可以帮助企业了解和预测风险，从而更好地应对风险。

④合同和法律保护。企业可以通过签订各种协议和合同来规避一些潜在风险。例如，合同可以规定合作伙伴的责任和义务，以减少合作风险。法律保护包括知识产权保护、保密保护等，可以帮助企业获得更好的法律保障和保护利益。

⑤战略转型。企业可以通过战略转型来规避一些潜在风险。例如，企业可以通过调整业务组合、重新定位市场防线来减少潜在风险，并寻求获得更好的市场机会。

（3）风险规避的优点

①能够做到事前控制，不仅能在风险事件发生后止损，更能有效降低风险发生的概率，从源头避免可能遭受的损失。

②风险规避策略通过限制企业经营和管理行为，有效防止企业盲目投资及非理性经营活动，从而节约了企业资源。

③对于企业来说，规避风险是为了保护声誉和信誉，因此采取了适当的风险控制措施是有助于提高声誉和信誉的。

（4）风险规避的缺点

①错误的风险规避策略可能会导致企业错过真正的商业机会，从而失去潜在利润。

②风险规避通常需要大量的资金和资源，企业需要权衡利弊，以平衡风险和成本。

③有些风险不可能完全避免，风险规避可能会导致企业过度担保，降低效益。

2. 风险降低

风险降低，又称风险抑制，是指企业在充分进行风险识别与分析的基础上结合成本效益原则，有意识地接受经营管理中的风险，并以谨慎的态度采取适当的控制措施，以降低风险发生概率或减少损失的风险应对策略。风险降低的方式分为风险分散、风险分摊和企业内部活动控制三种。

（1）风险分散

风险分散是指将企业面临的风险划分为若干较小而价值低的独立单位，分散不同的空间，以减少企业将遭受的风险损失的程度。其目的是减少任何一次损发生造成的最大可能损失的幅度。以下是实施风险分散的具体措施：

①投资不同市场和资产类别。将资金分配给不同的资产类别，如股票、债券、商品、房地产等，以分散风险。还可以通过将资金投于不同市场（如国内和国际市场）来降低市场风险。

②投资不同规模的公司。将资金投于不同规模的公司，如大型、中型和小型公司，以降低与单个公司相关的风险。大型公司的波动性通常比小型公司低，但小型公司有时也可以提供更高的回报。

③投资不同行业和地区。将资金投于不同的行业和地区，以降低行业和地区特定的风险，如政策风险、自然灾害等。

④定期重新平衡。定期对投资组合进行重新分配并平衡，以确保投资策略与投资目标的一致性。重新平衡还可以有助于降低股债比例、维持资产类别的相对权重等。

⑤适当的资源配置。在资金分散的过程中，需要考虑各类资产的回报率、风险性以及未来的长期趋势等，以制定合理的资源配置方案。

（2）风险分摊

风险分摊是指基于企业的风险承受能力，以及企业风险识别与分析的结果，管理者认为风险的影响超出了企业的风险容限，因此采取与其他风险承受企业共同承受某一领域的风险，以此达到降低本企业所承受的风险的目的。由于风险与收益的相互配比，企业承担的风险与可能获得的利益呈正相关。

就某一风险性项目而言，风险分摊的形式往往表现为联合投资。联合投资是在投资协议的约束下，各出资企业根据自身条件决定出资额度、出资时间和出资方式等条件，在项目运行期间根据出资情况及合同约定各自承担风险并分配利益的投资形式。联合投资能够有效地将一个投资项目的风险分摊到多个企业，从而降低每个企业承担的风险。联合投资还有利于资源的优化配置，促进项目高效运行，并缓解同行业竞争，从而降低该项目的总体运行风险。联合投资的弊端在于，各个投资企业都力求以最低的成本获得相对高的收益分配，容易出现不利于项目整体良性运行的行为，也就使得风险分摊的作用大打折扣。

3. 风险转移

风险转移又称风险分担，是企业通过合同、财务协议、经济金融工具等方式，将风险和财务、法律责任损失转移给其他企业或机构的风险应对策略。执行风险转移策略时需要充分考虑到相关企业的目标、转移能力、成本效益以及风险发生的可能性和影响程度。

风险转移按转移方式分为非保险转移和保险转移。非保险转移可分为控制型非保险转移和财务型非保险转移，保险转移可分为保险与再保险。

（1）财务型非保险转移

财务型非保险转移是指利用资本市场转移风险，即通过购买或者出售一些金融产品从而将自身风险转嫁给资本市场的一种风险融资方式，如套期保值、巨灾期权、风险证券化等。

①财务型非风险转移优点：

A.财务型非风险转移方法所能处理的风险，既可以是纯粹风险，也可以是投机风险；既有可保风险，也有不可保风险。这种方法所使用的对象是比较广泛的。

B.财务型非保险转移的具体操作措施灵活多样。

C.财务型非保险转移的直接成本较低。与保险转移相比，所需费用总是低于购买保险的保险费。

D.有利于促进全社会控制风险、减少风险。一般而言，把潜在损失转移给那些能够更好地进行损失控制的人，会降低损失概率与损失程度。

②财务型非风险转移缺点：

A.法律和情理的双重限制。

B.合同条文理解的差异可能引起一些问题。

C.转让人要承担一定的代价。受让人不会无代价地接受转移，总是要求转让人在某些方面做出让步。

D.受让人有时无力承担所转移的损失责任。

（2）控制型非保险转移

控制型非保险转移是指通过采取一定的措施或手段来消除或降低企业所面临的风险和风险影响的过程。与财务型非保险转移和保险转移不同，控制型非保险转移更加注重控制和管理风险的过程，使企业在面对风险时更具备主动性和灵活性。控制型非保险转移主要包括外包、租赁、委托、售后租赁。

①外包。外包转移是指企业在风险识别与分析的基础上，结合成本效益原则，将风险较大、收益较小的非核心业务及其控制权交由其他企业或机构完成，以将相应的风险转移给承包者。企业进行外包需要以具有竞争力的核心业务为基础，这样才能充分利用外部资源，降低风险和成本，提高企业运营效率。

②委托。委托是指企业将某些业务或工作交由其他实体或个人执行、处理或管理的过程。在委托协议中，被委托方必须遵守相关规定和标准，以确保委托方的权益得到保护。

③租赁。租赁是指企业将自己的资产或设备租给其他人或公司的过程。在租赁协议中，租用方支付租金以享有使用权，租赁方通过收取租金来获得利润。租赁的资产可以包括不动产、生产设备、运输设备以及其他设备或工具。例如，某企业为扩大生产规模，需要新的生产设备。由于购置该设备的成本较高，容易引发企业的资金风险，且技术设备更新换代速度较快，故企业会选择以租赁的方式将上述风险转移给出租方。

④售后回租。售后回租是指企业出售其资产（通常是不动产或机器设备）并在出售后租回该资产的过程。在此过程中，企业不再直接拥有资产，但支付租金以获得使用权。

（3）保险转移

保险转移是指企业通过购买保险合同，将企业所面临的特定风险责任或风险困境转移给保险公司的过程。在保险转移的过程中，保险公司承诺在保险合同中规定的范围内，为投保企业提供经济保障。

保险转移是企业在面对风险时可以采取的一种方式。企业需要综合考虑各方面的因素，选择适合自身情况和需求的保险产品和服务。在签订保险协议时，企业必须仔细审查保险条款，了解相关责任和限制，理解保险机构所承担的风险。企业投保必须以充分的风险识别和分析为基础并权衡成本与效益。企业对于自身不能控制、无法通过控制实现转移的风险，或者根据外部与内部环境的变化对风险控制效果有一定的担忧时，可以采用投保的方式转移风险。

再保险也称分保，是保险人在原保险合同的基础上，通过签订分保合同，将其所承保的部分风险和责任向其他保险人进行保险的行为。再保险是保险公司转移风险的一种方式。

4. 风险承受

风险承受是指企业在充分考虑成本效益的前提下接受经营管理中的风险，并对该风险可能造成的损失进行事前或事后应对的风险应对策略。风险承受策略因其阻力小而被企业广泛采用。

（1）风险承受的常见方式

①自保。自保是企业通过投入资源，建立应对风险的内部机制和备用金，自我承担企业部分风险的方法。自保对企业内部的风险控制和经济状况要求较高，但对于自己熟悉或能够控制的风险，自保是一种相对灵活和经济的承担方式。

②共保。共保是企业与其他实体共同承担某些风险损失和责任的方式。共保主要用于处理风险较大或难以评估的情况，并可以帮助企业分担风险、减轻风险带来的负担。企业可以通过协商合作或共同承担责任来实现共保。

③再保险。这是保险公司将自己所承担的特定风险转移给其他保险公司或再保险公司的方式。再保险主要是指主保险公司风险无法承受或想要共担风险责任，通过向其他保险公司转移部分风险责任来传递风险。再保险可以有效减轻企业风险带来的负担和压

力，但也会对企业保险费用和责任范围带来影响。

④承担部分风险。企业在面对风险时可以承担部分风险责任，通过降低风险的发生概率或减轻风险的影响等方式来承担风险。企业选择承担风险的方式需要基于风险评估，具体情况决定。

（2）风险承受的优点

①企业选择风险承受的方式可以保持灵活性，自主控制风险并针对风险制定风险管理策略。

②企业承担风险可以提高其信誉度，增强与客户、投资者和业务合作伙伴的信任和合作。

③风险承受可以增强企业在市场中的竞争能力，提高企业创新意识，并开发出具有创造性和发展性的新产品和服务。

④风险承受可以降低企业业务风险，减轻企业负担和管理成本。此外，承担风险也可以降低企业的保险成本，因为企业可以选择合适的保险产品和服务。

（3）风险承受的缺点

①企业承担风险可能面临不确定性风险，风险可能超出其预期，导致企业无法承担损失。

②企业承担风险可能面临潜在的道德风险，可能会导致企业失去声誉，从而影响企业利润和生存能力。

③承担风险需要企业具备足够的财务实力和适当的风险管理能力。否则，企业不能做好风险管理工作，可能带来更大的风险和损失。

3.4.3 风险应对策略的选择

企业面临的风险往往是复杂的，且应对某一风险的方案或方案组合往往是多样的，这样就需要对备选方案进行评估和选择。风险应对策略的选择是风险管理中的重要一环，正确运用科学的分析方法，可以避免仅仅依靠经验应对风险的局面，使得风险应对策略的预期效果被量化并可以理性选择。风险应对策略的选择方法主要有期望值分析法、净现值分析法、决策树分析法。

1. 期望值分析法

期望值分析法是一种风险分析和决策分析工具，用于预测不同决策结果的预期结果，以确定最佳决策。期望值分析法基于计算期望值的原理，将风险事件的不同可能性与对结果的影响结合起来，计算不同决策结果的期望经济效益，从而给出决策结果的最佳选择。

（1）期望值分析法的步骤

①确定可能发生的风险事件和可能的发生概率。

②确定不同决策结果对不同风险事件的经济影响，即计算针对不同风险事件的利润

或损失。

③计算每种决策结果的期望值,即根据每种决策结果的不同可能性和各自的经济影响计算每个决策结果的期望效益。

④对比计算出的每种决策结果的期望效益,选择期望效益最高的决策结果为最佳决策。

(2)期望值分析法的优点

①能够综合考虑风险事件的各种可能性和对结果的影响,避免依据单一预测值做出决策。

②比较不同决策结果的期望经济效益,从而找到最佳决策,减少决策风险。

③可以在考虑风险和不确定性的情况下,对不同决策情况做出合适的调整。

(3)期望值分析法的缺点

①依赖于所假设的风险事件和发生概率的准确性,如果预测出错,可能导致做出错误的决策。

②无法考虑未知的风险事件,对于极端事件的处理可能不准确。

③无法衡量其他非经济因素对决策的影响。

2. 净现值分析法

净现值分析法是用净现值作为风险应对方案决策评价指标,考虑各种不同的风险应对方案对公司各经营期内的现金流入流出、公司净现值和投资收益率等带来的影响,并据此选出使公司价值最大化的最优风险应对方案或方案组合。

在净现值分析法中,实施某种风险应对方案的资本投资应该加到该项目的初始投资中,其他持续的风险管理费用也应当从预计的净现值中扣除,且应该考虑全部风险事件的损失和相关的风险管理费用对现金支出的影响。

(1)净现值分析法的步骤

净现值分析法基于现金流量时间价值的原理,考虑时间价值和风险偏好的标准,以评估项目的经济效益。具体步骤包括:

①确定投资项目的现金流量:包括预期的现金流入和现金流出。

②确定折现率和折现因子:折现率代表风险的偏好和市场利率,折现因子是折现率对应的现值系数。

③计算现金流量的现值和净现值:将现金流量按照时间顺序,分别用折现因子进行折现,得到现金流量的现值,再将净现值相加得到总净现值。

④分析比较每个投资项目的净现值,选择净现值最大的投资项目。

(2)净现值分析法的优点

①考虑了现金流量的时间价值,使得投资项目的不同现金流量在时间上得到了统一的测度和比较。

②考虑了风险因素，折现率的选择代表了投资者对风险的承受能力。

③能够衡量风险和收益之间的平衡，能够评估各种投资项目的经济效益，从而为决策者提供了决策支持。

（3）净现值分析法的缺点

①折现率的选择需要具有专业知识和经验，折现率的误差会直接影响净现值的计算结果。

②净现值法有时忽略了非经济因素的影响，如情感因素、政策因素等。

③净现值分析法基于未来情况的预测，对于复杂的投资项目难以准确预测。

3. 决策树分析法

决策树分析法是一种常用的风险评估方法，它在风险管理中应用较为广泛。决策树可以将风险因素分析转化为决策问题，通过构建决策树来预测各种决策的结果和可能的风险。决策树分析法是对考虑的决策以及采用这种决策可能产生的后果进行描述，从中得到最佳决策的有效工具的一种图解方法。它综合了每个时间的风险概率、逻辑路径以及成本或收益。决策树分析法可以与期望值分析法或净现值分析法结合应用。

（1）决策树的结构

决策树由决策点、决策枝、状态点、概率枝和结果点构成，如图3-11所示。

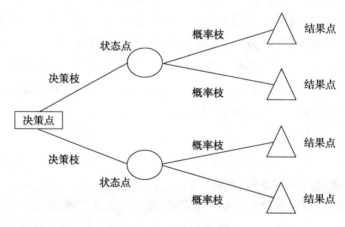

图3-11　决策树的结构

决策点一般用方形表示，从决策点引出的若干条决策枝表示不同的决策方案；决策枝连接的另一端是状态点，一般用圆形表示；从状态点引出的若干条线段表示在决策方案下可能发生的不同状态及其发生的概率，称为概率枝；概率枝连接着决策树的末端——结果点，结果点一般用三角形表示，并在旁边标注该种结果的收益值或损失值。

（2）决策树分析法的步骤

①确定决策目标，并明确可能对决策结果产生影响的所有因素。针对这些因素，列

出各种可能的情况和结果。

②绘制决策树，将各种可能的情况和结果通过节点和连线相连接，形成一个树形结构。

③对于每种可能出现的情况和结果，确定其预期收益或损失。这些收益或损失可以是针对经济、时间、质量、信誉等方面的。

④根据不同决策下可能出现的所有情况和结果的预期收益或损失，计算每个分支的期望价值，并对不同分支进行比较。

⑤根据各个分支的期望价值，选择期望价值最高的决策选项。

（3）决策树分析法的优点

①将决策的复杂性通过图形化的方式呈现，有助于决策者更清晰地理解问题。

②可以考虑到多种因素对决策结果的影响，有助于制定全面的决策方案。

③可以通过对不同决策方案的比较，选择最优的决策方案。

④可以通过对决策树分支的分析，确定关键因素和风险点，有助于制定应对措施。

（4）决策树分析法的缺点

①在决策树分析法中，需要对各种可能情况和结果的预期收益或损失进行估算，估算的不准确性可能对决策结果产生影响。

②决策树分析法的建立需要耗费较多的精力和时间。

③决策树分析法仅仅考虑到了可预见的情况，而现实中往往存在不确定性和风险。

复习思考题

1. 战略目标的内容是什么？
2. 业务目标的要素有哪些？
3. 什么是风险识别？
4. 风险识别的方法有哪些？
5. 风险应对策略有哪些？
6. 风险决策树的绘制步骤是什么？

扩展阅读　　　　即测即练

自学自测　　扫描此码

第 4 章

控 制 活 动

本章学习目标

通过本章学习，理解不相容职务分离控制、授权审批控制、会计系统控制、财产保护控制、全面预算控制、运营分析控制、绩效考评控制等控制活动的定义，掌握一般需要分离的不相容职务；掌握授权审批控制的基本原则，理解"三重一大"事项决策审批程序；掌握会计系统控制的方法和会计系统控制的内容；掌握财产保护控制的措施；掌握全面预算的实施主体和流程；掌握营运分析的流程和方法；掌握绩效考评的流程，熟悉绩效考评控制的三类方法。

引导案例

中信泰富巨亏事件

中信泰富现上市于香港联合交易所，是恒生指数的成分股，也属于蓝筹股。此外，因为其大股东是中国国企中信集团，因此中信泰富也被视为中红筹股。红加蓝是紫罗兰色，也因此，部分香港的投资分析师把中信泰富戏称为"紫筹股"。也因为当时中信泰富还在澳大利亚西部经营着一个铁矿石企业，而为了降低公司在投入澳大利亚铁矿石项目中所遭遇的高额汇兑风险，从 2007 年起，中信泰富就开始了对买入澳元的累计外汇期货合约进行对冲。

截至 10 月 29 日，由于澳元的持续走低，该合约风险已接近 200 亿港元。截至 2008 年 12 月 5 日，中信泰富股价仍仅收于 5.80 港元，在一个多月时间里股价就缩水了约 210 亿港元。中信泰富的最重大损失案，就是公司财务总监张建宪在未经大股东批准下做出的外汇交易。中信泰富的买入外币衍生品，主要用来对冲一个项目中的价值 16 亿澳元采矿项目所产生的外汇损失，其外币投资的持有价值为 90 亿澳元。倘若人民币不能升至事先的规定水平，那么中信泰富就必须定期给出售方大笔的澳元，直到人民币上升至有关水平为止。当然，合约风险是无穷无尽的，但中信泰富却选错了衍生工具。所以最后，中信泰富选择了澳元作为交割手段，然而这种交易方式却因为不能考虑相关货币贬值而设定停损额。而且，上述报道也表明对外汇合同的条款要求并未做出恰当审批，并且对最大可能损失也未能做出准确评估，说明中信泰富在做出重大决定之前并没有充分考虑可能的最大损失。

中信泰富曾经是在业内很有影响力的大红筹股公司，其企业的内部管理措施却始终得不到正确有效的执行与落实。如中信泰富董事局主席荣志健的公开信中称"集团财务董事未遵守集团风险对冲政策，在进行交易前未按照公司一贯规定取得董事会主席的事先批准，超越了职权限度""财务总监未尽其应有的把关职责，没有将此等不寻常的对冲交易提请董事会主席关注"。国际评级公司标准普尔研究报告指出，中信泰富巨大的对外交流风险也证明了该公司缺乏有效的内部管理，透明度严重不足。企业需要对整体内部管理的执行进程进行再控制，并对企业整体的内部控制进程进行再监督。

不管企业体系怎样成熟、健全，企业如果没有相应的再控制、再监督措施，也就无法对企业整体内部控制的过程实施适当的再监督措施，也就很难发挥对企业内部其他部门相应的再控制作用。中信泰富也正是由于对经营风险缺乏正确评估，对权力机构缺乏有效监管，在信息公开方面又严重违规，造成内部控制漏洞百出，最后导致了其巨大损失。控制活动评价应对企业各类业务的控制措施与流程的设计有效性及运行有效性进行认定和评价，对企业不同的控制活动进行评价具有重要的意义。

4.1 不相容职务分离控制

4.1.1 不相容职务分离的定义

《企业内部控制基本规范》第二十九条规定，"不相容职务分离控制要求企业全面系统地分析、梳理业务流程中所涉及的不相容职务，实施相应的分离措施，形成各司其职、各负其责、相互制约的工作机制"。不相容职务分离控制的核心是内部牵制。不相容职务分离控制贯穿于企业经营管理活动的始终，是企业防范风险的重要手段之一。

不相容职务是指某些职务如果由一个部门或一个员工单独担任，那么其既可以弄虚作假，又可以掩饰本身的舞弊行为。不相容职务分离，就是把这些职务分配给两个及以上的人或部门承担，以便于他们之间可以相互监督、相互制约。这些职务通常包括授权、批准、业务经办、会计记录、财产保管、稽核检查等。

4.1.2 不相容职务分离控制内容

企业在内部机构设置时应体现不相容岗位相分离的原则，特别是在涉及重大或高风险的业务处理程序时，必须考虑实行各层级、各部门、各岗位之间的分离和牵制。对于因机构人员较少且业务简单而无法分离处理的某些不相容职务，企业应当制定切实可行的替代控制措施。企业应当遵循不相容职务分离的原则，综合考虑企业性质、发展战略、文化理念和管理要求等因素，形成各司其职、各负其责、相互制约、相互协调的工作机制，并确定具体岗位的名称、职责和工作要求等，明确各个岗位的权限和相互关系。

不相容职务分离控制是指经济业务的可行性研究与执行要分离，决策审批与执行要分离，执行与记录、监督要分离，物资财产的保管与使用、记录要分离。根据大多数企业的经营管理特点和一般业务性质，需要分离的不相容职务主要有以下六种：①可行性研究与决策审批相分离；②业务执行与决策审批相分离；③业务执行与审核监督相分离；④会计记录与业务执行相分离；⑤业务执行与财产保管相分离；⑥财产保管与会计记录相分离。不相容职务分离控制图解如图4-1所示。

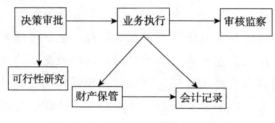

图 4-1　不相容职务分离控制示意

4.1.3　如何实施不相容职务分离控制

1. 轮岗制度

轮岗制度是不相容职务分离控制的一个重要手段和形式。轮岗是指员工在企业内部进行不同工作岗位的轮换。如果员工在某个岗位上工作了较长时间，就会逐渐适应制度，制度对其的威慑力会不断减弱，容易引发员工的舞弊行为，并且长时间在一个岗位工作的员工很容易积累很多资源进而形成个人垄断资源，对企业利益产生潜在危险，因此企业可以采用轮岗制度进行解决。

（1）轮岗的形式

轮岗包括临时轮岗、换岗和转岗等形式。临时轮岗是为了适应短期产品结构调整的需要，解决劳动力多余和不足等问题。在企业实务中，轮岗形式主要是换岗，表现较为明显的就是财务部门内部的换岗。换岗是指企业为了提高劳动者素质和技术水平，提高企业管理水平，定期对一些管理人员、技术人员实行岗位轮换。转岗是出于长期产品结构调整的需要，解决劳动力多余和不足等问题而采用的提高操作者技术水平使之从事新的工作岗位的办法。

（2）轮岗的目的

轮岗的目的主要是合理配置资源，规避风险。首先，可以防范管理风险或道德、法律风险；其次，能够锻炼和培养人才，通过内部的岗位轮换，促进部门沟通、提高办事效率，缓解晋升岗位不足的压力，可以既经济又有效地培养出能够独当一面的复合型人才；最后，对员工也能起到激励作用。轮岗可以使员工开阔视野、积累人脉资源、发现自己真正的兴趣与能力所在、锻造多方面的能力与经验，从而拓宽员工职业宽度，真正做到把合适的人用在合适的岗位。

（3）轮岗的具体措施

轮岗的具体措施有：首先，企业要制定岗位轮换制度，明确岗位的工作制度、工作内容，及时对相应的变动进行补充，使得岗位在轮换时，可以做到有序进行，不慌乱，有所依据；其次，做好轮岗前的沟通工作，每个岗位都有自己相对应的工作内容和工作职责，所以在岗位轮换时，应提前与相应部门沟通好岗位的要求和内容，提前做好培训和沟通；再次，合理安排轮换的期限，轮岗的期限应找到相关部门提前根据岗位的内容和所需时间进行商讨并确定好相应时间；最后，合理安排轮岗的工作交接，轮岗的工作交接是轮岗具体措施中很重要的一个环节，是轮岗工作的重中之重。

2. 强制休假制度

除了轮岗以外，企业在对关键员工进行管理时还可以采用强制休假制度。有舞弊行为的员工在岗时会想尽一切办法尽可能地掩盖自己的劣行而使其不容易被发现，员工离岗时间较长有助于企业对其工作成果做出客观的评价并及时识别其舞弊行为。

4.2 授权审批控制

4.2.1 授权控制

1. 定义

根据《企业内部控制基本规范》第三十条的规定，授权审批控制要求企业按照授权审批的相关规定，明确各岗位办理业务和事项的权限范围、审批程序和相应责任。企业内部各级管理人员必须在授权范围内行使职权和承担责任；业务经办人员必须在授权范围内办理业务。完善的授权审批控制有助于明确权利和义务，层层落实责任，层层把关，最大限度地避免经营风险的发生。毋庸置疑，授权审批控制也是防范企业风险的一种重要手段。

清晰的权限指引可使不同层级的员工明确该如何行使并承担相应责任，也利于事后考核评价。"授权"表明了企业各项决策和业务必须由具备适当权限的人员办理，这一权限通过公司章程约定或其他适当方式授予。企业要根据职责分工和授权审批的相关规定，明确各岗位办理业务和事项的权限范围、审批程序和相应责任。企业内部各级员工必须获得相应的授权，才能实施决策或执行业务。

2. 分类

授权按照授权的对象和形式来划分可分为三种，分别是常规授权、特别授权和临时授权。

（1）常规授权

常规授权是指企业在日常经营管理活动中按照既定的职责和程序进行的授权。用以规范经济业务的权力、条件和有关责任者，其时效性一般较长。这种授权可以在企业正式颁布的岗（职）位说明书中予以明确，或通过制定专门的权限指引予以明确。如销售部门确定销售价格的权力、财务部门批准费用报销的权力。股东将权力授予董事会，董事会将权力授予总经理、副总经理等高层管理者，经理再任命部门领导，授权于部门领导。对于一些业务，比如企业开支批准，制度规定：1 000元以下，部门领导批准；1 000元以上，5 000元以下分管副总经理批准；5 000元以上，50 000元以下总经理批准；50 000元以上，100万元以下经理办公会议批准；100万元以上的开支，董事会决定。这就是常规授权。

（2）特别授权

特别授权是指企业在特殊情况、特定条件下进行的授权。特别授权是一种临时性的、应急性的授权，通常是暂时有效的。它通常会涉及特定的经济业务处理的具体条件及有关具体人员，主要由管理层通过对某些特殊经济业务或财务采取逐个审批来进行授权控制。比如：总经理委托其助理代理某次合同的签署，就必须授予他必要的签约权力，一旦合同签订完毕，授权也自动终止。特别授权一般是由董事会给经理层或经理层给内部机构及其员工授予处理某一突发事件（如法律纠纷）、做出某项重大决策、代替上级处理日常工作的临时性权力。

（3）临时授权

临时授权本是特别授权的一种，但是管理实践中通常单列，主要针对的是企业管理者个体的授权，一般也是通过授权委托书进行明确。比如总经理出差期间将某些事项的决策权交给下属的某个副总、财务总监将一部分权限临时交给财务经理等，这样的情况经常发生。临时授权与常规授权一样，需要考虑不相容职务的分离，否则在授权阶段就存在较大的风险。

3. 基本原则

授权的基本原则是相近原则、授要原则、明责授权、动态原则。相近原则是指给下级直接授权，不要越级授权，应把权力授予最接近做出目标决策和执行的人员，一旦发生问题，可立即做出反应；授要原则是指授给下级的权力应该是下级在实现目标中最需要的、比较重要的权力，能够解决实质性问题；明责授权是指授权要以责任为前提，授权同时要明确其职责，使下级明确自己的责任范围和权限范围；动态原则是指针对下级的不同环境条件、不同的目标责任及不同的时间，应该授予不同的权力。授权是领导者智慧和能力的扩展和延伸，必须遵循客观规律和原则，授权过程是科学化和艺术化的过程。

授权控制的基本原则有以下几点：第一，授权的依据是指依事而不是依人；第二，授权的界限是指不可越权授权；第三，授权的"度"是指适度授权；第四，授权的保障是监督。

4. 授权形式

授权有两种形式，分别是口头授权和书面授权。口头授权是上级领导利用口头语言对下属交代工作，或者是上下级之间根据会议所产生的工作分配。这种授权形式一般适合临时性与责任较轻的任务。书面授权是上级领导用文字形式明确规定下属工作的职责范围、目标任务、组织情况、等级规范、负责办法与处理规程等的授权形式。这种授权形式适合比较正式与长期的任务。

企业应当尽量采用书面授权的形式明确相关人员的权限和责任界限，以避免出现口头授权形式下误解权责范围、滥用职权，以及出事之后相互推诿、无法问责等情况的发生。

4.2.2 审批控制

1. 定义

审批控制是指各项费用的发生，必须按照有计划（预算）、有审批的原则进行控制管理。特别是管理费用预算编制完成后，可以通过审批制度来控制管理预算的执行情况。

2. 基本原则

（1）审批要有界限——不得越权审批

越权审批就是超越被授权权限进行审批，通常表现为下级行使了上级的权力。如资金调度权按规定属于总会计师，但总经理直接通知出纳将资金借给其他企业就属于越权审批的行为。

（2）审批要有原则——不得随意审批

审批控制的目的是保证企业的所有行为有利于经营效率和效果的提高，最终实现控制目标。因此，即便审批人有一定的审批权限，也不能随意批准，而应依据企业的有关预算、计划或者决议进行。在审批中，应贯彻集体决策的原则，实行集体决策审批或者联签制度。在综合正反两方面意见的基础上进行决策，而不应由少数人主观决策。

（3）审批要有程序——不得越级报批

企业应对筹资、投资、工程项目、担保业务等活动方案进行科学缜密的可行性研究。方案需报经有关部门批准的应当履行相应的报批程序。方案发生重大变更的，应当重新进行可行性研究并履行相应审批程序。

3. 审批控制要点

审批控制的要点有：完善治理结构，明确常规授权和特别授权的具体业务内容；明确各职能部门的职责权限、业务流程等内部管理制度；建立授权审批控制活动评价体系，进行有效监督；畅通信息反馈渠道，不断修正授权审批控制缺陷。

4. 审批形式

同授权的形式一样，审批也应该尽量采用书面形式，采用书面形式既可以方便上级进行批示，又可以避免口说无凭，责任不清。此外，还便于监督检查人员对该活动的监控。

扩展阅读 4-1　W 集团紧密型集团化管理

4.3　会计系统控制

4.3.1　会计系统定义

会计系统是指企业为了汇总、分析、分类、记录、报告公司交易等而建立的方法和记录的工作系统，对内可以给管理层提供经营管理相关的信息，对外为债权人、投资者提供决策有用的信息。

会计系统控制主要是通过对会计主体所发生的各项能用货币计量的经济业务进行记录、归集、分类、编报等，利用记账、核对、岗位职责落实和职责分离、档案管理、工作交接程序等会计控制方法，确保企业会计信息真实、准确、完整。会计系统控制贯穿企业的整个经营管理活动，在控制投资业务、筹资业务、销售业务、担保业务、外包业务等风险方面发挥重要的作用。根据《企业内部控制基本规范》第三十一条的规定，会计系统控制要求企业严格执行国家统一的会计准则制度，加强会计基础工作，明确会计凭证、会计账簿和财务会计报告的处理程序，保证会计资料真实完整。

4.3.2　会计系统控制方法

1. 原始凭证控制

（1）记录真实

原始凭证的填制应由填制人或经办人根据经济业务的实际执行和完成情况填写，不得伪造、变造。

（2）书写正确

文字摘要要简练；数量、单价、金额计算要正确；书写要符合规定；大小写数字要按规定使用蓝黑、碳素墨水，字迹要工整、清晰；各种原始凭证不能随意涂改，应按正确方法更正。

（3）内容完整

原始凭证填制的内容必须完整、齐全。凭证的填制日期、经济业务的内容、数量、金额都必须认真填写，不得遗漏。经办人员及有关单位人员要签名盖章，做到手续完备。

（4）连续编号、及时填制

各种凭证都必须连续编号，以备查考。一些事先印好编号的重要凭证作废时，在作废的凭证上应加盖"作废"戳记，连同存根一起保存，不得随意撕毁。所有经办业务的有关部门和人员，在经济业务实际发生或完成时，必须及时将原始凭证送交会计部门，由会计部门加以审核并据以编制记账凭证。

2. 记账凭证控制

（1）及时进行会计处理

企业应当对交易或事项所属的会计处理进行有效控制，检查会计处理是否严格遵循了会计核算原则，是否存在故意漏记或多记、提前确认或推迟确认报告期内发生的交易或事项的情形，是否存在错误划分调整与非调整事项等情况。一旦发现异常，企业应查明原因并进行处理。

（2）计入恰当会计科目

从原则上说，企业可以依据自身的情况来设置会计科目，但在实际运用中，为了保证会计信息的可理解性和可比性，对于会计准则已经给定的科目，企业在进行会计处理时，应该直接使用这些科目，而不能任意增设。对于一些特殊的行业或者特殊的业务，如果会计准则没有可供参考的科目，那么企业可以根据实际情况设置合适的会计科目，但必须经过总会计师的书面批准。所以，企业应检查会计处理人员的会计科目使用是否规范，是否存在添加或更改会计科目的情况，如有应予以更正。

3. 会计账簿控制

会计账簿控制指在设置、启用及登记会计账簿时实施的相应控制措施。其具体内容包括：按照规定设置会计账簿；启用会计账簿时要填写"启用表"；会计凭证必须经过审核无误后才能够登记入账，对会计账簿中的账页连续编号，会计账簿应当按照规定的方法和程序登记并进行错误更正，按照规定的方法与时间结账。

4. 财务报告控制

财务报告控制指在编报财会报告时实施的相应控制措施。其具体内容包括：按照规定的方法与时间编制及报送财务报告；编制的会计报表必须由单位负责人、总会计师以及会计主管人员审阅、签名并盖章；对报送给各有关部门的会计报表要装订成册、加盖公章等。

5. 会计复核控制

会计复核控制指对各项经济业务记录采用复查核对的方法进行的控制。其目的是避免发生差错和舞弊，保证财务会计信息的准确性与可靠性，及时发现并改正会计记录中的错误，做到证、账、表记录相符。会计复核控制的内容主要包括：凭证之间的复核；凭证与账簿之间、账簿与报表之间以及账簿之间的复核。

会计复核工作应由具有一定会计专业知识、熟悉业务、责任心强、坚持原则的人员担任。复核人员必须对会计凭证、会计账簿、财务会计报表和所附单据认真审查，逐笔复核，复核过的凭证及账表应加盖名章。未经复核人员复核的，出纳人员不得对外付款，会计人员不得对外签发单据或上报报表。

4.3.3 会计系统控制内容

1. 会计准则和会计制度的选择

会计准则（Accounting Standard）是会计人员从事会计工作必须遵循的基本原则，是会计核算工作的规范。"会计准则"是会计人员从事会计工作的规则和指南，它就经济业务的具体会计处理做出规定，以指导和规范企业的会计核算，保证会计信息的质量。会计准则是规范会计账目核算、会计报告的一套文件，其目的在于把会计处理建立在公允、合理的基础之上，并使不同时期、不同主体之间的会计结果的比较成为可能。按其使用单位的经营性质，会计准则可分为营利组织的会计准则和非营利组织的会计准则。企业应该根据自身的情况和业务情况选择会计制度，具体如下：

①不同企业规模所适用的范围也不同，例如《企业会计制度》普遍适用于大中型企业。企业管理层应当依据企业具体情况选择适用的会计准则和相关会计制度。例如根据规模和行业性质，分别采用《企业会计准则》《企业会计制度》《小企业会计制度》等。

②不同企业由于内部管理核算复杂性不同，内部会计架构比较简单的企业可以选择内容比较简单的会计制度，内部会计架构比较复杂的企业可以选择比较侧重于规范的会计制度。

③不同的会计制度所设置的科目也不同，企业应根据自身需求选择相应的会计制度。

2. 会计政策的选择

企业的会计政策是指企业在会计确认、计量和报告中采用的原则、基础和会计处理方法。企业管理层应当以真实、公允地反映企业状况为标准来选择适当的会计政策，变更会计政策时要说明合理的变更原因。会计政策的选择应考虑的因素如下：

①国家法规和经济政策。企业必须在会计法规允许的范围内选择会计政策，同时要考虑国家宏观经济政策，避免错过一些优惠政策。

②经济形势与对外经贸往来。宏观经济不景气、通货膨胀严重时，采取的会计政策

也趋于保守和稳健。

③企业组织形式与资本结构。比如,公司制的上市公司对于会计信息要求充分披露。又如,负债比率高的企业,财务风险大,其会计政策倾向于稳健。

④企业的经营特点和发展状况。比如,高新技术产业的研发费用政策与传统企业必然不同。又如,扩张期企业与衰退期企业的会计政策也必然不同。

⑤行业惯例与会计理论研究水平。企业既要借鉴国际惯例和历史经验,又要参考会计理论的最新成果,然后才能制定会计政策。

⑥教育状况和会计人员素质。会计人员素质越高,制定的政策才更为合理。

3. 会计估计的确定

会计估计是指企业对其结果不确定的交易和事项以最近可利用的信息为基础做出的判断。企业管理层需要依据企业的真实情况,做出合理的会计估计。若资产和负债的当前状况及预期未来经济利益和义务发生了变化,则会计估计也需要做出相应的改变。

4. 业务流程控制

企业应当采用业务流程图的形式清晰反映其业务流程,使员工能够充分理解企业的业务流程,从而清楚自己在整个业务流程中的地位,采取适当的工作方式实现自己的岗位责任。

5. 会计文件和凭证控制

企业应当对经济业务文件进行记录并且将相关的凭证连续编号,避免业务记录的重复或遗漏,同时便于业务查询,并在一定程度上防范舞弊行为的发生。例如,企业对产品出入库单预先编号,这样可以有效控制产品的流动,不会出现产品无故短缺的现象。

6. 会计档案保管控制

会计档案是指会计凭证、会计账簿和财务报表等会计核算专业资料,是记录和反映企业经济业务的重要历史资料和证据。企业应当详细记录且妥善保管合同、协议、备忘录、出资证明等重要的法律文书,作为企业重要的档案资料以备查阅。

7. 组织和人员控制

企业应当依法设置会计机构,配备会计从业人员。从事会计工作的人员,必须取得会计从业资格证书。会计机构负责人应当具备会计师以上专业技术资格。大中型企业应当设置总会计师。设置总会计师的企业,不得设置与其职权重叠的职位。

8. 建立会计岗位制度

企业应根据自身规模大小、业务量多少等具体情况设置会计岗位。一般大中型企业设置会计主管、出纳、流动资产核算、固定资产核算、投资核算、存货核算、工资核算、成本核算、利润核算、往来核算、总账报表、稽核、综合分析等岗位。小型企业因业务量较少，应适当合并减少部分岗位。这些岗位可以一人一岗、一人多岗，也可以一岗多人，但出纳人员不得兼任稽核、会计档案保管和收入、费用、债权债务账目的登记工作。

4.4 财产保护控制

4.4.1 财产保护控制的定义

财产保护控制是指为确保财产物资的安全、完整所采取的方法和措施。《企业内部控制基本规范》第二十三条规定，财产保护控制要求企业建立财产日常管理制度和定期清查制度，采取财产记录、实物保管、定期盘点、账实核对等措施，确保财产安全。这里所称的财产主要包括企业的现金、存货以及固定资产等。它们在企业资产总额中的比重较大，是企业进行经营活动的基础，企业必须加强实物资产的保管控制，保证实物资产的安全与完整。

4.4.2 财产保护控制的措施

1. 财产档案的建立和保管

企业应当建立财产档案，全面、及时地反映企业财产的增减变动，以实现对企业资产的动态记录和管理。企业应妥善保管涉及财产物资的各种文件资料，避免记录受损、被盗、被毁。由计算机处理、记录的文件材料需要有所备份，以防数据丢失。

2. 限制接触（授权）

限制接触，是指严格限制未经授权的人员对资产的直接接触，只有经过授权批准的人员才能接触资产。限制接触包括限制对资产本身的接触和通过文件批准方式对资产使用或分配的间接接触。

一般情况下，对货币资金、有价证券、存货等变现能力强的资产必须限制无关人员的直接接触。现金的保管与记账人员相分离，平时将现金放在保险箱并由出纳人员保管钥匙；支票、汇票、发票、有价证券等易变现的非现金资产一般采用确保两个人同时接近资产的方式加以控制，或在银行租用保险柜存放这些特殊资产；对于实物财产如存货、固定资产等的控制，可以让保管人员看管，或安装监视系统、采取防盗措施。

3. 盘点清查

盘点清查，是指定期或不定期地对存货、固定资产等进行实物盘点和对库存现金、银行存款、债权债务进行清查核对，资产管理上出现错误、浪费、损失或其他不正常现象，应当及时分析原因，查明责任，提出处理意见，出具清查报告，并将其结果及处理办法向企业的董事会或相关机构报告，完善管理制度。一般来说，盘点清查范围主要包括存货、库存现金、票据、有价证券以及固定资产等。

4. 财产保险

财产保险，是指运用财产投保（如火灾险、盗窃险、责任险等），增加实物资产受损后的补偿程度或机会，从而将意外情况发生、资产受损时给企业带来的影响降到最低程度，分担不确定性所带来的风险。财产保险目前已经成为企业防范和规避资产风险的重要手段。企业可以根据实际情况考虑，对其重要、易损或特殊的财产投保，向保险公司交付保险费，保险公司按保险合同的约定对所承保的财产及其有关利益因自然灾害或意外事故造成的损失承担赔偿责任，使得企业可以在意外情况发生时通过保险获得补偿，减轻损失程度。

扩展阅读 4-2　F 安装工程有限公司存在的相关问题

4.5　全面预算控制

4.5.1　全面预算的实施主体

《企业内部控制应用指引第 15 号——全面预算》第四条规定："企业应当加强全面预算工作的组织领导，明确预算管理体制以及各预算执行单位的职责权限、授权批准程序和工作协调机制。"企业设置全面预算管理体制，应遵循合法科学、高效有力、经济适度、全面系统、权责明确等基本原则。其实施主体一般分为全面预算管理决策机构、工作机构和执行单位三个层次。

1. 决策机构——预算管理委员会

预算管理委员会是预算管理的领导机构和决策机构，应作为预算控制的最高级别控制主体承担监控职责。预算管理委员会成员由企业负责人及内部相关部门负责人组成，总会计师或分管会计工作的负责人应当协助企业负责人负责企业全面预算管理工作的组织领导。预算管理委员会主要负责拟定预算目标和预算政策，制定预算管理的具体措施和办法，组织编制、平衡预算草案，下达经批准的预算，协调解决预算编制和执行中的问题，考核预算执行情况，督促完成预算目标。

2. 工作机构——预算管理工作机构

预算管理工作机构履行预算管理委员会的日常管理职责，对企业预算执行情况进行日常监督和控制，收集预算执行信息，并形成分析报告。预算管理工作机构一般设在财会部门，其主任一般由总会计师（或财务总监、分管财会工作的副总经理）兼任，工作人员除了财务部门人员外，还应有计划、人力资源、生产、销售、研发等业务部门的人员参加。

3. 执行单位——各责任中心

各责任中心既是预算的执行者，又是预算执行的监控者。各责任中心在各自职权范围内以预算指标作为生产经营行为的标准，同预算指标比较，进行自我分析，并上报上级管理人员以便采取相应措施。企业内部预算责任单位的划分应当遵循分级分层、权责利相结合、责任可控、目标一致的原则，并与企业的组织机构设置相适应。

扩展阅读 4-3　某公司的全面预算情况

4.5.2　全面预算的控制流程

完整的全面预算流程主要包括预算编制、预算执行和预算考评三个阶段，如图 4–2 所示。

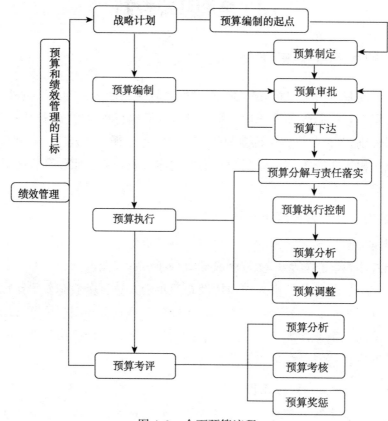

图 4–2　全面预算流程

1. 预算编制

预算编制是企业预算总目标的具体落实以及将其分解为责任目标，并下达给预算执行者的过程。预算编制主要由预算制定、预算审批和预算下达三个方面构成。

预算制定是预算控制循环的一个重要环节，直接影响预算执行的结果，也影响对预算执行者的绩效考评。因此，预算制定应根据企业实际需要选用合理的方法进行。

预算审批，是指企业全面预算应该按照《公司法》等相关法律、法规及企业章程的规定报经审议批准。

预算下达，是指企业全面预算经过审议批准后应及时以文件形式下达执行。

企业在预算编制环节应当关注以下风险：不编制预算或预算不健全，可能导致企业经营缺乏约束或盲目经营；预算目标不合理，编制不科学，可能导致企业资源浪费或发展战略难以实现。

2. 预算执行

预算执行是全面预算的核心环节。预算执行即预算的具体实施，它是预算目标能否实现的关键。预算执行主要包括预算分解与责任落实、预算执行控制、预算分析和预算调整等四个方面的内容。

预算管理委员会以董事会批准的企业年预算为依据，分解预算指标，将整个企业的预算分解为各责任中心的预算，并下达给各责任中心，以此来约束和考评责任主体；各责任中心以下达的预算为依据，安排生产经营活动，并指定专门预算管理员登记预算台账，形成预算执行统计记录，定期与财务部门核对；在预算执行的过程中，对于预算内支出按照预先授权审批，对于预算外支出需要提交预算管理委员会审议；财务部门对各责任中心的日常业务进行财务监督和审核，重点是财务支出的审核，尤其是成本支出和资本支出。

企业在预算执行环节应当关注以下风险：企业预算缺乏刚性，这样会导致企业对预算的执行不到位，可能导致企业为了实行预算而实行预算，浮于表面。

3. 预算考评

预算考评是指对企业内部各级责任部门或责任中心预算执行结果进行评价，包括预算分析、预算考核、预算奖惩等内容。将预算的评价结果与预算执行者的薪酬挂钩，实行奖惩制度，即预算激励。预算考评应科学合理、公开公正，确保预算目标的实现，真正发挥预算管理的作用。

企业在预算考核环节应当关注以下风险：企业对预算的执行情况考核不严，缺乏一定的监督机制，也可能导致预算管理流于形式，无法真正实现预算的真正效果。

4.6 运营分析控制

4.6.1 运营分析控制的流程

运营分析是指以统计报表、会计核算、管理信息、计划指标和相关资料为依据，运用科学的分析方法对一段时期内的经营管理活动情况进行系统的分析研究，旨在了解经营情况，发现和解决经营过程中的问题，并按照客观规律指导和控制企业经活动。

《企业内部控制基本规范》第三十四条规定："运营分析控制要求企业建立运营情况分析制度，经理层应当综合运用生产、购销、投资、筹资、财务等方面的信息，通过因素分析、对比分析、趋势分析等方法，定期开展运营情况分析，发现存在的问题，及时查明原因，并加以改进。"运营分析控制的流程一般包括以下四个方面：

（1）数据收集

企业各职能部门应根据本部门运营分析的目的收集相关数据，一方面在履行本部门职责过程中应注意相关数据的收集与积累，另一方面可以通过外部各种渠道（如网络媒体、行业协会、中介机构、监管部门等）广泛收集各种数据。

（2）数据处理

数据是血液，是资产，但也可能是垃圾，即不是所有的数据都能够产生有用的信息。企业各职能部门只有对数据进行有效的清理与筛选，即消除噪声和删除不合格的数据，数据才能变成有用的信息。

（3）数据分析

企业各职能部门围绕本部门运营分析的目的采用各种分析方法（包括比较分析法、比率分析法、趋势分析法、因素分析法、综合分析法等）对处理后的数据进行分析，充分挖掘数据背后所隐藏的原因或规律，并对未来经营做出预测。

（4）结果运用

在数据分析结果的基础上形成总结性结论，并提出相应的建议，从而对发展趋势、策略规划、前景预测等提供重要的分析指导，为企业的效益分析、业务拓展提供有力的保障。

4.6.2 运营分析控制的方法

1. 比较分析法

比较分析法是运营分析最基本的方法，有纵向比较法和横向比较法。纵向比较公司历史数据，可以知道公司某一方面的变动情况，纵向比较法也称水平分析法；横向与同行业其他上市公司比较，可以衡量公司在同行业中的竞争力和地位。

2. 比率分析法

比率分析法是利用两个或若干相关数据之间的某种关联，运用相对数形式来考察、计量和评价，借以评价企业运营状况的一种分析方法。

3. 趋势分析法

趋势分析法，是根据企业连续若干会计期间（至少 3 期）的分析资料，运用指数或动态比率的计算，比较与研究不同会计期间相关项目的变动情况和发展趋势的一种财务分析方法，也叫动态分析法。

4. 因素分析法

因素分析法，是通过分析影响重要指标的各项因素，计算其对指标的影响程度，来说明指标前后期发生变动或产生差异的主要原因的一种分析方法。因素分析法按分析特点可以分为连环替代法和差额计算法两种。

5. 综合分析法

综合分析法，是指将反映企业运营各个方面的指标纳入一个有机的整体之中，以系统、全面、综合地对企业运营状况进行分析与评价。目前在实践工作当中应用比较广泛的综合分析体系包括杜邦财务分析体系、可持续增长率分析体系、EVA价值树分析体系等。

4.7 绩效考评控制

4.7.1 绩效考评控制的流程

绩效考评是指对企业中各分支机构以及企业中每个员工所承担的工作，运用各种科学的定性和定量方法，对各分支机构和员工行为的实际效果及其对企业的贡献或价值进行考核和评价。绩效考评的最终目的是实现企业的目标。《企业内部控制基本规范》第三十五条对绩效考评控制提出了具体要求，要求企业建立和实施绩效考评制度，科学设置考核指标体系，对企业内部各责任单位和全体员工的业绩进行定期考核和客观评价，将考评结果作为确定员工薪酬以及职务晋升、评优、降级、调岗、辞退等的依据。

绩效考评的基本流程包括以下几个步骤：绩效计划制订、绩效计划实施、绩效评价、绩效反馈与改进以及绩效结果应用。这五个环节构成一个封闭的绩效管理循环，上下承接、紧密联系，只有各环节的有效整合，才能保证绩效管理最终目的的实现（见图4-3）。

1. 绩效计划制订

绩效管理的第一个环节是制订绩效计划，它是绩效管理过程的起点。企业战略要付诸实施，必须先将战略分解为具体的任务或目标，落实到各个岗位上。绩效指标要满足五个基本要求：独立性、一致性、稳定性、可操作性、可接受性。根据绩效评价指标的基本要求，绩效评价指标应与绩效评价的目的相一致，因此，绩效评价的目的、被评价人员所承担的工作内容和绩效标准就成为绩效评价指标的选择依据。另外，从评价的可操作性角度考虑，绩效评价指标的选择还应考虑取得评价所需信息的便利程度，从而使设计的绩效评价指标能够真正做到科学、准确。

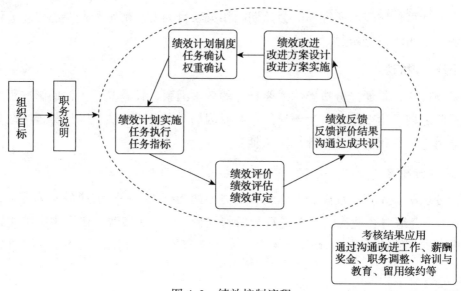

图 4–3 绩效控制流程

2. 绩效计划实施

绩效管理是一个过程，在建立企业绩效管理体系、明确企业绩效目标及确定了绩效评估指标之后，就要考核绩效。无论是定量指标还是定性指标，考核者在对完成情况进行评价时，都需要相应的数据信息作为依据。评估者必须根据掌握的绩效信息进行评价，可见，评估者所掌握的绩效信息的完整性与准确性直接关系到评价是否客观、公正。在整个绩效考核期间，需要评估者进行持续的沟通。这种沟通是一个双方追踪进展情况、找到影响绩效的障碍以及得到使双方成功所需信息的过程。

3. 绩效评价

绩效评价是一个按事先确定的工作目标及其衡量标准，考察实际完成的绩效的过程。绩效评价可以根据具体情况和实际需要进行月度、季度、半年度和年度考核评价。考核期开始时签订的绩效合同或协议一般都规定了绩效目标和绩效衡量标准。在绩效实施过程中收集到的能够说明绩效表现的数据和事实，可以作为判断是否达到绩效指标要求的依据。

4. 绩效反馈与改进

绩效反馈是绩效评价的延续，能够指明努力的方向，从而持续提高企业的整体绩效。如果只做绩效评价而不将结果反馈，那么绩效评价就失去了激励、奖惩的功能。

绩效改进是绩效管理过程中的一个重要环节，绩效考核的目的不只是对工作业绩进行评估，将评估结果作为确定薪酬、奖惩的标准，绩效的持续改进才是其根本目的。所以，绩效改进工作的成功与否，是绩效管理过程能否发挥效用的关键。

5. 绩效结果应用

绩效考核成功与否，关键的一点在于绩效考核的结果如何应用。很多绩效考核实施得不成功，主要原因就在于没有有效、合理地运用绩效考核的结果。组织可以建立基于绩效提升的培训管理体系，构建绩效模型，即企业为实现当前和未来战略目标所表现出来的绩效行为的总和。在此基础上分析差距，再根据差距分析培训需求。

4.7.2 绩效考评控制的方法

1. 绩效考评指标的分类

（1）基于财务的绩效考评方法

基于财务的绩效考评方法的主要特点就是采用财务指标作为绩效考评指标。基于财务的绩效考评方法主要包括综合指数法、综合评分法、功效系数法等。

财务指标的计算主要利用财务报表的数据，财务模式的优点在于：财务指标计算数据相对容易取得，而且严格遵循公认会计准则，具有较高程度的可比性和可靠性。

基于财务的绩效考评方法的局限性在于：会计收益的计算未考虑所有资本的成本，仅仅解释了债务资本的成本，忽略了对权益资本成本的补偿，由于会计方法的可选择性以及财务报表的编制具有相当的弹性，使得会计收益存在某种程度的失真，往往不能准确地反映企业的经营业绩；会计收益是一种"短视"指标，片面强调利润容易造成企业管理者为追求短期效益而牺牲企业长期利益的后果。

（2）基于价值的绩效考评方法

基于价值的绩效考评方法的主要特点就是采用经济基础指标作为绩效考评指标。经济基础指标的计算主要是采用经济利润的理念。与传统的基于财务的绩效考评方法相比，基于价值的绩效考评方法更注重股东价值的创造和股东财富的增加。

2. 常用的绩效考评控制方法

（1）关键绩效指标（Key Performance Indicator，KPI）考核法

KPI 是通过对组织内部流程的输入端、输出端的关键参数进行设置、取样、计算、分析，衡量流程绩效的一种目标式量化管理指标，是把企业的战略目标分解为可操作的工作目标的工具，是企业绩效管理的基础。KPI 可以是部门主管明确部门的主要责任，并以此为基础，明确部门人员的业绩衡量指标。建立明确的切实可行的 KPI 体系，是做好绩效管理的关键。关键绩效指标是用于衡量工作人员工作绩效表现的量化指标，是绩效计划的重要组成部分。

KPI 考核法符合一个重要的管理原理，即"二八原理"。在一个企业的价值创造过程中，存在着"80/20"的规律，即 20%的骨干人员创造企业 80%的价值；而且在每一位员工身上"二八原理"同样适用，即 80%的工作任务是由 20%的关键行为完成的。因此，

必须抓住20%的关键行为，对之进行分析和衡量，这样就能抓住业绩评价的重心。

KPA（Key Process Area）意为关键过程领域，它是为实现企业整体目标、不可或缺的、必须取得满意结果的领域，是企业关键成功要素的聚集地。这些关键过程领域指出了企业需要集中力量改进和解决问题的过程。同时，这些关键过程领域指明了为了要达到该能力成熟度等级所需要解决的具体问题。每个KPA都明确地列出一个或多个的目标（Goal），并且指明了一组相关联的关键实践（Key Practices）。实施这些关键实践就能实现这个关键过程域的目标，从而达到增加过程能力的效果。

（2）经济增加值（Economic Value Added，EVA）考核法

EVA考核法是价值模式的典型代表。EVA的概念与方法由美国的SternStewart公司首创。根据EVA的基本定义，它可以表述为经过调整的税后营业净利润减去投入资本的成本，即企业资本收益与资本成本之间的差额。

EVA的产生并不是一项全新的创造，它的思想起源于经济利润的理念，其最大的优点就是不仅考虑了债务成本，而且考虑了股东权益资本成本。EVA指标在利用会计信息时，尽量进行调整以消除会计失真，更加真实地反映了一个企业的业绩。此外，与净利润不同，EVA指标的设计着眼于企业的长期发展，而不是短期行为，因此，应用该指标能够鼓励经营者做出能给企业带来长远利益的投资决策，如新产品的研究和开发、人力资源的培训等。此外，应用EVA能够建立有效的报酬激励系统，将管理者的报酬与衡量企业业绩的EVA指标挂钩，正确引导管理者的努力方向，促使管理者充分关注企业的资本增值和长期经济效益。

EVA方法的局限性在于：由于EVA评价系统所选择的评价指标是唯一的（即EVA指标），容易造成评价主体只关心管理者决策的结果，而无法了解驱动决策结果的过程因素，由此，EVA评价系统只能为战略制定提供支持性信息，而为战略实施提供控制性信息这一目标则不易达到。EVA指标的计算十分复杂，其难点主要体现在EVA的会计调整与资本成本的计算两个方面。这两个问题的存在增加了EVA计算的复杂程度，从而对EVA的应用造成了一定的负面影响。企业需要根据所面临的实际环境状况对EVA的计算进行调整，只有这样，才能使EVA真正发挥出作用。

3. 平衡计分卡（Balanced Score Card，BSC）

平衡计分卡是常见的绩效考核方式之一。平衡计分卡是从财务、客户、内部运营、学习与成长四个角度，将组织的战略落实为可操作的衡量指标和目标值的一种新型绩效管理体系。平衡计分卡主要是通过图、卡、表来实现战略的规划。

平衡计分卡能有效解决制定战略和实施战略脱节的问题，堵住了"执行漏斗"。平衡计分卡系统则包括战略地图、平衡计分卡以及个人计分卡、指标卡、行动方案、绩效考核量表。在直观的图表及职能卡片的展示下，抽象而概括性的部门职责、工作任务与承接关系等，显得层次分明、量化清晰、简单明了。

平衡计分卡的五项平衡包括：

第一，财务指标和非财务指标的平衡，企业考核的一般是财务指标，而对非财务指标（客户、内部流程、学习与成长）的考核很少，即使有对非财务指标的考核，也只是定性的说明，缺乏量化的考核，缺乏系统性和全面性。

第二，企业的长期目标和短期目标的平衡。平衡计分卡是一套战略执行的管理系统，如果以系统的观点来看平衡计分卡的实施过程，则战略是输入，财务是输出。

第三，结果性指标与动因性指标之间的平衡。平衡计分卡以有效完成战略为动因，以可衡量的指标为目标管理的结果，寻求结果性指标与动因性指标之间的平衡。

第四，企业组织内部群体与外部群体的平衡。平衡计分卡中，股东与客户为外部群体，员工和内部业务流程是内部群体，平衡计分卡可以发挥在有效执行战略的过程中平衡这些群体间利益的重要性。

第五，领先指标与滞后指标之间的平衡。财务、客户、内部流程、学习与成长这四个方面包含了领先指标和滞后指标。财务指标就是一个滞后指标，它只能反映公司上一年度发生的情况，不能告诉企业如何改善业绩和可持续发展。而对于后三项领先指标的关注，使企业达到了领先指标和滞后指标之间的平衡。

复习思考题

1. 内部控制的主要控制活动有哪几种？
2. 何为不相容职务分离控制？它的内容包括什么？
3. 何为授权审批控制？它的基本原则包括哪些？
4. 何为会计系统控制？它的内容包括什么？
5. 何为财产保护控制？
6. 何为运营分析控制？它的流程是怎样的？
7. 何为绩效考评控制？它有哪些方法？

第 5 章

信息与沟通

本章学习目标

通过本章学习，学员应该能够了解内部信息传递与沟通的要求，掌握企业内部信息传递与沟通的关键风险点及其控制措施；了解信息系统的定义、信息系统的开发方式，掌握信息系统开发、运行的关键风险点和控制措施；了解关于数字化时代信息系统的实践创新，影响信息系统的前沿技术和创新技术推动信息系统风险管控发展。

引导案例

红牛集团的信息与沟通

在参与公司运作的众多因素中，信息是一种非常重要的因素，而信息的传播在很大程度上依靠的就是沟通。因此，信息和沟通的相互配合是公司运作的根本，也是公司进行内部控制的一个基本环节。在企业内部控制的进程中，本质上就是一种对信息的吸纳与传播，把有效的信息吸纳进企业的内部控制系统，再以各种形式向参与企业的企业人员传递，从而在企业人员与领导之间构成一个信息的循环。与此同时，在公司内部控制的进程中，公司把信息当作一种规范，用信息的影响来引导员工的行动，从而使其与公司的发展方向一致，与公司的总体利益相一致。

红牛集团从成立之日起，就以其恢复精力的产品而著称，其主要特点就是恢复精力。在红牛的成长中，消息的后处理是一个非常关键的问题，红牛的消息发布的时间一般都在一星期之内，在发生紧急情况的时候，这个时间还会更长，因此，为了弥补红牛消息滞后的缺点，红牛对消息的流动和消息的传播进行了调整，加速了消息的返回和外溢，使企业信息流通的整个环节相对和谐化。红牛集团对信息传播的重视程度为企业的内部控制提供了保证，促进了企业内控过程中信息的有效性。

如果我们把企业内部控制与风险管理视为一个闭合的电路，那么，信息就是企业的电源，传播是电流。在信息与传播的共同支持下，企业的内部控制才能顺利进行。因此，信息与沟通是企业内部控制的基础，尤其是在信息时代的当今市场环境中，企业要想实现合理的内部控制，加强信息的传播和利用是十分必要的。

5.1 信息传递与沟通

信息与沟通评价应当对信息搜集、处理和传递的及时性，反舞弊机制的健全性，财务报告的真实性，信息系统的安全性，以及利用信息系统实施内部控制的有效性进行认定和评价。

5.1.1 内部信息传递与沟通的要求

1. 内部信息传递的定义

企业的内部控制活动离不开信息的沟通与传递。企业在生产、经营和管理过程中需要不断地、反复地识别、采集、存储、加工和传递各种信息，以使企业各个层级和各个岗位的人员能够履行企业担负的职责。根据《企业内部控制应用指引第 17 号——内部信息传递》的规定，内部信息传递是指企业内部管理层级之间通过内部报告的形式传递生产经营管理信息的过程。

信息传递是一种方式或几种方式的组合，可以自上而下传递，也可以自下而上传递，还可以平行传递。传递的信息以不同形式或载体呈现。其中，对企业最为重要的、最普遍的信息传递形式就是内部报告，亦称内部管理报告。内部报告是指企业在管理控制系统中为企业内部各级管理层以定期或者非定期的形式记录和反映企业内部管理信息的各种图表和文字资料的总称。内部报告在企业内部控制中起着非常重要的作用：一方面，内部报告可以为管理层提供更多的企业生产、经营和管理信息，为管理层合理有效地制定各种决策提供支持和服务；另一方面，内部报告还可以检查和反馈管理层决策的执行情况，帮助管理层监控和纠正在政策执行中出现的错误和偏差。因此，企业需要加强包括内部报告在内的企业内部信息传递，全面评估内部信息传递过程中的风险，建立科学的内部信息传递机制，确保信息的相关性和可靠性，提高内部报告的质量、安全、及时、准确地传递信息，充分、高效地利用内部报告。

2. 内部信息传递的原则

根据有效信息的要求，结合信息的特性，企业内部信息传递应遵循以下基本原则：

（1）及时有效性原则

及时有效性原则是指在信息传递过程中，必须做到在经济业务发生时及时进行数据搜集，尽快进行信息加工，形成有效形式，并尽快传输到指定地点和信息使用者。如果信息未能及时提供，或者及时提供的信息不具有相关性，或者提供的相关信息未被有效利用，就可能导致企业决策延误，经营风险增加，甚至可能使企业较高层次的管理陷入困境，不利于对实际情况进行及时有效的控制和矫正，同时也将大大降低内部报告的决策相关性。

及时有效性原则有两重含义：一是收集信息要及时，对企业发生的经济活动应及时在规定期间内进行记录和存储，而不延至下期；二是报送及时，信息资料（如管理报告）应在决策制定时点之前及时报送给指定的信息使用者。

（2）反馈性原则

反馈性原则是指在信息传递过程中，相同口径的信息能够频繁地往返于信息使用者和信息提供者之间，把决策执行情况的信息及时反馈给信息使用者，帮助信息使用者证实或者修正先前的期望，以便其进一步决策的活动。反馈性原则有两重含义：一是要建立多种渠道，及时获得决策执行情况的反馈信息；二是用户要科学地分析和评价所获得的反馈信息，恰当地调整决策。

（3）预测性原则

预测性原则是指企业传递和使用的经营决策信息需要具备预测性的功能。信息预测性的功能在于提供提高决策水平所需的那种发现差别、分析和解释差别，从而在差别中减少不确定的信息。预测性原则有两重含义：一是提供给使用者的信息不一定就是真实的未来信息，因为未来往往是不确定的；二是预测信息与未来的信息必须有着密切的关联，必须具有符合未来变化趋势的可预测的特征，即具有相关性。要使企业内部传递的信息具备相关性，还要注意排除过多低相关的冗余信息。否则，信息过载不仅会增加信息传递成本，还会耗费管理当局的精力，降低决策效率，影响决策效果。

（4）真实准确性原则

内部传递的信息能否满足使用者的需要，取决于信息是否"真实准确"。真实准确性原则是指企业内部传递的信息符合事件或事物的客观实际，包括范围的真实准确性、内容的真实准确性和标准的真实准确性。虚假或不准确的信息将严重误导信息使用者，甚至导致决策失误，造成巨大的经济损失。内部报告的信息应当与所要表达的现象和状况保持一致，若不能真实反映所计量的经济事项，就不具有可靠性。

真实准确性是信息的生命，也是对整个内部信息传递工作的基本要求。真实准确的信息是企业投资者及其他利益相关者做出经济决策的重要依据。如果信息不能真实反映企业的实际情况，不但信息使用者的需求不能满足，甚至还会误导信息使用者，使其做出错误的决策，直接导致其经济利益遭受损失。

（5）安全保密性原则

安全保密性原则，又称"内部性原则"，是指内部信息传递的服务对象仅限于内部利益相关者，即企业管理当局，因而具有一定的商业机密特征。企业内部的运营情况、技术水平、财务状况以及有关重大事项等通常涉及商业秘密，内幕信息知情者（包括董事会成员、监事、高级管理人员及其他涉及信息披露有关部门的涉密人员）都负有保密义务。

这些内部信息一旦泄露，极有可能导致企业的商业秘密被竞争对手获知，使企业处于被动境地，甚至造成重大损失。这与财务会计信息，尤其是公众公司的财务会计信息不同。公众公司的财务会计信息必须公开和透明，而专供管理当局使用的管理信息则不一定要公开。

（6）成本效益原则

成本效益原则是经济管理活动中广泛适应性的要求，因为任何一项活动，只有当收益大于成本时才是可行的。判断某项信息是否值得传递，首先必须满足这个约束条件。具体来说，提供信息发生的成本主要包括：搜集、处理、审计、传输信息的成本，对已传递信息的质询进行处理和答复的成本，诉讼成本，因传递过多信息而导致的竞争劣势成本，等等。提供信息带来的可计量收益包括增加营业收入、降低人工成本、降低物料成本、提高产品质量、提高生产能力、降低管理费用、提高资金周转率等。提供信息带来的不可计量收益包括企业流程与系统作业整合性的提高、生产自动化与透明化的提高、需求反应速度的提高、管理决策质量的提高、企业监控力度的加大等。

目前，实务操作中的主要问题是，信息传递的成本和收益中有许多项目是难以确切计量的，而且成本也不一定落到享受收益的使用者头上。除了专门为其提供信息的使用者之外，其他使用者也可能享受收益。这一问题的存在决定了成本效益原则至今只能是一种模糊的价值判断。它的真正落实也许只有等到实现有偿使用信息或者实现信息内部转移定价的未来时代了。

5.1.2 内部信息传递与沟通的基本流程

内部信息传递流程是根据企业生产经营管理的特点来确定的，其形式千差万别，没有一个最优的方案。企业应当加强对管理报告的管理，全面梳理内部信息传递过程中的薄弱环节，建立科学的内部信息传递机制，明确内部信息传递的具体要求，关注管理报告的有效性、及时性和安全性，促进管理报告的有效利用，充分发挥管理报告的作用。内部信息传递主要有两个阶段：一是信息形成阶段；二是信息使用阶段。

1. 信息形成阶段

信息形成阶段的主要工作有：建立管理报告指标体系、收集内外部信息、编制及审核内部报告。

2. 信息使用阶段

信息使用阶段的主要工作有：构建管理报告流转体系及渠道、管理报告的有效使用及保密、管理报告的保管和管理报告评估。

管理报告是相对于财务报告而言的，是企业在管理控制系统运行中为企业内部的各级管理层以定期或非定期形式记载企业内部信息的各种图表和文字资料。管理报告在企业内部控制中起着非常重要的作用：一方面，管理报告可以为管理层提供更多的企业信息，为管理层做出更加科学合理的决策奠定基础；另一方面，管理报告也可以检查并反馈现行管理政策在执行过程中出现的问题，从而实现对管理政策和企业员工执行情况的有效监督。

5.1.3 内部信息传递与沟通的主要风险点

1. 建立内部报告指标体系

（1）建立内部报告指标体系的重要性

内部报告仅仅是信息传递的一种形式或载体，决定企业内部信息传递有效性最关键的问题在于报告中承载的信息。企业首先应该厘清究竟应该编制哪些内部报告，进而确定各个报告中的指标如何设置。内部报告信息的采集和加工都是由报告中的指标来决定的。因此，内部报告指标的选择，既是内部报告传递的起点，也是决定内部报告质量的基础。内部报告指标体系的科学性直接关系到内部报告信息的价值。企业要根据自身的发展战略、生产经营、风险管理的特点，建立系统的、规范的、多层级的内部报告指标体系。内部报告指标体系中应包含关键信息指标和辅助信息指标，还要根据企业内部和外部的环境政策；建立指标的调整和完善机制，使指标体系具有动态性和权变性。

内部报告指标体系的设计最重要的依据是企业内部报告使用者的需求，要为具有不同信息使用目的用户提供如生产管理、经营决策、财务管理、业绩评价、风险评估、资源配置等相关决策信息。

管理报告指标体系是否科学直接关系到管理报告反映的信息是否完整和有用，这就要求企业应当根据自身的发展战略、风险控制和业绩考核特点，系统、科学地规范不同级次管理报告的指标体系，合理设置关键信息指标和辅助信息指标，并与全面预算管理等相结合，同时应随着环境和业务的变化不断进行修订和完善。在设计管理报告指标体系时，企业应当根据内部各"信息用户"的需求选择信息指标，以满足其经营决策、业绩考核、企业价值与风险评估的需要。

（2）建立内部报告指标体系的主要风险点

在建立内部报告指标环节，主要风险点为：指标体系的设计未能结合企业的发展战略；指标体系级次混乱；与全面预算管理要求相脱节；不能根据环境和业务变化有所调整。主要风险点可以具体细分为以下方面：

①未以企业战略和管理模式为指导设计内部报告及指标体系。任何企业决策都要以企业总体战略目标为指导和依据，因此，在设计用于决策的内部报告指标时，也必须围绕企业战略。当内部报告指标远离了企业战略或者企业自身没有明确的战略时，内部信息传递就无法实现为企业战略实施提供的服务，企业战略目标也就难以实现了。同时，内部报告的组成和内容还需配合企业内部管理控制的程序和方法，使内部报告更好地为企业管理控制服务。例如，如果企业管理采用的预算管理模式没有预算报告和考核报告，

预算管理就不能实施。

②内部报告体系或者指标体系不完整或者过于复杂。在构建内部报告体系及其指标体系时，可能出现报告或指标体系不完整，即遗漏重要信息的情况。这样一来，指标不能够全面反映决策需要的信息，导致内部报告对决策的有用性降低；相反，另一种情形就是内部报告数量过多，各个报告中设立的指标过于复杂，使报告使用者难以理解和驾驭，这样也会干扰决策的制定，降低决策质量。

③指标体系缺乏调整机制。社会经济发展日新月异，企业的内部和外部环境瞬息万变。如果内部报告指标体系确定后始终一成不变，就很难与生产经营快速变化的环境相适应。当内部报告指标不适应企业决策信息的要求时，其价值也就丧失了。

④指标信息难以获得或者成本过高。有些企业内部报告指标只能在理论上讲得通，但是，在实际操作中，其指标所需信息的辨认和采集工作难度很大，成本很高。那么，根据内部信息传递的可用性和成本效益原则，这样的指标就不应该设置，否则将降低内部信息传递的效率和效果。

2．收集整理内外部信息

（1）收集整理内外部信息的重要性

企业各种决策的制定离不开各种来源的信息的支持。企业需要根据内部报告指标，收集和整理各种信息，以便企业随时掌握有关市场状况、竞争情况、政策变化及环境的变化，保证企业发展战略和经营目标的实现。为了随时掌握有关市场状况、竞争情况、政策变化及环境变化，保证企业发展战略和经营目标的实现，企业应当完善内外部相关重要信息的收集机制和传递机制，使重要信息能够及时获得并向上级呈报。企业可以通过行业协会组织、社会中介机构、业务往来单位、市场调查、来信来访、网络媒体以及有关监管部门等渠道，获取外部信息；通过财务会计资料、经营管理资料、调研报告、专项信息、内部刊物、办公网络等渠道，获取内部信息。企业应当广泛收集、分析、整理外部信息，并通过内部报告传递到企业内部相关管理层级，以便及时采取应对策略。

（2）收集整理内外部信息的主要风险点

在收集整理内外部信息的过程中，主要风险点为：收集的内外部信息过于散乱，不能突出重点；内容准确性差，据此信息进行的决策容易误导经营活动；获取内外部信息成本过高，违反了成本效益原则。主要风险点又可以具体细分为以下几方面：

①收集的内外部信息不足或者过多。在收集信息的过程中，由于某些原因，未能收集或者未能及时收集到反映经济活动的信息，就会造成无法决策或者决策拖延。有些时候，由于企业信息的来源过多，如行业协会组织、社会中介机构、业务往来单位、市场调查、来信来访、网络媒体、政府监管部门、会计账簿、经营管理资料、调研报告、专项信息、内部刊物、办公网络等渠道都会获得成千上万的各种信息，这就可能导致信息冗余。信息过多不但增加了信息处理的成本，也降低了总体信息的相关性，同样会干扰

决策。

②信息内容不准确。目前，企业内外部各种信息的来源复杂，有些信息的准确性无法保证。此外，信息在收集和录入过程中，可能由于人为破坏或者操作疏忽而产生错误信息。决策者如果根据不准确的信息进行决策，很可能导致决策错误。

③信息收集和整理成本过高。成本效益原则是信息收集的约束条件。某一信息的收集成本过高时，超过了其带来的收益，就会使企业"得不偿失"。生产和传输该信息就失去了意义。

3. 编制和审核内部报告

（1）编制和审核内部报告的重要性

企业各职能部门应将收集的有关资料进行筛选、抽取，然后根据各管理层级对内部报告的需求和先前制定的内部报告指标建立各种分析模型，提取有效数据，进行汇总、分析，形成结论，并提出相应的建议，从而对生产经营活动、资源配置效率、战略执行情况等提供信息反馈，对企业的发展规划、前景预测等提供重要的分析和指导，为企业的效益分析、业务拓展提供有力的决策支持。

因报告类型不同、反映的信息特点不同，企业内部报告的格式不尽一致。但是，编制内部报告的总体原则就是信息要完整，内容要与决策相关，表述要能够便于使用者理解。一般情况下，企业内部报告应当包括报告名、编号、执行范围、内容、起草或制定部门、报送和抄送部门、时效要求等。此编制完成的内部报告要经过有关部门和人员的审核。只有通过审核的内部报告，才能进行传递。审核不合格的报告，要发回编制单位，分析原因，进行修订。

（2）编制和审核内部报告的主要风险点

在编制和审核内部报告的过程中，主要风险点为：管理报告未能根据各内部使用单位的需求进行编制，内容不完整，编制不及时，未经审核即向有关部门传递。主要风险点又可以具体细分为以下几方面：

①内部报告内容不完整或难以理解。内部报告的内容要根据事先设置的指标来编制。但是，由于指标计量的信息未能取得或者信息不符合分析模型的要求而无法得出结论，则会导致内部报告的内容缺失。内部报告内容不完整，将降低信息的相关性和可靠性，直接影响对决策的支持程度。另外，由于内部报告制作者的经验和水平的局限，形成的内部报告还可能由于内容表述含糊不清、抽象晦涩，或者与使用者的知识背景不符，导致报告使用者对报告内容难以理解。这样，也会降低内部报告的使用价值。

②内部报告编制不及时。按照编制的时间不同，内部报告分为定期报告和非定期报告两大类。

定期报告应在每个报告周期结束后、在指定的时点前编制完成。非定期报告包括异常事件报告、临时查询报告和按照使用者某种特定要求提供的非常规报告等。非定期报告中的异常事件报告应在事件发生后最短的时间内完成，临时查询报告和非常规报告应在相关的决策需要制定的时间之前完成。缺乏及时性的内部报告，不能及时反馈信息，无法支持决策，也就失去了其存在的价值。

③未经审核即向有关部门传递。内部报告编制完成后，要经过一个独立于报告编制岗位的审核。如果没有对内部报告进行审核，就不能及时发现内部报告中由于人为故意或者疏忽造成的错误，也就无法保证内部报告的质量。

4. 内部报告传递

（1）内部报告传递的重要性

内部报告中的信息多为企业内部生产经营管理信息，涉及企业的商业秘密。因此，内部报告在传递过程中需要有严密的流程和安全的渠道。一方面，为了提高信息的共享性和利用程度，企业应当充分利用信息技术，强化内部报告信息的集成和共享，拓宽内部报告的传递渠道；另一方面，信息技术广泛和深入的应用也增加了信息非法传递、使用和披露的风险。

（2）内部报告传递的主要风险点

内部报告传递的主要风险点可以分为以下几方面：

①缺乏内部报告传递规范流程。内部报告涉及企业的重要信息，对企业内部控制和管理决策具有重大的影响。由于企业信息系统的快速发展，企业需要编制和传递越来越多的内部报告，同时，也有越来越多的企业利益相关者使用内部报告。如果企业缺乏规范和完善的内部报告传递制度，或者内部报告传递具有较大的随意性，则内部报告在传递过程中就会面临较大风险，其完整性、真实性、及时性和可靠性均无法得到保证。

②内部报告误传递或丢失。内部报告在传递过程中，由于人为故意或者疏忽，可能出现内部报告错误传递，包括传递时间错误、传递地点错误、接收人错误等，甚至可能出现内部报告在传递中丢失的情况。这样会给企业的信息安全带来巨大威胁。

③内部报告传递系统中断。信息技术在企业信息系统中广泛应用，因而 IT 技术在信息传递中具有举足轻重的作用。企业在得益于计算机、数据库和网络带来的信息快速传递的同时，也往往会遭受因为系统的各种故障而导致的信息系统中断，进而无法及时使用和传递系统中的重要信息，影响相关决策的制定。

5. 内部报告的使用和保管

（1）内部报告使用和保管的重要性

对于内部报告的使用，要做到有效使用和安全使用。内部报告的有效使用要求企业各级管理人员充分利用内部报告进行有效决策，管理和指导企业的日常生产经营活动，及时反映全面预算的执行情况，协调企业内部相关部门和各单位的运营进度，严格进行绩效考核和责任追究，以确保企业实现发展战略和经营目标。

（2）内部报告使用和保管的主要风险点

企业应当有效利用内部报告进行风险评估，准确识别和系统分析企业生产经营活动中的内外部风险，确定风险应对策略，以实现对风险的有效控制。在内部报告的使用过程中，主要风险点可以具体细分为以下两方面：

①企业管理层在决策时没有使用内部报告提供的信息。良好的内部报告设计会给企业管理层的决策提供信息方面的支持。然而，如果内部报告在设计上没有体现决策者的需求，或者内部报告的表述不能够为决策者所理解，那么决策者就会放弃对内部报告的使用。

②商业秘密通过企业内部报告被泄露。如果企业没有建立和实施内部报告的保密制度，内部报告的使用者在使用过程中没有对内部报告进行妥善保管，就可能导致企业的重要信息和机密信息在这一过程中被泄露，严重时，可能导致企业面临巨大的经济损失，甚至要为此承担法律责任。

6. 内部报告的评估

（1）内部报告评估的重要性

随着企业内外部环境的不断变化，企业的内部报告体系和内部报告传递机制的适用性可能改变。企业应当对内部报告体系是否合理、完整，内部信息传递是否及时、有效，进行定期评估。经过评估发现内部报告及其传递存在缺陷的，企业应当及时进行修订和完善，确保内部报告提供的信息及时、有效。

（2）内部报告评估的主要风险点

在内部报告评估的过程中，主要风险点可以分为以下两方面：

①企业缺乏完善的内部报告评估机制。内部报告及其指标体系和传递机制的构建，是需要与相应的环境相适应的。如果企业内外部环境发生变化，而内部报告的内容和传递方式没有随之调整的话，内部报告的作用就会大打折扣，甚至丧失。如果企业缺乏完善内部报告评估机制，就不能定期且有效地对内部报告进行全面评估，这将大大影响企业内部报告的有效性和经济价值。

②未能根据评估结果对内部报告体系及其传递机制进行及时调整。企业定期对其内部报告系统及其传递机制进行评估后，如果没有及时地调整那些在评估中被认为已经不合时宜的内部报告、控制指标和传递制度，那么内部报告就无法保持其有效性和经济价值。

5.1.4 企业内部信息传递与沟通的控制措施

1. 建立管理报告指标体系关键管控措施

企业应认真研究企业的发展战略、风险控制要求和业绩考核标准，根据各管理层级对信息的需求和详略程度，建立一套级次分明的管理报告指标体系。

企业明确的战略目标和具体的战略规划为管理报告控制目标的确定提供了依据。

管理报告指标确定后，应进行细化，层层分解，使企业中各责任中心及各相关职能部门都有自己明确的目标，以利于控制风险并进行业绩考核。

管理报告应依据全面预算的标准进行信息反馈，将预算控制的过程和结果向企业内部管理层报告。

2. 收集内外部信息关键管控措施

企业应根据特定服务对象的需求，选择信息收集过程中重点关注的信息类型和内容。为特定对象、特定目标服务的信息，具有更高的适用性，对于使用者具有更现实、更重要的意义。因此，需要根据信息需求者的要求，按照一定的标准对信息进行分类汇总。

对信息进行审核和鉴别，对已经筛选的资料做进一步的检查，确定其真实性和合理性。检查信息在事实与时间上有无差错，是否合乎逻辑，其来源单位、资料份数、指标等是否完整。

在收集信息的过程中考虑获取信息的便利性及其获取成本高低，如果需要较大代价获取信息，则应当权衡其成本与信息的使用价值，确保所获取信息符合成本效益原则。

3. 编制及审核管理报告关键管控措施

企业管理报告的编制单位应紧紧围绕内部报告使用者的信息需求，以管理报告指标体系为基础，编制内容全面、简洁明了、通俗易懂的管理报告，便于企业各管理层级和全体员工掌握相关信息，正确履行职责。

合理设计管理报告编制程序，提高编制效率，保证管理报告能在第一时间提供给相关管理部门，对于重大突发事件应以速度优先，尽可能编制出管理报告，向董事会报告。

建立管理报告审核制度，设定审核权限，确保管理报告信息质量。企业必须对岗位与职责分工进行控制，管理报告的起草与审核岗位分离，管理报告在传递前必须经签发部门负责人审核。对于重要信息，企业应当委派专门人员对其传递过程进行复核，确保信息正确地传递给使用者。

4. 构建管理报告流转体系及渠道关键管控措施

企业应当制定管理报告传递制度，企业可根据信息的重要性、内容等特征，确定不同的流转环节。

严格按照设定的传递流程进行流转。企业各管理层对管理报告的流转应做好记录，对于未按照流转制度进行操作的事件，应当调查原因，并做相应处理。

及时更新信息系统，确保管理报告有效安全地传递。企业应在实际工作中尝试精简信息系统的处理程序，使信息在企业内部更快地传递。对于重要紧急的信息，可以越级向董事会、监事会或经理层直接报告，便于相关负责人迅速做出决策。

5. 管理报告的有效使用及保密关键管控措施

企业在预算控制、生产经营管理决策和业绩考核时应充分使用管理报告提供的信息。

企业管理层应通过管理报告提供的信息对企业生产经营管理中存在的风险进行评估，准确识别和系统分析企业生产经营活动中的内外部风险，涉及突出问题和重大风险的，应当启动应急预案。

企业应从内部信息传递的时间、空间、节点、流程等方面进行管控，通过职责分离、授权接触、监督和检查等手段防止商业秘密泄露。

6. 管理报告的保管关键管控措施

企业应当建立管理报告保管制度，各部门应当指定专人按类别保管相应的内部报告。

为了便于管理报告的查阅、对比分析，改善管理报告的格式，提高管理报告的有用性，企业应按类别保管管理报告，对影响较大的、金额较高的要严格保管。

对不同类别的报告应按其影响程度规定其保管年限，只有超过保管年限的管理报告方可予以销毁。

制定严格的管理报告保密制度，明确保密内容、保密措施、保密程度和传递范围，防止泄露商业秘密。

7. 管理报告评估关键管控措施

企业应建立并完善对管理报告的评估制度，严格按照评估制度对管理报告进行合理评估，考核管理报告在企业生产经营活动中所起的真实作用。

扩展阅读 5-1 支付宝"光纤门"与携程"瘫痪门"事件的危机沟通

为保证信息传递的及时准确，企业必须执行奖惩机制。对经常不能及时或准确传递信息的相关人员应当进行批评和教育，并与绩效考核体系挂钩。

5.2 信息管理系统

5.2.1 信息系统的定义

按照《企业内部控制应用指引第 18 号——信息系统》的规定，信息系统是指企业利用计算机和通信技术，对内部控制进行集成、转化和提升所形成的信息化管理平台。信息系统是由计算机硬件、软件、人员、信息流和运行规程等要素组成的，信息系统在改变企业传统运营模式的同时，也对传统的内部控制观点和控制方法产生了深远的影响，企业原有的内部控制越来越不适应企业的业务发展和管理的提升。信息系统的实施触发了企业管理模式、生产方式、交易方式、作业流程的变革，为管理工作的重心从经营成果的反映向经营过程的控制转移创造了技术条件。

5.2.2 信息系统的开发方式

信息系统的开发建设是信息系统生命周期中技术难度最大的环节。在开发建设环节，要将企业的业务流程、内控措施、权限配置、预警指标、核算方法等固化到信息系统中，因此开发建设的好坏直接影响信息系统的成败。开发建设的方式主要有自行开发、外购调试、业务外包等。各种开发方式有其各自的优缺点和适用条件，企业应根据自身实际情况合理选择。

1. 自行开发

自行开发就是企业依托自身力量完成整个开发过程。其优点是开发人员熟悉企业情况，可以较好地满足本企业的需求，尤其是具有特殊性的业务需求。通过自行开发，还可以培养、锻炼自己的开发队伍，便于后期的运行和维护。其缺点是开发周期较长，技术水平和规范程度不易保证，成功率相对较低。因此，自行开发方式的适用条件通常是企业自身技术力量雄厚，而且市场上没有能够满足企业需求的成熟的商品化软件和解决方案。百度的搜索引擎系统就是主要依靠自行开发完成的。

2. 外购调试

外购调试的基本做法是企业购买成熟的商品化软件，通过参数配置和二次开发满足企业需求。其优点是：开发建设周期短；成功率较高；成熟的商品化软件质量稳定，可靠性高；专业的软件提供商具有丰富的实施经验。其缺点是：难以满足企业的特殊需求；系统的后期升级进度受制于商品化软件供应商产品更新换代的速度，企业自主权不强，较为被动。外购调试方式的适用条件通常是企业的特殊需求较少，市场上已有成熟的商品化软件和系统实施方案。大部分企业的财务管理系统、企业资源计划（ERP）系统、人力资源管理系统等采用外购调试方式。

3. 业务外包

业务外包指组织只专注于自己的特定业务，而将其他相关业务承包给外部服务机构。通过外包，企业可以提高对信息技术、信息人才的利用效率，显著降低信息系统的运营成本，使企业可以将自己的力量集中于其核心竞争优势方面，更加专注于实现企业的战略目标。信息系统的业务外包是指委托其他单位开发信息系统，其基本做法是企业将信息系统开发项目外包出去，由专业公司或科研机构负责开发、安装实施，企业直接使用。由于信息系统更新换代的周期短，信息系统工作人员的流动性高，人工费用与设备维修费用高昂，因此，近年来在发达国家出现了利用外包信息系统资源的方法，简称外包。

信息系统业务外包的优点是：企业可以充分利用专业公司的专业优势，量体裁衣，构建全面、高效、满足企业需求的个性化系统；企业不必培养、维持庞大的开发队伍，相应节约了人力资源成本。

信息系统业务外包的缺点是：沟通成本高，系统开发方未必能深刻理解企业需求，可能导致开发出的信息系统与企业的期望有较大偏差。同时，由于外包信息系统与系统开发方的专业技能、职业道德和敬业精神存在密切关系，也要求企业必须加大对外包项目的监督力度。外包信息系统也可能泄露企业机密信息。业务外包方式的适用条件通常是市场上没有能够满足企业需求的成熟的商品化软件和解决方案，企业自身技术力量薄弱，或出于成本效益原则考虑不愿意维持庞大的开发队伍。

5.2.3 信息系统开发的主要风险点及控制措施

采用生命周期进行信息系统的开发，因其开发过程以时间为出发点进行划分，故其开发顺序是线性不可逆的，系统开发过程中前一阶段的错误必然会对后续的工作产生重大的影响，并且整个开发过程中未发现或隐藏的问题对日后系统的运行也会产生不可忽视的影响。因此对信息系统开发过程的内部控制就显得尤其重要。

1. 信息系统开发的主要风险点

在信息化初始阶段，企业通常借助计算机去满足手工状态下内部控制和信息处理的要求，很少顾及甚至基本没有顾及信息技术本身的特性，由此产生诸多"信息孤岛"，而某一控制所需要的信息可能部分来自会计信息系统，也可能部分来自其他不同的信息系统；IT系统架构风险和信息技术无法有效满足业务需求的风险，IT系统架构不能迅速改变，或者不能被有效地管理，会导致无法支持快速变化的商业模式。

2. 信息系统开发的控制措施

企业必须制定信息系统开发的战略规划和中长期发展计划，并在每年制订经营计划的同时制订年度信息系统建设计划，促进经营管理活动与信息系统的协调统一。

企业在制定信息化战略过程中，要充分调动和发挥信息系统管理部门与业务部门的积极性，使各部门广泛参与，充分沟通，提高战略规划的科学性、前瞻性和适应性。

信息系统战略规划要与企业的组织架构、业务范围、地域分布、技术能力等相匹配，避免相互脱节。

5.2.4 信息系统自行开发方式的主要风险点及控制措施

1. 信息系统自行开发方式的主要风险点

虽然信息系统的开发方式有自行开发、外购调试、业务外包等多种方式，但基本流程大体相似，通常包含项目计划、系统分析、系统设计、编程和测试、上线等环节。

（1）项目计划环节的主要风险点

项目计划环节的主要风险点为：信息系统建设缺乏项目计划或者计划不当导致项目进度滞后、费用超支、质量低下。

（2）系统分析环节的主要风险点

系统分析环节主要存在可行性研究的风险和分析的风险：可行性研究考虑新的系统

对企业原来的管理模式的影响及员工素质的差异。系统分析主要应考虑企业的内部控制节点，如考虑不当将会带来巨大的损失。

系统分析环节的主要风险点为：首先，需求本身不合理，对信息系统提出的功能、性能、安全性等方面的要求不符合业务处理和控制的需要。其次，技术上不可行，经济上成本效益倒挂，或与国家有关法规制度存在冲突。最后，需求文档表述不准确、不完整，未能真实、全面地表达企业需求，存在表述缺失、表述不一致甚至表述错误等问题。

（3）系统设计环节主要风险点

系统设计环节，要保证其规范性和适应性。其主要风险点为：

①设计方案不能完全满足用户需求，不能实现需求文档规定的目标。

②设计方案未能有效控制建设开发成本，不能保证建设质量和进度。

③设计方案不全面，导致后续变更频繁。

④设计方案没有考虑信息系统建成后对企业内部控制的影响，导致系统运行后衍生新的风险。

（4）编程和测试环节的主要风险点

编程和测试环节的主要风险点为：

①编程结果与设计不符。

②各程序员编程风格差异大，程序可读性差导致后期维护困难，维护成本高。

③缺乏有效的程序版本控制，导致重复修改或修改不一致等问题。

④测试不充分。比如，单个模块运行正常但多个模块集成运行时出错，或开发环境下测试正常但生产环境下运行出错，抑或开发人员自测正常但业务部门在使用时出错，这都将导致系统上线后可能出现严重问题。

（5）系统上线环节的主要风险点

系统上线是将开发出的系统（可执行的程序和关联的数据）部署到实际运行的计算机环境中，使信息系统按照既定的用户需求来运转，切实发挥信息系统的作用。上线环节的主要风险点为：

①缺乏完整可行的上线计划，导致系统上线混乱无序。

②人员培训不足，不能正确使用系统，导致业务处理错误；或者未能充分利用系统功能，导致开发成本浪费。

③初始数据设置不合格，导致新旧系统数据不一致、业务处理错误。

2. 信息系统自行开发方式的控制措施

（1）项目计划环节的关键管控措施

①企业应当根据信息系统建设整体规划提出分阶段项目的建设方案，明确建设目标、人员配备、职责分工、经费保障和进度安排等相关内容，按照规定的权限和程序审批后

实施。

②可以采用标准的项目管理软件（比如 Office Project）制订项目计划，并加以跟踪。在关键环节进行阶段性评审，以保证过程可控。

③项目关键环节编制的文档应参照《计算机软件文档编制规范》（GB/T 8567—2006）等相关国家标准和行业标准进行，以提高项目计划编制水平。

（2）系统分析环节的关键管控措施

①信息系统管理部门应当组织企业内部各有关部门提出开发需求，加强系统分析人员和有关部门的管理人员、业务人员的交流，经综合分析提炼后形成合理的需求。

②编制表述清晰、表述准确的需求文档。

③企业应当建立健全需求评审和需求变更控制流程。依据需求文档进行设计（含需求变更设计）前，应当评审其可行性，由需求提出人和编制人签字确认，并经业务部门与信息系统管理部门负责人审批。

（3）系统设计环节的关键管控措施

①系统设计负责部门应当就总体设计方案与业务部门进行沟通和讨论，说明方案对用户需求的覆盖情况；存在备选方案的，应当详细说明各方案在成本、建设时间和用户需求响应上的差异；信息系统归口管理部门和业务部门应当对选定的设计方案予以书面确认。

②企业应参照《计算机软件文档编制规范》（GB/T 8567—2006）等相关国家标准和行业标准，提高系统设计说明书的编写质量。

③建立设计评审制度和设计变更控制流程。

④系统设计时应当充分考虑信息系统建成后的控制环境，将生产经营管理业务流程、关键控制点和处理规程嵌入系统程序中，实现手工环境下难以实现的控制功能。

⑤充分考虑信息系统环境下的新的控制风险。

⑥针对不同的数据输入方式，强化对进入系统数据的检查和校验功能。比如，凭证的自动平衡校对。

⑦系统设计时考虑在信息系统中设置操作日志功能，确保操作的可审计性。对异常的或者违背内部控制要求的交易和数据，应当设计由系统自动报告并设置跟踪处理机制。

⑧预留必要的后台操作通道，对于必需的后台操作，应当加强管理，建立规范的操作流程，确保足够的日志记录，保证对后台操作的可监控性。

（4）编程和测试环节的关键管控措施

①企业应建立并执行严格的代码复查评审制度。

②建立并执行统一的编程规范，在标识符命名、程序注释等方面统一风格。

③使用版本控制软件系统（例如 CVS），保证所有开发人员基于相同的组件环境开

展项目工作，协调开发人员对程序的修改。

④区分单元测试、组装测试（集成测试）、系统测试、验收测试等不同测试类型，建立严格的测试工作流程，提高最终用户在测试工作中的参与程度，改进测试用例的编写质量，加强测试分析，尽量采用自动测试工具提高测试工作的质量和效率。具备条件的企业，应当组织独立于开发建设项目组的专业机构对开发完成的信息系统进行验收测试，确保在功能、性能、控制要求和安全性等方面符合开发要求。

（5）系统上线环节的关键管控措施

①企业应当制订信息系统上线计划，并经归口管理部门和使用部门审核批准。上线计划一般包括人员培训、数据准备、进度安排、应急预案等内容。

②系统上线涉及新旧系统切换的，企业应当在上线计划中明确应急预案，保证新系统失效时能够顺利切换回旧系统。

③系统上线涉及数据迁移的，企业应当制订详细的数据迁移计划，并对迁移结果进行测试。使用部门应当参与数据迁移过程，对迁移前后的数据予以书面确认。

5.2.5 业务外包方式的主要风险点及控制措施

1. 业务外包方式的主要风险点

选择外包服务商的主要风险点为：由于企业与外包服务商之间本质上是一种委托代理关系，合作双方的信息不对称容易诱发道德风险，外包服务商可能会实施损害企业利益的自利行为，如偷工减料、放松管理、泄露信息等。

签订外包合同的主要风险点为：由于合同条款不准确、不完善，可能导致企业的正当权益无法得到有效保障。

持续跟踪评价外包服务商的服务过程的主要风险点为：企业缺乏外包服务跟踪评价机制或跟踪评价不到位，可能导致外包服务质量水平不能满足企业信息系统开发需求。

2. 业务外包方式的控制措施

（1）外包服务商的关键管控措施

①企业在选择外包服务商时要充分考虑服务商的市场信誉、资质条件、财务状况、服务能力、对本企业业务的熟悉程度、既往承包服务成功案例等因素，对外包服务商进行严格筛选。

②可以借助外包业界基准来判断外包服务商的综合实力。

③严格执行外包服务审批及管控流程，对信息系统外包业务，原则上应采取公开招标等形式选择外包服务商，并实行集体决策审批。

（2）签订外包合同的关键管控措施

①企业在与外包服务商签约之前，应针对外包可能出现的各种风险，恰当拟订合同

条款,对涉及的工作目标、合作范畴、责任划分、所有权归属、付款方式、违约赔偿及合约期限等问题做出详细说明,并由法律部门或法律顾问审查把关。

②开发过程中涉及商业秘密、敏感数据的,企业应当与外包服务商签订详细的"保密协议",以保证数据安全。

③在合同中约定付款事宜时,应当选择分期付款方式,尾款应当在系统运行一段时间并经评估验收后再支付。

④在合同条款中明确要求外包服务商保持专业技术服务团队的稳定性。

(3)持续跟踪评价外包服务商的服务过程的关键管控措施

①企业应当规范外包服务评价工作流程,明确相关部门的职责权限,建立外包服务质量考核评价指标体系,定期对外包服务商进行考评,并公布服务周期的评估结果,实现外包服务水平的跟踪评价。

②必要时可以引入监理机制,不断评价外包商的财务能力;监督外包合同条款的执行;要求外包供应商定期提供一个第三方的审计报告;建立外包灾难恢复控制,并定期评价这些控制。如果外包商发生灾难事项,客户也应设计自己的灾难恢复程序。

5.2.6　外购调试方式的主要风险点及控制措施

1. 外购调试方式的主要风险点

在外购调试方式下,一方面,企业面临与业务外包方式类似的问题,企业要选择软件产品的供应商和服务供应商、签订合约、跟踪服务质量,因此,企业可采用与业务外包方式类似的控制措施;另一方面,外购调试方式也有其特殊之处,企业需要有针对性地强化某些控制措施。

①软件产品选型和供应商选择

在外购调试方式下,软件供应商的选择和软件产品的选型是密切相关的。其主要风险点为:软件产品选型不当,产品在功能、性能、易用性等方面无法满足企业需求;软件供应商选择不当,产品的支持服务能力不足,产品的后续升级缺乏保障。

②服务提供商选择

大型企业管理信息系统(例如 ERP 系统)的外购实施,不仅需要选择合适的软件供应商和软件产品,也需要选择合适的咨询公司等服务提供商,指导企业将通用软件产品与本企业的实际情况有机结合。其主要风险点为:服务提供商选择不当,削弱了外购软件产品的功能发挥,导致无法有效满足用户需求。

2. 外购调试方式的控制措施

(1)软件产品选型和供应商选择的关键管控措施

①企业应明确自身需求,对比分析市场上的成熟软件产品,合理选择软件产品的模块组合和版本。

②企业在软件产品选型时应广泛听取行业专家的意见。

③企业在选择软件产品和服务供应商时，不仅要评价其现有产品的功能、性能，还要考察其服务支持能力和后续产品的升级能力。

（2）服务提供商选择的关键管控措施

在选择服务提供商时，不仅要考核其对软件产品的熟悉、理解程度，还要考核其是否深刻理解企业所处行业的特点、是否理解企业的个性化需求、是否有相同或相近的成功实践。

5.2.7 信息系统运行的主要风险点和控制措施

1. 信息系统运行的主要风险点

信息系统的运行与维护主要包括三方面的内容：日常运行维护、系统变更和安全管理。

（1）日常运行维护的主要风险点

日常运行维护的目标是保证系统正常运转，工作内容主要包括系统的日常操作、系统的日常巡检和维修、系统运行状态监控、异常事件的报告和处理等。

主要风险点为：没有建立规范的信息系统日常运行管理规范，计算机软硬件的内在隐患易于爆发，可能导致企业信息系统出错；没有执行例行检查，导致人为恶意攻击会长期隐藏在系统中，可能造成严重损失；企业信息系统数据未能定期备份，可能导致损坏后无法恢复，从而造成重大损失。

（2）系统变更的主要风险点

系统变更主要包括硬件的升级扩容、软件的修改与升级等。系统变更是为了更好地满足企业需求，但同时应加强对变更申请、变更成本与进度的控制。

主要风险点为：企业没有建立严格的变更申请、审批、执行、测试流程，导致系统随意变更；系统变更后的效果达不到预期目标。

（3）安全管理的主要风险点

安全管理的目标是保障信息系统安全，信息系统安全是指信息系统包含的所有硬件、软件和数据受到保护，不因偶然和恶意的原因而遭到破坏、更改和泄露，信息系统能够连续正常运行。主要风险点为：

①硬件设备分布物理范围广，设备种类繁多，安全管理难度大，可能导致设备生命周期短。

②业务部门信息安全意识薄弱，对系统和信息安全缺乏有效的监管手段。少数员工可能恶意或非恶意滥用系统资源，造成系统运行效率降低。

③对系统程序缺陷或漏洞的安全防护不够，导致遭受黑客攻击，造成信息泄露。

④对各种计算机病毒防范清理不力，导致系统运行不稳定甚至瘫痪。

⑤缺乏对信息系统操作人员的严密监控，可能导致舞弊和利用计算机犯罪。

（4）系统终结的主要风险点

系统终结是信息系统生命周期的最后一个阶段，在该阶段信息系统将停止运行。停止运行的原因通常有：企业破产或被兼并、原有信息系统被新的信息系统代替等。

主要风险点为：因经营条件发生剧变，信息可能泄露；信息档案的保管期限不够长。

2. 信息系统运行的控制措施

（1）日常运行维护的关键管控措施

①企业应制定信息系统使用操作程序、信息管理制度以及各模块子系统的具体操作规范，及时跟踪、发现和解决系统运行中存在的问题，确保信息系统按照规定的程序、制度和操作规范持续稳定运行。

②切实做好系统运行记录，尤其是对于系统运行不正常或无法运行的情况，应将异常现象、发生时间和可能的原因做详细记录。

③重视系统运行的日常维护，在硬件方面，日常维护主要包括各种设备的保养与安全管理、故障的诊断与排除、易耗品的更换与安装等，这些工作应由专人负责。

④配备专业人员负责处理信息系统运行中的突发事件，必要时应会同系统开发人员或软硬件供应商共同解决。

（2）系统变更的关键管控措施

①企业应当建立标准流程来实施和记录系统变更，保证变更过程得到适当的授权与管理层的批准，并对变更进行测试。

②系统变更程序，如软件升级需要遵循与新系统开发项目同样的验证和测试程序，必要时还应进行额外测试。

③加强紧急变更的控制管理。

④企业应加强对将变更移植到生产环境中的控制管理，包括系统访问授权控制、数据转换控制、用户培训等。

（3）安全管理的关键管控措施

①企业应当建立信息系统相关资产的管理制度，保证电子设备的安全。

②成立专门的信息系统安全管理机构，由企业主要领导总负责，对企业的信息安全做出总体规划和全方位严格管理，具体实施工作可由企业的信息主管部门负责。

③按照国家相关法律法规以及信息安全技术标准，制定信息系统安全实施细则。

④有效利用 IT 技术手段，对硬件配置调整、软件参数修改严加控制。

⑤委托专业机构进行系统运行与维护管理的，应当严格审查其资质条件、市场声誉和信用状况等，并与其签订正式的服务合同和保密协议。

⑥采取安装安全软件等措施防范信息系统受到病毒等恶意软件的感染和破坏。

⑦建立系统数据定期备份制度，明确备份范围、频度、方法、责任人、存放地点、

有效性检查等内容。

⑧建立信息系统开发、运行与维护等环节的岗位责任制度和不相容职务分离制度，防范利用计算机舞弊和犯罪。

⑨积极开展信息系统风险评估工作，定期对信息系统进行安全评估，及时发现系统安全问题并加以整改。

（4）系统终结的关键管控措施

①企业要做好善后工作，不管因为何种情况导致系统停止运行，都应将废弃系统中有价值或者涉密的信息进行销毁、转移。

②严格按照国家有关法律法规和对电子档案的管理规定（比如审计准则对审计证据保管年限的要求），妥善保管相关信息档案。

5.3 数字化时代信息系统的实践创新

5.3.1 影响信息系统的前沿技术

后疫情时代，我国进入数字化升级 3.0 阶段，《"十四五"规划和 2035 远景目标纲要》做出重要指示，要推动数字经济和实体经济深度融合，加快数字化发展，打造数字经济新优势，以"双融合"全面支撑"双循环"。随着信息技术的发展，企业逐渐进入"大智物移云"时代，即大数据、智能化、物联网、移动互联网、云计算。数字化转型成为该企业的业务发展和财务管理的必然选择，各行各业都加速迈进了数字化转型新时代。

企业应关注新技术的应用，如云计算、大数据、人工智能等，通过新技术的应用实现财务管理的升级和转型。云计算能够为财务管理提供信息存储服务，大数据能够对信息进行分析处理，人工智能能够通过 VR 及云计算等功能将财务人员从烦琐的数据统计中解放出来，进而将释放的劳动力投入数据分析工作，促进财务管理的转型。

企业应关注新场景的应用，如移动互联网、物联网等，通过新场景的应用实现财务管理的创新和提升。移动互联网能够为企业提供全新的服务，物联网能够实现数据的有效处理，这些新场景的应用，有助于提高财务管理的效率和准确性，为企业提供更为丰富和全面的财务信息，进而帮助企业更好地制定决策。

1. 区块链技术

区块链是使用密码学方法保证数据传输和访问安全，并按照时间顺序将数据区块以顺序相连的方式组合成的一种链式数据结构。区块链是一个共享的、不可更改的账本，可以促进在业务网络中记录交易和跟踪资产的过程。几乎任何有价值的东西都可以在区块链网络上进行跟踪和交易，从而降低各方面的风险和成本。

对企业而言，企业业务运营离不开信息。信息接收速度越快，内容越准确，越有利于业务运营。区块链是用于传递这些信息的理想之选，因为它可提供即时、共享和完全透明的信息，这些信息存储在不可篡改的账本上，只能由获得许可的网络成员访问。区块链网络可跟踪订单、付款、账户、生产等信息。由于成员之间共享单一真相视图，因此企业可以端到端地查看交易的所有细节，从而给予企业带来新的效率和商机。

2. 5G 技术

第五代移动通信技术的英文全称是 5th Generation Mobile Communication Technology，简称 5G。5G 作为一种新型移动通信网络，是实现人机物互联的网络基础设施，具有高速率、低时延和大连接等特点的新一代宽带移动通信技术。5G 渗透到经济社会的各行业各领域，成为支撑经济社会数字化、网络化、智能化转型的关键新型基础设施。

对企业而言，管理者是企业发展的主体，管理者的理念决定着企业的发展方向，5G 智能时代的来临，要求企业的管理者深化企业的管理意识，积极运用 5G 等信息技术精确提取、智能分类各部门财务信息数据，侧重对企业财务信息数据挖掘、处理、分析和探究，提高财务工作效率，实现财务全局管理。同时，企业的各层管理者应该转变信息管理思维，各层管理人员应该主动从传统工作形式中脱离出来，通过数据技术简化工作流程，人工核算工作的精确度和完成度交由信息技术平台监管，利用黄金时间学习先进管理理念，这样才能及时关注企业整体的管理状况，发现企业的风险因素，适时调整企业的经营发展战略。

3. 大数据和云计算技术

（1）大数据

大数据（Big Data）是需要新处理模式才能具有更强的决策力、洞察发现力和流程优化能力的海量、高增长率和多样化的信息资产。研究机构 Gartner 给"大数据"做了这样的定义："大数据"是需要新处理模式才能具有更强的决策力、洞察发现力和流程优化能力来适应海量、高增长率和多样化的信息资产。

大数据技术的战略意义不在于掌握庞大的数据信息，而在于对这些含有意义的数据进行专业化处理。换言之，如果把大数据比作一种产业，那么这种产业实现盈利的关键，在于提高对数据的"加工能力"，通过"加工"实现数据的"增值"。例如，深圳数位传媒科技有限公司（以下简称"数位"）花了五年的时间，经历了技术积累、业务探索到商业落地三大阶段，打通了从大数据技术生产到大数据商业应用的道路。刚开始，数位提供的这种店铺级别的线下大数据服务，主要客户来源于商业地产、连锁品牌等各个领域的头部企业。使用数位线下大数据后，大多数用户不用再受限于碎片化、孤岛化的数据或者个体的经验判断，依托大数据及智能算法得出的分析报告，可以更快、更全面地辅助他们进行重大决策。

（2）云计算

云计算又称为网格计算，具有很强的扩展性和需要性，可以为用户提供一种全新的体验，云计算的核心是可以将很多的计算机资源协调在一起。通过这项技术，可以在很短的时间内完成对数以万计数据的处理，从而达到强大的网络服务。因此，使用户通过网络就可以获取到无限的资源，同时获取的资源不受时间和空间的限制。

云计算是一种全新的网络应用概念，是以互联网为中心，在网站上提供快速且安全的云计算服务与数据存储，让每一个使用互联网的人都可以使用网络上的庞大计算资源与数据中心。云计算是与信息技术、软件、互联网相关的一种服务，这种计算资源共享池叫作"云"，云计算把许多计算资源集合起来，通过软件实现自动化管理，只需要很少的人参与，就能让资源被快速提供。也就是说，计算能力作为一种商品，可以在互联网上流通，就像水、电、煤气一样，可以方便地取用，且价格较为低廉。

大数据技术与云计算的战略意义不在于掌握庞大的数据信息，而在于对这些含有意义的数据进行专业化处理。换言之，如果把大数据比作一种产业，那么这种产业实现盈利的关键，在于提高对数据的"加工能力"，通过"加工"实现数据的"增值"。

对企业而言，大数据采用云端存储处理海量数据，"数据大集中"在中国企业获得广泛认可。一些大型企业、券商和银行纷纷建设数据种子作为客服服务或者金融服务的核心和基础。从技术上看，大数据与云计算的关系是相辅相成的。大数据的特色在于对海量数据进行分布式数据挖掘，需要采用分布式架构进行处理，无法用单台的计算机进行处理。这种特征要求大数据必须依

扩展阅读 5-2 文旅 AIOT 综合管理平台

托云计算的分布式处理、分布式数据库和云存储、虚拟化技术。大数据就是互联网发展到现今阶段的一种表象或特征，在以云计算为代表的技术创新大幕的衬托下，在企业中原本看起来很难收集和使用的数据开始被很容易地利用起来了，通过不同行业不同规模不同性质企业的不断创新，大数据和云计算会逐步为企业带来更多的价值。

5.3.2 信息系统在大数据时代的适用技术

近年来，随着信息化技术的不断发展，现有的企业管理信息系统无论是规模还是架构都很难适应在海量数据场景下的数据管理和分析，直接影响了企业形势预判和重大决策。因此，需要创建新的能够匹配当前大数据场景的业务系统。借助此信息系统，可从海量数据中选取最有价值含量的信息，并对其进行有效整理和逻辑分析，以期发现隐藏在繁杂数据背后的因果逻辑关系，实现对海量数据的深度应用、综合应用和高端应用，承担起对组织战略应用的支撑和服务。

具体来说，信息系统在大数据时代的适用技术如下所述：

1. 拍字节（Petabytes，简称"PB"）级别的数据存储系统

不断推进的信息化建设以及飞速增长的数据规模，都对信息系统的数据存储能力提出了新的更高要求。为了满足大规模数据的存储和分析，信息系统应支持单一系统扩展至 10 PB 以上规模，以满足数据爆发的存储需要。

2. 高质量的数据整合

高质量的数据是数据分析挖掘等应用行之有效的必要前提，面对企业不同部门之间产生的繁复数据，信息系统势必需要将这些多源异构的数据进行抽取、转换及装载，实现数据的整合、消重，提供高质量的数据，并在此基础上进行关联、建模，为实战业务提供可用的数据。

3. 高效的数据分析能力

百亿条记录的检索、上千张表的碰撞、大量的移动互联网和社交媒体数据处理等应用，无一不对信息系统的数据分析能力提出更高的要求。

大数据的实质是对数据的管理与开发利用，要想借助大数据技术推动企业管理工作的开展和变革，在行业竞争中占得先机，技术选择非常重要。在各路组织和技术人员的助推下，信息系统在大数据相关领域中的技术呈现出百家争鸣的局面，在涵盖数据收集、存储、计算、挖掘、资源调度等方面不断取得突破和创新，下面就以最核心的计算层和存储层两个维度介绍一下信息系统的相关技术路线和发展趋势。

（1）数据处理

无论使用何种应用，一台服务器面对海量数据的计算仍然束手无策，而分布式计算对此类问题的处理则游刃有余。与此同时，Hadoop Map Reduce 的重要创新便是化繁为简地把整体大数据集拆分成一个一个的小任务，并由同时运行的多个节点进行处理。这种批量处理框架常用于离线的复杂的非结构化数据处理，如 ETL、数据挖掘等场景；与 Hadoop 使用硬盘来存储数据不同，Spark 是基于内存的迭代计算框架，适用于需要多次操作特定数据集的应用场合；而 Storm 则是专门针对实时数据类型的流式计算分析框架，应用在低延迟的场景中，实现海量事件的实时分析、处理和决策。除此之外，为应对不断增长的海量结构化数据的存储和快速处理以及灵活的业务建模需求，信息系统所依存的数据库必将引入分布式架构、MPP 处理技术。

（2）数据存储

Map Reduce 可以将处理海量数据的任务分解至多个节点服务器同时进行。而对于分布式计算，每台节点服务器都必须拥有数据访问权限，这就是分布式文件系统 HDFS 所具有的功能。HDFS 有着高容错性、高吞吐量的特点，适合大数据集的应用。与此同时，业内也有许多其他类型的文件系统推出，不仅能解决了传统存储体系结构存在的难题，

还能提高存储利用率和数据读写性能，可以替代 HDFS 作为 Hadoop 架构的底层文件系统/数据存储。不同的技术思路各有偏重。由于不同类型的组织有着不同的组织结构，业务种类繁多，大数据应用场景多样化，只有积极引进大数据领域的先进技术，才能推动组织管理工作迈入大数据发展阶段。

5.3.3　信息系统在大数据时代的发展前景

通过上述分析，我们不难看出，未来信息系统必将围绕"大数据"进行建设。只有合理规划企业信息系统的建设路线，积极引进大数据技术，企业才有可能在未来激烈的市场竞争中占据优势地位。对未来信息系统在大数据时代的发展趋势，具体有下面两点思考。

1. 数据资源化

作为 21 世纪最重要的战略资源，数据信息越来越受到关注和追捧。所以，企业为了能在市场竞争中取得先机，必须提前制定有关大数据的企业战略。而在制订计划时，需要信息系统提供支持。那么，数据资源化就需要一个合理的规范和标准，以保证数据质量等要求。

2. 与云计算紧密联系

云计算作为大数据的设备依托，是大数据产生的源泉。企业管理信息系统需要积极引进此类技术，主动进行技术革新，关注信息安全和接口安全等方面的新技术、新方法，为大数据革命添砖加瓦，让大数据在计算机时代发挥出更大的作用。

5.3.4　创新技术推动信息系统风险管控发展

1. 信息管理系统的完善

为了增强财务管理信息化建设，加强各部门信息系统的业务联系，促进财务和业务方面的深度融合以及企业管理水平方面的提升，必须在统筹规划下进行信息系统的完善。

首先，要对该单位的内外环境进行深入的分析，了解各部门以及各业务环节的信息化需求，进行财务管理信息化的规划建设。

其次，在进行财务管理信息化建设时，要聘请专业的软件开发商以及合适的硬件设施供应商，立足于企业发展的实际，开发符合企业发展需求的信息管理系统，保证信息系统在工作中的实用性。

最后，企业在进行信息管理系统建设的同时，要加大对信息共享平台的建设，让各个部门人员在各自的权限范围内实现各个工作环节信息的资源共享，方便自己工作的完成。这一措施既能够为财务部门的会计核算分析提供方便，还能够促进企业工作人员工作完成效率的提升。

2. 优化财务监控手段

在财务管理信息化的建设过程中，需要获取大量数据计算准确度高、运用方便的电子信息数据，这些数据的获取需要有较高的技术含量；企业的内部财务系统极易遭受技术高超的黑客攻击；外部的计算机病毒；财务工作人员可能出现的操作失误以及计算机设备的磨损问题：这一系列的影响因素都会对财务信息数据的储存造成极大的安全风险。所以，一方面，企业应要求软件开发单位结合当前自身财务监管需求，以内部控制流程、风险控制程序为导向，对监管流程进行完善，保证监管范围深入到单位财务系统的各模块、各环节。另一方面，也要加强对信息安全的监督管控，强化防火墙设计，编制操作手册，避免企业内部商业数据机密的泄露，保证财务系统建设的安全。同时，对于现有的财务硬件、财务软件、财务数据进行优化升级，以实现对操作系统安全的控制，并实时登录内部进行网络安全监督。

复习思考题

1. 内部信息传递与沟通的要求是什么？
2. 内部信息传递各环节的主要风险点及其控制措施有哪些？
3. 信息系统开发方式有哪几种？
4. 信息系统开发的主要风险点有哪些？
5. 信息系统运行的主要风险点有哪些？相应的控制措施是什么？

第6章

内 部 监 督

本章学习目标

通过本章的学习,掌握内部监督的定义,了解内部监督的意义,了解企业有哪些内部监督机构;掌握内部监督体系的构成及其各机构的职责,了解内部监督的基本要求,掌握内部监督的程序和方法。

引导案例

上市公司财务舞弊案例——以 WF 公司为例

WF 农业发展有限公司是一家以农业和渔业为主的公司。公司法定代表人与其丈夫共同在实物资产上投入 150 万元取得营业执照,总注册资本为 300 万元,公司主要经营范围是粮食收购、仓储、大米、淀粉、糖等产品的生产和销售,从事农产品的研发。2009 年 9 月 24 日,三家公司、七位自然人与 WF 股东签订增资扩股协议,注册资本增至 2 488.18 万元。10 月 7 日改为 WF 农业发展有限公司,9 月底净资产按 1∶0.33 折合成 5 000 万股的股本。2011 年 9 月 15 日,公司成功上市创业板,股票名称为 WF。

WF 公司做出涉及金额如此巨大的财务舞弊行为,必然有各方面因素的影响。在分析之后,发现 WF 的财务舞弊行为主要是受其逐利心态的驱使。受利益诱惑,WF 公司的财务舞弊活动从 2008 年起开始,自此,美化了 WF 公司的经济状况,拥有了漂亮的财务报告,成功在我国创业板上市。可谁知,上市之后,又陷入了更大的困难之中。因为 WF 公司的经济状况与财务报告都是造假得来的,此后的经营状况也不太好。我国规定,上市公司连续三年亏损就要摘牌。因此,为了保住自己的上市资格,持续用股权来融资,WF 继 2011 年上市之后继续进行财务舞弊行为。实际上,WF 公司在上市后,是拥有稳定增长的营业能力的,可是为了获得更好的财务状况来吸引更多的投资,其继续了舞弊行为。

造成 WF 公司的财务舞弊的重要原因是内部控制失手、内部监督失效。内部监督作为内部控制和风险管理的重要组成部分之一,探索新形势下企业内部监督的有效路径,是企业治理的一项长期任务。本章从内部监督的机构和职责、内部监督的程序、内部监督的方法等方面做了重点介绍。

6.1 内部监督的机构及职责

6.1.1 内部监督的定义

按照《企业内部控制基本规范》的定义,内部监督是企业对内部控制建立与实施情况进行监督检查,评价内部控制的有效性,发现内部控制缺陷,并及时加以改进。

内部监督与控制活动的区别:控制活动是针对某一特定的风险所采取的措施;而监督活动则是评价整个内部控制体系的设计和运行情况。控制活动与内部监督的差异见表6–1。

表 6–1　控制活动与内部监督的差异

控制活动	内部监督
A 部门的应付账款专员定期把 A 部门应付账款明细账与总账进行对账,调节事项会及时地被检查和处理	(1)独立于控制活动操作的管理层:查阅所有的分部或者下属单位执行应付账款对账的相关的文档记录;检查调节事项在金额和性质上是否正确。 (2)独立于控制活动操作的管理层评估应付账款对账时所使用信息的来源和质量是否恰当;是否识别、评估、应对内外部变化而产生的新风险
应付账款主管定期复核和审批应付账款明细账与总账之间的对账情况	独立于控制活动操作的管理层每半年评估负责复核和审批职责的主管是否接受了适当的培训并且具备相关的专业知识,是否按照应付账款相关流程开展其复核和审批工作

6.1.2 内部监督的机构

1. 专职的内部监督机构

为保证内部监督的客观性,内部监督应由独立于内部控制执行的机构进行内部监督。一般情况下,企业可以授权内部审计机构具体承担内部控制监督检查的职能。当企业内部审计机构因人手不足、力量薄弱等原因无法有效对内部控制履行监督职责时,企业可以成立专门的内部监督机构,或授权其他监督机构(如监察部门等)履行相应的职责。专职内部监督机构根据需要开展日常监督和专项监督,对内部控制有效性做出整体评价,提出整改计划,督促其他有关机构整改。

2. 其他机构

内部监督不仅是内部审计机构(或经授权的其他监督机构)的职责,企业内部任何一个机构甚至个人在控制执行中,都应当在内部控制建立与实施过程中承担起相应的监督职责。比如,财会部门对销售部门的赊销行为负有财务方面的监督职能,财会部门负责人对本部门的资产、业务、财务和人事具有监督职责,财会部门内部的会计岗位和出纳岗位也具有相互监督的职责等。企业应当在组织架构设计与运行环节明确内部各机构、各岗位的内部监督关系,以便于监督职能的履行。

内部各机构监督应在其职责范围内,承担内部控制相关具体业务操作规程及权限设计的责任,并在日常工作中严格执行。进行定期的管理活动,利用内部和外部数据所做的同行业比较和趋势分析及其他日常活动,将监督嵌入企业常规的、循环发生的经营活动中;企业应进行定期的测试、监督活动,及时发现环境变化、执行中出现的偏差,及时更新初始控制;企业应建立、保持与内部控制机构有效的信息沟通机制,及时传递内部控制设计和执行是否有效的相关信息。

我国现行的企业内部监督体系规范主要体现在《公司法》《上市公司治理准则》《企业内部控制基本规范》三项法律、法规中,通过这三项法律、法规的有关规定可以发现,我国企业内部监督体系是由审计委员会、监事会和内部审计共同组成的。

6.1.3 内部监督机构的职责

1. 审计委员会的监督职责

我国《上市公司治理准则》和《企业内部控制基本规范》及《企业内部控制应用指引》确立了董事会中的审计委员会在企业内部监督体系中的重要地位。《上市公司治理准则》第五十四条规定:"审计委员会的主要职责是:①提议聘请或更换外部审计机构;②监督公司的内部审计制度及其实施;③负责内部审计与外部审计之间的沟通;④审核公司的财务信息及其披露;⑤审查公司的内控制度。"

《企业内部控制基本规范》第十三条规定:"审计委员会负责审查企业内部控制,监督内部控制的有效实施和内部控制自我评价情况,协调内部控制审计及其他相关事宜等。"审计委员会在企业内部控制建立和实施中承担的职责一般包括:审核企业内部控制及其实施情况,并向董事会做出报告;指导企业内部审计机构的工作,监督检查企业的内部审计制度及其实施情况;处理有关投诉与举报,督促企业建立畅通的投诉与举报途径;审核企业的财务报告及有关信息披露内容;负责内部审计与外部审计之间的沟通协调。

2. 监事会的监督职责

我国《公司法》《上市公司治理准则》《企业内部控制基本规范》对监事会的监督职能均有明确规定,足见监事会在我国企业内部监督体系中的重要性。

2023年修改后的《公司法》第七十六条规定:"有限责任公司设监事会","成员为三人以上"。第七十八条规定:"监事会有权对董事、高级管理人员执行职务的行为进行监督","当董事、高级管理人员的行为损害公司的利益时,要求董事、高级管理人员予以纠正","监事会有权对董事、高级管理人员提起诉讼"。第七十九条规定:"监事可以列席董事会会议，并对董事会决议事项提出质询或者建议。""监事会发现公司经营情况异常，可以进行调查；必要时，可以聘请会计师事务所等协助其工作，费用由公司承担。"

2002年《上市公司治理准则》根据上市公司的特殊性，对《公司法》中有关监事会的条款进行了细化和补充。《上市公司治理准则》第五十九条明确规定："上市公司监事会应向全体股东负责，对公司财务以及公司董事、经理和其他高级管理人员履行职责的合法合规性进行监督，维护公司及股东的合法权益。"第六十三条规定："监事会发现董事、经理和其他高级管理人员存在违反法律、法规或公司章程的行为，可以向董事会、股东大会反映，也可以直接向证券监管机构及其他有关部门报告。"我国《企业内部控制基本规范》从内部控制的角度，在第十二条中对《公司法》中有关监事会的职能做了补充规定："监事会对董事会建立与实施内部控制进行监督。"

3. 内部审计机构的监督职责

内部审计，是指企业内部的一种独立客观的监督、评价和咨询活动，通过对经营活动及内部控制的适当性、合法性和有效性进行审查、评价和建议，提升企业运行的效率和效果，实现企业发展目标。内容审计机构的监督职责具体如下：

①协助制定和健全公司内部审计制度，规范内部审计工作程序，严密审计工作方法。

②根据公司整体战略规划，协助编制年度内部审计计划，能够独立完成审计项目，按规定程序和方法收集、整理审计证据，编制审计工作底稿，输出内部审计报告。

③协助公司内部控制体系建立，对其完整性、合理性、合规性及其实施的有效性进行检查、监督和建议；推动各大业务循环内控的建设与优化，组织或参与公司内控制度和流程的修改和完善。

④负责公司审计档案的管理工作。《企业内部控制基本规范》第四十四条规定：企业应当"明确内部审计机构（或经授权的其他监督机构）和其他内部机构在内部监督中的职责权限，规范内部监督的程序、方法和要求"。企业应当保证内部审计机构具有相应的独立性，并配备与履行内部审计职能相适应的人员和工作条件。内部审计机构不得置于财会机构的领导之下或者与财会机构合署办公。内部审计机构依照法律规定和企业授权开展审计监督。内部审计机构对审计过程中发现的重大问题，视具体情况，可以直接向审计委员会或者董事会报告。

扩展阅读6-1 案例分析

6.2 内部监督的程序

6.2.1 建立完善的内部监督制度

随着企业的不断壮大，主体结构或发展方向、员工人数及素质、生产技术或流程等方面会相应地发生变化。企业风险管理的有效性受其影响，曾经有效的风险应对策略可能变得不相关，控制活动可能不再有效甚至不被执行。面对这些变化，企业管理层需要实施必要监督检查来确保内部控制的持续和有效运行。为此，企业需要首先建立健全内部监督制度。内部监督制度的主要内容包括但不限于：明确监督的组织架构、岗位设置、岗位职责、相关权限、工作方法、信息沟通的方式以及各种表格及报告样本等。

6.2.2 制定内部监督与风险防范的标准

具有内部控制监督职能的部门在执行监督和检查工作之前，首先是要明确监督的目的和要求。监督的直接目的是检验内部控制制度的执行效果，最终结果是服务于内部控制目标，内部监督的基本要求是查找内部控制缺陷，因此，明确内部控制缺陷的认定标准是内部监督工作的关键步骤，它直接影响内部监督工作的效率和效果。

内部控制缺陷，是指内部控制的设计存在漏洞，不能有效防范错误与舞弊，或者内部控制的运行存在弱点和偏差，不能及时发现并纠正错误与舞弊的情形。内部控制缺陷的认定大致可以分为三个层次：有无内部控制缺陷、有无重要内部控制缺陷、有无重大内部控制缺陷。以上三个层次是按照内部控制缺陷的重要程度来划分的，与之相对应，内部控制缺陷可以分为一般缺陷、重要缺陷和重大缺陷。按照缺陷的来源，内部控制缺陷也可分为设计缺陷与执行缺陷。在内部监督过程中，监督部门要对缺陷的种类、性质和重要程度进行初步认定。

6.2.3 实施内部监督

对内部控制建立情况与实施情况进行监督检查，最直接的动机是查找出企业内部控制存在的问题和薄弱环节。一方面，针对已经存在的内部控制缺陷，及时采取应对措施，减少控制缺陷可能给企业带来的损害。比如，在监督检查中发现销售人员直接收取货款的控制缺陷，应采取对客户进行核查和对应收账款进行分析等方法加以补救。另一方面，针对潜在的内部控制缺陷，采取相应的预防性控制措施，尽量阻止缺陷的产生，或者当缺陷发生时，尽可能降低风险和损失。比如，在监督检查中发现企业对汇率风险缺少控制，经理层应及时设立外汇交易止损系统，预防风险扩大。

对于为实现单个或整体控制目标而设计与运行的控制不存在重大缺陷的情形，企业应当认定针对这些整体控制目标的内部控制是有效的。内部控制的有效性，是指企业的内部控制政策和措施应符合国家法律、法规的相关规定，同时内部控制制度设计完整、合理，在企业生产过程中能够得到有效的贯彻执行，并实现内部控制的目标。有效性以其完整性与合理性为基础，内部控制的完整性和合理性则以其有效性为目的。

对于为实现某一整体控制目标而设计与运行的控制存在一个或多个重大缺陷的情形，企业应当认定针对该项整体控制目标的内部控制是无效的。内部控制的无效性，是指企业的内部控制政策和措施可能有与法律、法规相抵触的地方，或者内部控制制度设计不够完整、合理，在企业生产过程中没有得到有效的贯彻执行，从而无法实现内部控制的目标。

6.2.4　实现风险管理责任的可追溯

《企业内部控制基本规范》第四十七条规定："企业应当以书面或者其他适当的形式，妥善保存内部控制建立与实施过程中的相关记录或者资料，确保内部控制建立与实施过程的可验证性。"也就是说，内部控制建立与实施过程应当"留有痕迹"。按照内部控制要素分类，相关文档记录包括：①内部环境文档，一般包括组织结构图、权限体系表、岗位职责说明、员工守则等；②风险评估文档，一般包括风险评估流程、风险评估过程记录、风险评估报告等；③控制活动文档，一般包括系列应用指引中的各项流程控制文档；④信息与沟通文档，一般包括客户调查问卷、财务报告、经营分析报告、董事会、经理办公会等主要会议纪要；⑤内部监督文档，一般包括往来询证函、资产盘点报告、审计计划、审计项目计划、审计意见书、整改情况说明书、员工合理化建议记录、专项监督实施方案和过程记录、专项监督报告等。

企业应制定相关的管理规定，明确缺陷报告的职责、报告的内容，规范缺陷报告程序及跟进措施等方面。例如，企业下属业务部门和其他控制人员在工作中发现内部控制的缺陷，及时以书面形式向其上级主管部门和内部控制主管部门报告；内部控制主管部门向管理层随时或定期汇报新出现的风险，或业务活动中存在的风险控制缺陷，涉及重要风险的控制方案及重大整改事项由内部控制委员会审查；内部控制主管部门在对企业内部控制体系进行评价的基础上，编制企业内部控制综合评价报告，经内部控制委员会审核确认后报董事会审议。

内部控制缺陷的报告对象至少应包括与该缺陷直接相关的责任单位、负责执行整改措施的人员、责任单位的上级单位。针对重大缺陷，内部监督机构有权直接上报董事会及其审计委员会和监事会。

案例分析

康美药业股份有限公司（以下简称"康美"）始建于1997年并于2001年在上交所上市。康美紧跟振兴中医药事业的国家战略指引，率先布局中医药全产业链，拥有药材种植、交易市场等企业140多家，遍布全国各地，有效整合康美全产业链资源，由其管理的交易市场占全国交易规模的60%以上，成为具备中医药全产业链动态整合和规范经营能力的标杆企业，率先做出了多个方面的国家标准。

康美已按照企业内部控制相关规定和公司实际情况，建立了包括治理结构、组织架构、采购业务、医护管理等在内的完善的各项内部控制制度。但从2018—2020年的内部控制评价报告可以看出，康美在评价当年内控有效性时发现，在具体执行过程中仍存在一些内部控制缺陷，公司内部管理出现了严重的问题，需引起足够的重视。虽然康美每年都针对发现的内部控制缺陷采取了相应的整改措施，但收效甚微。根据2018—2020年*ST康美内部控制审计报告，*ST康美存在工程项目管理、医疗器械业务管理及诉讼管理机制缺失、关联方非经营性资金占用等内部控制缺陷。

6.3 内部监督的方法

内部监督就是由各单位的会计机构和会计人员对本单位实行的会计监督。这些单位的会计机构和会计人员就是内部监督的机构与人员。内部监督的方法分为日常监督和专项监督两种（见图6–1）。

图6–1 内部监督方法关系

6.3.1 日常监督

1. 日常监督的定义

日常监督是指企业对建立与实施内部控制的情况进行常规、持续的监督检查。日常监督通常存在于基层管理活动之中，能较快地辨别问题，日常监督的程度越大，其有效性就越高，则企业所需的专项监督就越少。日常监督的主体一般分为管理层监督、单位（机构）监督、内部控制机构监督、内部审计监督等。

日常监督是内部控制实施的重要保证。以"三鹿"案例来说，奶站驻站员的监督检查，是三鹿集团内部控制日常监督中至关重要的一环，对于从源头上保证产品质量意义重大。三鹿集团在养殖区建立奶站，派出驻站员，监督检查养殖区的饲养环境、挤奶设施卫生、挤奶工艺程序的落实等。然而，三鹿集团驻站员的监督检查未能落实到位，也缺乏内部控制的专门监督机构对驻站员的工作进行日常监督，导致在牛奶进入三鹿集团的生产企业之前，缺少对奶站经营者的有效监督。在这方面，蒙牛的做法值得借鉴：派驻奶站的工作人员定期轮岗，并增加"奶台"环节，检测合格后，再运送到加工厂；负责运输的车辆配备卫星定位系统，到了工厂之后进行二次检验；不定期地巡回检查。

2. 日常监督的主要风险点

日常监督的主要风险点有：在日常工作中是否获得能够判断内部控制与风险管理执行情况的信息；外部反映与公司内部信息的反映是否吻合；财务系统数据与实物资产是

否定期进行核对；是否重视和配合内外部审计师提出的改善措施；各级管理人员是否积极了解内部控制与风险管理的执行情况；是否定期与员工沟通；内部审计活动是否有效。

3. 日常监督的主要措施

（1）在日常工作中获得能够判断内部控制与风险管理执行情况的信息

公司在日常经营管理活动中，应获取足够的、必要的相关信息来验证内部控制与企业风险管理体系功能发挥的程度。主要措施包括：公司管理层通过会议、财务例会等形式，收集汇总各部门的信息，监督各方面工作的进展。职能部门、下属单位通过财务分析等形式，汇集各方面信息，分析异常变动的原因，使潜在问题得到反映，从而对财务报表质量进行监控；公司财务总监和总经理签署年度报告，确认其实施和维护与财务报告相关的内部控制和企业风险管理程序的责任；同时，下属单位负责人和财务负责人对财务数据的准确性签署声明。职能部门、下属单位各部门负责对本部门的内部控制与企业风险管理进行自我检查，制定《下属单位测试评价规范》，进一步规范下属单位的自我测试；下属单位对内部控制与企业风险管理执行情况开展自我测试和评价，每年至少检查一次。下属单位内部控制和企业风险管理部门牵头组织本公司综合检查，依据《下属单位测试评价规范》的相关要求具体开展测试工作，并在测试及评价工作结束后，对本单位内部控制和企业风险管理的有效性发表声明；公司随时对新增业务单位及发生业务变化导致重要性改变的业务活动进行跟进确认。定期或不定期组织开展公司内部控制和企业风险管理的检查和综合评价工作；公司审计部门或内部控制与企业风险管理部门制定相关制度办法，通过审计调查工作，加强内部控制和企业风险管理的持续监督。

（2）确定外部反映与公司内部信息的反映吻合

来自外部关联方的信息应该支持或能印证内部的信息反映出的内部经营管理方面的问题。主要措施包括：公司接受外部监管者的检查监督，及时获取反馈信息，汇总、分析检查意见，制定整改措施并检查各项措施的执行情况；各部门要定期检查客户的投诉记录、走访客户及向客户公布公司监督单位的联系方式等措施，收集客户对公司的意见和建议，制定相应的政策并监督检查整改措施的执行情况；保留公司与外部单位进行往来账项的函证，并对结果进行分析处理。

（3）定期核对财务系统数据与实物资产

公司应定期将信息系统所记录的数据与实物资产相比较。主要措施包括：公司制定实物资产的管理办法，明确定期盘点的具体要求；下属单位根据上述办法制定实施细则，定期对固定资产、存货、现金、票据和有价证券等进行盘点，做到账账相符、账实相符。

（4）对内外部审计师提出的改善措施予以重视

管理层应对内外部审计师提出的加强内部控制和企业风险管理的建议做出积极反应。主要措施包括：审计委员会向董事会提交对公司财务报告及相关资料的审阅报告，充分考虑内外部审计师提出的事项；公司管理层在对缺陷进行调查、分析时，听取内外部审计师提出的管理建议，并采取相应的纠正措施；根据《公司内部审计制度》，审计部门执行公司内部审计工作，对审计中发现的问题提出建议。对一般性问题，管理层授权审计部门下达审计意见书或审计决定书。被审计单位接到上述文件后，按照审计决定意见组织实施，并对实施整改情况以书面形式向审计部门反馈。对重大事项，即涉及公司战略执行、重大利益、声誉等，以及需要对其相关责任人进行处理的（包括诉诸法律等）事项，经总经理审批后，签发审计意见书或审计决定书给被审计单位及有关部门，审计部门跟进审计处理意见和建议落实情况。

（5）各级管理人员积极了解内部控制与风险管理的执行情况

管理层及有关部门通过培训、会议等方式从基层了解到控制实施情况及控制缺陷的反馈情况。主要措施包括：审计委员会建立相关程序。接收、保留并处理公司获悉的有关会计、内部会计控制或审计事项的投诉。接收、处理员工有关会计或审计事项的投诉或匿名举报，并保证为其保密。管理层在会议或培训中询问内部控制与企业风险管理执行情况，对大家提出的问题进行总结并提出改进措施；管理层对公司员工提出的合理化建议予以重视，并不断完善员工合理化建议机制，明确相应的责任部门、范围、征集方式、评审办法、奖励措施等内容。审计部门或内部控制与企业风险管理部门每年组织审计和专项调查。主要针对公司管理人员廉洁从业状况、管理制度的落实情况、管理的效果、存在的问题，并向管理层提出管理建议；审计部门或内部控制与企业风险管理部门负责受理来自公司内外部对违规行为的举报，并进行调查处理。

（6）定期与员工沟通

不断培养员工的诚信与道德理念，加大员工对内部控制和风险控制的执行力度，并让员工定期汇报他们对于行为规范、道德准则的理解程度和遵守情况，以及控制活动的开展情况。主要措施包括：审计部门或内部控制与企业风险管理部门及人力资源部门根据公司管理层的授权，对公司员工遵守诚信与道德规范的情况进行监督；公司确立重要业务流程及对应的控制措施，各单位在日常工作中，就本单位员工是否执行了控制活动进行自我监督检查。

（7）检查内部审计活动的有效性

内部审计活动在监控中具有特别重要的作用，重点是对内部控制设计的评价和对其有效性的测试，以识别潜在的漏洞，并向管理层推荐可供选择的方案及对决策有用的信息。主要措施包括：审计部门可以被授权参与或列席公司有关经营和财务管理的会议以了解如管理薄弱领域或环节、公司新的重大管理活动等，以此编制审计计划；定期召开培训研讨会、报告会等向管理层提供有关控制是否有效的重要反馈，除了指出控制中存在的某些问题，还能够增强企业的控制意识；定期要求员工明确说明他们是否了解和遵守了主体的行为守则，要求经营或财务人员说明某些控制程序的实施是否正常，管理层或内部审计师可以对这些说明进行核实;对于内部审计过程中发现的缺陷,要提交整改建议并追踪整改的落实情况。

4. 日常监督对应的主要文档性记录

日常监督对应的文档性记录主要有以下项目:管理层会议、财务例会等相关会议纪要;年度财务报告;财务分析报告;客户拜访记录、客户投诉和举报记录;往来款项询证函;资产盘点报告;审计计划、审计项目计划、年度内部审计工作总结、审计报告、审计意见书、审计决定书、整改情况说明材料;合理化建议记录;诚信与道德价值观规范确认书;诚信与道德价值观和行为规范的培训记录;自我监督检查及测试记录。

6.3.2 专项监督

1. 专项监督的定义

专项监督是指在企业发展战略、组织结构、经营活动、业务流程、关键岗位员工等发生较大调整或变化的情况下,对内部控制的某一个或者某几个方面有针对性地进行监督检查。

(1)专项监督的主体

企业内部控制(审计)机构、财务机构和其他内部机构都有权参与专项监督工作,也可以聘请外部中介机构参与其中,但参与专项监督的人员必须具备相关专业知识和一定的工作经验,而且不得参与对自身负责的业务活动的评价监督。

(2)专项监督的范围和频率

尽管日常监督可以持续地提供内部控制其他组成要素是否有效的信息,但是针对重要业务和事项实施的控制活动进行重点监信,也是必不可少的。专项监督的范围和频率应根据风险评估结果以及日常监督的有效性等予以确定。一般来说,风险水平较高并且重要的控制,企业对其进行专项监督的频率应较高。

2. 专项监督的影响因素

(1)风险评估的结果

重要业务事项和高风险领域所需的专项监督频率通常较高;对于风险发生的可能性较低但影响程度大的业务事项(突发事件),进行日常监督的成本很高,为此应更多地依赖专项监督。

(2)变化发生的性质和程度

在内部控制各要素发生变化,可能对内部控制的有效性产生较大影响的情形下,企业应当组织实施独立的专项监督,专门就该变化的影响程度进行分析研究。

(3)日常监督的有效性

日常监督根植于企业日常、反复发生的经营活动中,如果日常监督扎实有效,可以迅速应对环境的变化，对专项监督的需要程度就越低。反之，对专项监督的需要程度就越高。

3. 专项监督关注的主要风险点

进行专项监督主要应关注以下两个方面。

（1）高风险且重要的项目

审计部门依据日常监督的结果，对风险较高且重要的项目要进行专项监督。考虑到成本效益原则，对风险很高但不重要的项目或很重要但是风险很小的项目可以减少个别评估的次数。

（2）内控环境变化

当内控环境发生变化时，要进行专项监督，以确定内部控制是否还能适应新的内控环境。例如，业务流程的改变和关键员工发生变化时，就要进行个别评估，以确保内控体系能正常运行。

4. 专项监督的控制流程

专项监督一般包括计划、执行、报告和纠正措施三个阶段。

（1）计划阶段

计划阶段的主要任务包括：规定监督的目标和范围；确定具有该项监督权力的主管部门和人员；确定监督小组、辅助人员和主要业务单元联系人；规定监督方法、时间、实施步骤；就监督计划达成一致意见。

（2）执行阶段

执行阶段的主要任务包括：获得对业务单元或业务流程活动的了解；了解业务单元或流程的内部控制程序是如何设计运作的；应用可比、一致的方法评价内部控制程序；通过与企业内部审计标准的比较来分析结果，并在必要时采取后续措施；记录内部控制缺陷和拟订纠正措施；与适当的人员复核并验证调查结果。

（3）报告和纠正措施阶段

报告和纠正措施阶段的主要任务包括：与业务单元或业务流程的管理人员以及其他适当的管理人员复核结果；从业务单元或业务流程的管理人员处获得情况说明和纠正措施；将管理反馈写入最终的评价报告。

总之，日常监督和专项监督应当有机结合。前者是后者的基础，后者是前者的有效补充。如果发现某些专项监督活动需要经常性地开展，那么企业有必要将其纳入日常监督中，以便进行持续的监控。通常，企业将二者同时使用会使企业内部控制在一定时期内保持其有效性。

案例分析

新疆浩源天然气股份有限公司（以下简称"浩源"）成立于2006年，于2012年9

月在深交所挂牌上市。母公司现有4个控股子公司及5个分公司,拥有经营天然气销售及管道燃气的相关资质,能够基本满足区域市场需求和布局。浩源地处塔里木盆地,是西气东输的源头地区,蕴含丰富的油气资源,主营天然气销售、输配和入户安装业务,两个气源互补可以更好地供应单独用户的需求,提供稳定服务。

公司内部控制现状:浩源已按照内部控制相关规定的要求,建立了包括法人治理结构及组织架构、关联交易、财务管理、社会责任等在内完善的内部控制体系,但在2017—2020年的具体执行中未按规定履行内部控制制度,且经其自查发现连续四年浩源均存在非经营性占用资金的情况,未得到有效的整改,需引起足够的重视,同时还存在违规担保的问题。根据2017—2020年浩源的内部控制审计报告,导致浩源连续两年获得内部控制否定意见的内部控制缺陷主要就是关联方资金占用,但根据其内部控制自评报告可知2017—2020年此问题一直存在,同时也有违规担保、信息披露违规等内部控制重大缺陷。

(1)关联方资金占用。浩源及其子公司上海源晗能源2017—2018年分别向其关联方新疆友邦数贸提供借款17 000万元、14 000万元及22 000万元,直至2018年4月20日才将款项归还。2019—2020年期间浩源提供借款共54 960.03万元,均提供给其控股股东阿克苏盛威及关联方,控股股东阿克苏盛威以名下股权做了还款保证,浩源为关联方资金占用金额专项计提了31 552.95万元坏账准备。

(2)违规担保。2019年3月28日,浩源为关联方新疆友邦提供违规担保,使其采购交易得以顺利进行,却忽略了可能发生的潜在风险,在提供担保之前未按规定进行任何审议程序。最终因为新疆友邦未能及时兑付到期汇票,浩源承担了本不应该承担的财产风险,在当年11月被法院扣划6 007.51万元。直至2020年3月5日上述资金本息才得到新疆友邦的归还,在此期间严重影响了正常的生产经营活动。

(3)信息披露违规。浩源未履行信息披露义务,其为关联方提供的未担保事项和由担保责任产生的资金占用事项均未得到及时、完整披露,同时也未按规定披露涉及资金占用的关联交易事项,且上述关联交易未履行相应决策程序。2021年8月2日新疆监管局因信息披露违规对浩源及其主要负责人进行处罚。

通过上述资料梳理分析,发现浩源在内部控制制度设计与执行方面存在关联方资金占用、对外违规担保、信息披露违规等多种内部控制重大缺陷,严重影响了内部控制应有作用的发挥。

复习思考题

1. 何谓内部监督?内部监督与内部控制的联系与区别有哪些?
2. 内部监督的机构及其职责有哪些?
3. 内部监督的基本要求有哪些?
4. 内部监督的方式有哪几种?

5. 专项监督主要关注哪些方面?
6. 企业内部控制的监督方法有哪几种?

第7章

战略风险识别与内部控制

本章学习目标

企业战略与风险管理总是相互联系，互为增益的，随着市场环境的不断变化，企业面临的战略风险不断加剧，需要对企业战略风险进行有效管理，为此，提升企业的战略风险应对能力就显得至关重要。通过本章学习，了解公司战略的含义和分类；了解战略实施的过程和关键的风险点；理解战略实施的监督机制及闭环反馈；了解战略变革的定义与种类、分析影响因素；掌握战略变革的过程、关键风险点及决策分析。

引导案例

联想并购案

联想收购 IBM，终于进入了 IT 豪门的行列，如同一支 NBA 球队进入了贴身拼杀的淘汰赛。结局将会如何，公司诊断给你答案。

联想作为国内品牌电脑市场占有率最高的生产厂商，选择收购 IBM 的 PC 事业部，无疑是为自己推开了一扇通向富饶田野的窗，从拥挤狭小的窄室，走向广阔无垠的天地。

联想自己发布的分析报告中称：在收购 IBM PC 业务之前，联想只有大约 3% 的收入来自国外，而且主要是东南亚国家。如果想充分打入欧美市场，仅靠一己之力，树立品牌，打通渠道，无疑是得不偿失的。而借并购 IBM 之机，首先，可以借助 IBM 的品牌提升国际地位和形象；其次，可以获得 IBM 的研发和技术优势；再次，渠道和销售体系也将为联想的国际化步伐在一定程度上铺设好道路；最后，可以更好地学习国际先进的管理经验和市场运作能力。这对于一心想走国际化路线的联想而言，的确是无出其右的选择。

联想此次"蛇吞象"式的收购之举，也给联想带来了难以预料的风险：管理缺乏国际管理经验的联想，能否驾驭得了这艘刚刚"驶向大海的江轮"？资金方面，后续的大量资金投入对于"500 强"中名副其实的"小老弟"来说，能否承担得了庞大的支出？联想品牌能否继续保住曾经属于 IBM 的客户忠诚度？直接面对戴尔、惠普等世界巨头的竞争能否"先为不可胜而后求胜"？

无疑，联想若想在成功收购之后继续其成功，就必须妥善解决上述一些问题。《中国财富》公司研究所在汇总大量的资料，进行多方面访谈后，认为2005年起，联想必须做好三项最重要的公司改造，才能真正在国际市场站稳脚跟，成为继"蓝色巨人"之后崛起的"红色巨人"。

1. 所有权策略

国际上的跨国公司采用的所有权策略有三种：股份占有、非股份参与和战略联盟。而联想此次用17.5亿美元再加上7.05亿美元的服务费用收购IBM的PC事业部就是一次典型的战略联盟式的所有权策略。

2. 转让定价策略

跨国公司的经营活动主要有两种形式：一是跨国公司与其他国家的公司或同一国家的其他公司或个人进行商品和劳务的交换；二是跨国公司内部各子公司之间进行商品和劳务的交换。

3. 经营方式策略

虽然在19世纪末期，很多跨国公司就营业额来说已经具有当今世界公司的雏形，但真正实行复数产品生产的产品结构的公司，也就是综合型多种经营的跨国公司，从20世纪70年代以后才得以迅猛发展，其业务经营的范围形象地说，就是"从方便面到导弹"，几乎无所不包。

4. 技术产权资本化策略

在联想"蛇吞象"并购案之后，专家和媒体质疑最多的，是联想与IBM合并之后，公司文化能否融合的问题。其实，这个问题仅仅是一种猜想，其核心本质是：联想能否保留住原IBM团队中的精英，并通过注入新鲜血液使长期亏损的IBM PC部门实现盈利。在保持IBM一贯严谨、负责、技术领先的传统基础上，联想通过注入新鲜的血液，使其重新活跃，文化融合问题自然迎刃而解。

尽管在收购合约中，联想甚至将关于保留原IBM员工福利和待遇的条款近乎"苛刻"地写入其中，但是在接受采访过程中，很多员工表达的却是与联想的初衷完全相反的声音。有些员工甚至认为：以前作为"蓝色巨人"麾下的员工，有一种自豪感，但今天却要为一家名不见经传的公司工作，于心颇有不甘。对此，联想必须尽快出台有效的内部宣传，强调联想的价值，与员工产生共同意识。同时强调将带来更好的薪酬绩效方案，使员工的努力获得更高的回报。

战略风险是影响整个企业的发展方向、企业文化、信息和生存能力或企业效益的因素。它是企业整体的、致命的、巨大的、方向性、根本性的风险。在战略风险上失误可能导致企业整体的失败或破产。企业对战略风险的管理，不仅关乎企业能否实现可持续发展，也是企业能否实现高质量发展的关键环节。因此，本章从战略风险管理的过程出发，重点关注战略风险管理中的战略执行风险管理和战略变更风险管理，并提出在战略风险管理中要加入有效的监督机制和闭环反馈环节，当企业所面临的环境因素发生变化时，要结合企业自身状况，对现行战略及时地调整和变更。

7.1 公司战略概述

7.1.1 公司战略的含义

"战略"一词主要源于军事领域，随着生产力水平的不断提高和社会实践内涵的不断丰富，"战略"一词被广泛运用于其他领域。美国学者钱德勒于1962年在其《战略与结构》一书中，将战略定义为"确定企业基本长期目标、选择行动途径和为实现这些目标进行资源分配"。这标志着"战略"一词被正式引入企业经营管理领域。

20世纪60年代和70年代对公司战略的普遍认识是强调公司战略的重要性，即计划性、全局性和长期性。最具代表性的是美国哈佛大学波特教授对战略的定义，他认为"战略是公司为之奋斗的终点与公司为达到它们而寻求的途径结合物"。

20世纪80年代以来，由于企业外部环境的快速变化，战略的定义更强调另一方面的属性，即应变性、竞争性和风险性。例如加拿大学者明茨伯格于1989年将战略定义为"一系列或整套的决策或行动计划"，这套方式包括计划性战略和非计划战略。

事实上，战略是事先计划和突发应变的组合。公司战略又称总体战略，是公司最高层次的战略，是指公司根据环境变化，依据本身资源和实力选择适合的经营领域和产品，形成自己的核心竞争力，并通过差异化在竞争中取胜。公司战略是对公司各种战略的统称，其中既包括竞争战略，也包括营销战略、发展战略、品牌战略、融资战略、技术开发战略、人才开发战略、资源开发战略等。战略需要根据公司的目标，选择公司可以竞争的经营领域，合理配置公司经营所必需的资源，使各项经营业务相互支持、相互协调。如在海外建厂、在人力成本低的国家开展海外制造业务的决策。

7.1.2 公司战略的分类

公司战略是层出不穷的，例如信息化就是一个全新的战略。公司战略虽然有多种，但基本属性是相同的，都是对公司的谋略，都是对公司整体性、长期性、基本性问题的计谋。公司可选择的战略多种多样，通过分析选择适合公司的战略是公司取得成功的前提条件和关键。公司战略可以按不同的标准进行分类。

战略在公司的各项管理活动中居统领地位，具有全局性、长远性、抗争性、纲领性和相对稳定性等特点。一般情况下，按公司战略的层次可以将公司战略可以分为公司层战略（Corporate Strategy）、业务层战略（Business Strategy）、职能层战略（Operational Strategy）三个层次。

1. 公司层战略

公司层战略也叫总体战略或集团战略，是公司最高层次的战略。公司层战略是统筹各项分战略的全局性指导纲领，决定了公司的主基调。公司层战略需要根据公司的目标，选择可以竞争的经营领域，合理配置公司经营所必需的资源，使公司各项经营业务相互支持、相互协调。

公司层战略的任务主要包括选择公司经营范围，决定公司应该扩展哪种经营事业、应该限制哪种经营事业，合理配置资源，制定提高投资收益率的方法等。公司层战略可分为发展型战略、稳定型战略和紧缩型战略三种类型。

（1）发展型战略

发展型战略（Growth Strategies）是从公司发展的角度来看，任何成功的公司都应当经历长短不一的增长型战略实施期，因为从本质上说只有增长型战略才能不断地扩大公司规模，使公司从竞争力弱小的小公司发展成为实力雄厚的大公司。发展型战略强调充分利用外部环境的机会，充分挖掘公司内部的资源优势，以求公司在现有资源的基础上获得更高一级的发展。发展型战略可以分为密集型战略、一体化战略、多元化战略。

①密集型战略是指企业在原有业务范围内，充分利用在产品和市场方面的潜力来求得成长的战略。密集型战略是将企业的营销目标集中到某一特定细分市场，这一特定的细分市场可以是特定的顾客群，可以是特定的地区，也可以是特定用途的产品等。密集型战略又可以分为市场渗透战略、市场开发战略、产品开发战略。安索夫（H.I. Ansoff）的从"产品—市场战略组合"矩阵是研究公司密集型战略的基本框架，如表7-1所示。

表7-1　产品—市场战略组合

市场	产品	
	现有产品	新产品
现有市场	市场渗透	产品开发
新市场	市场开发	多元化

从表7-1可见，密集市场可以分为：

市场渗透——现有产品和现有市场的基础。彼得（T.J. Peter）和沃特曼（R.H. Waterman）把这种集中战略称为"坚守阵地"。在单一市场，依靠单一产品，试图通过更强的营销手段来获得更大的市场占有率。目的在于大幅度增加市场占有率。

市场开发——现有产品和新市场。市场开发战略是指将现有产品或服务打入新市场的战略，将现有产品推销到新地区或其他细分市场，在现有实力、技能和能力基础上发展，改变销售和广告方法。实施市场开发战略的主要方向包括开辟其他区域市场或细分市场。

产品开发——新产品和现有市场。在现有市场上通过技术改进与开发研制新产品，推出新产品，延长产品生命周期，提高产品的差异化程度，满足市场新需求。

多元化——新产品和新市场。这是新产品和新市场结合的结果。可以分为以新技术或市场而言的相关多元化，与现有产品或相关无关的非相关多元化。

②一体化战略是指企业充分利用自己在产品、技术、市场上的优势，根据物资流动的方向，使企业不断向深度和广度发展的一种战略。一体化战略是指企业有目的地将互相联系密切的经营活动纳入企业体系之中，组成一个统一经济实体的控制和支配过程。一体化战略是由若干关联单位组合在一起形成的经营联合体，主要包括纵向一体化和横向一体化。

纵向一体化也称为垂直一体化，是指与企业产品的用户或原料的供应单位相联合或自行向这些经营领域扩展，就是指企业在现有业务的基础上，向现有业务的上游或下游发展，形成供产、产销或供产销一体化，以扩大现有业务范围的企业经营行为。纵向一体化按物质流动的方向又可以划分为前向一体化和后向一体化：前向一体化是指企业获得对分销商的所有权或控制力的战略，企业自行对本公司产品做进一步深加工，或对资源进行综合利用，或公司建立自己的销售组织来销售本公司的产品或服务；后向一体化是指企业自己供应生产现有产品或服务所需要的全部或部分原材料或半成品，企业获得对供应商的所有权或控制力的战略。

横向一体化也称为水平一体化，是指与处于相同行业、生产同类产品或工艺相近的企业实现联合，即把与本企业处在生产销售链上同一个阶段具有不同资源优势的企业单位联合起来形成一个经济体，实质是资本在同一产业和部门内的集中，目的是实现扩大规模、降低产品成本、巩固市场地位。横向一体化的实现途径包括收购、兼并、基于契约关系的分包经营和许可证及特许权经营、基于产权关系的合资经营等。采用横向一体化战略，企业可以有效地实现规模经济，快速获得互补性的资源和能力，可以有效地建立与客户之间的固定关系，遏制竞争对手的扩张意图，维持自身的竞争地位和竞争优势。不过，横向一体化战略也存在一定的风险，如过度扩张所产生的巨大生产能力对市场需求规模和企业销售能力都提出了较高的要求等。

③多元化战略指企业进入与现有产品和市场不同的领域。当现有产品或市场不存在期望的增长空间时，企业通常会考虑多元化战略。企业采用多元化战略，可以更多地占领市场和开拓新市场，也可以避免单一经营的风险。多元化战略可以分为相关多元化和不相关多元化。

相关多元化，是指虽然企业发展的业务具有新的特征，但它与企业的现有业务具有战略上的适应性，它们在技术、工艺、销售渠道、市场营销、产品等方面具有相同的或是相近的特点。根据现有业务与新业务之间"关联内容"的不同，相关多元化又可以分为同心多元化与水平多元化两种类型。同心多元化是指公司利用原有的技术、特长、经验等发展新产品，增加产品的种类，从同一圆心向外扩大业务经营范围。虽然原产品与新产品的基本用途不同，但有着较强的技术关联性。水平多元化是指公司利用现有市场，采用不同的技术来发展新产品，增加产品种类。虽然现有产品与新产品的基本用途不同，但存在较强的市场关联性可以利用原来的分销渠道销售新产品。

不相关多元化，也称为集团多元化，即企业通过收购、兼并其他行业的业务，或者在其他行业投资，把业务领域拓展到其他行业中去，新产品、新业务与企业的现有业务、技术、市场毫无关系。也就是说企业既不以原有技术也不以现有市场为依托，向技术和市场完全不同的产品或劳务项目发展。这种战略是实力雄厚的大企业集团采用的一种战略。

（2）稳定型战略

稳定型战略（Stability Strategy），也称为防御型战略、维持型战略，是指公司遵循与过去相同的战略目标，保持一贯的成长速度，同时不改变基本的产品或经营范围。稳定型战略限于经营环境和内部条件，企业在战略期所期望达到的经营状况基本保持在战略起点的范围和水平上的战略。它是对产品、市场等方面采取以守为攻，以安全经营为宗旨，不改变自己的宗旨和目标，集中资源用于原有的经营范围和产品，不冒较大风险的一种战略。

（3）紧缩型战略

紧缩型战略（Retrenchment Strategy），又称为收缩性战略，是指公司从战略经营领域和基础水平收缩和撤退，且偏离起点战略较大的一种经营战略。公司从目前的经营领域和基础上收缩，在一定时期内缩小原有经营范围和规模。紧缩型战略与稳定型战略和增长型战略相比，是一种消极的发展战略。一般来说，企业实施紧缩型战略只是短期的，其根本目的是使企业在风暴后转向其他的战略选择。有时，只有采取收缩和撤退的措施，才能抵御竞争对手的进攻，避开环境的威胁，迅速实行自身资源的最优配置。可以说，紧缩型战略是一种以退为进的战略。

2. 业务层战略

业务层战略又称竞争战略，是公司的二级战略。业务层战略涉及各业务单位的主管以及辅助人员。业务层战略与企业相对于竞争对手而言在行业中所处的位置相关。那些在行业内定位准确的企业通常能更好地应对五种竞争力量。要想找准定位，企业必须决定其准备采取的行动能否实现以不同于竞争对手的方式开展活动或开展完全不同于竞争对手的活动。业务层战略强调了各单位在各自产业领域中的生存、竞争与发展之道。如何整合资源、创造价值，以满足顾客，是业务战略关心的重点。一家单业务公司不会区分总体战略和业务单位战略，只有业务多元化的公司，才会区分总体战略和业务单元战略。按竞争方式标准可以将业务层战略分为成本领先战略、差异化战略、目标集聚战略。

（1）成本领先战略

成本领先战略（Overall Cost Leadership Strategy），也称低成本战略，是指企业强调以低单位成本为用户提供低价格的产品。这是一种先发制人的战略，它要求企业有持续的资本投入和融资能力，生产技能在该行业处于领先地位。在这种战略的指导下企业决定成为所在产业中实行低成本生产的厂家。企业经营范围广泛，为多个产业部门服务甚至可能经营属于其他有关产业的生意。企业的经营面往往对其成本优势举足轻重。成本优势的来源因产业结构不同而异。它们可以包括追求规模经济、专利技术、原材料的优惠待遇和其他因素。

成本领先并不等同于价格最低。如果企业陷入价格最低，而成本并不最低的误区，换来的只能是让自己陷入无休止的价格战。因为，一旦降价，竞争对手也会随着降价，而且由于比自己成本更低，因此具有更多的降价空间，能够支撑更长时间的价格战。成本领先战略优势包括可以抵御竞争对手的进攻，具有较强的对供应商的议价能力，形成了进入壁垒。

（2）差异化战略

差异化战略（Differentiation Strategy），是指为使企业产品、服务、企业形象等与竞争对手有明显的区别，以获得竞争优势而采取的战略。差异化战略的重点是创造被全行业和顾客都视为是独特的产品和服务。差异化战略选择许多用户重视的一种或多种特质，并赋予其独特的地位以满足顾客的要求。它既可以是先发制人的战略，也可以是后发制人的战略。差异化战略是使企业获得高于同行业平均水平利润的一种有效的竞争战略。差异化战略的方法多种多样，如产品的差异化、服务差异化和形象差异化等。

产品差异化带来较高的收益，可以用来应对供方压力，同时可以缓解买方压力。当客户缺乏选择余地时其价格敏感性也就不高。采取差异化战略而赢得顾客忠诚的公司，在面对替代品威胁时，其所处地位比其他竞争对手也更为有利。

实现产品差异化有时会与争取占领更大的市场份额相矛盾。它往往要求公司对于这一战略的排他性有思想准备，即这一战略与提高市场份额两者不可兼顾。较为普遍的情况是，如果建立差异化的活动总是成本高昂，如广泛的研究、产品设计、高质量的材料或周密的顾客服务等，那么实现产品差异化将意味着以成本地位为代价。

采取差异化战略的风险有：竞争者可能模仿，使得差异消失；保持产品的差异化往往以高成本为代价；产品和服务差异对消费者来说失去了意义；与竞争对手的成本差距过大；公司要想取得产品差异，有时要放弃获得较高市场占有率的目标。

（3）目标集聚战略

目标集聚战略（Target Concentration Strategy），又称集中化战略，是企业将经营重点集中在某一特定的顾客群体，某产品系列或某一特定的地区市场上，力争在局部市场取得竞争优势。目标集聚战略是指企业的实力不足以在行业内进行更广泛的竞争，而选择行业内一种或一组细分市场的战略。它是一种有自我约束能力的战略。它要求能够以更高的效率、更好的效果为某一狭窄的战略对象服务，能够在该范围内超过竞争对手。

由于集中精力于局部市场，需要的投资较少，因此这一战略多为中小型企业所采用。此外，一方面，目标集聚战略能满足某些消费者群体的特殊需要，具有与差异化战略相同的优势；另一方面，目标集聚战略因可以在较窄的领域里以较低的成本进行经营，又兼有与低成本战略相同的优势。

集中化战略可以分为集中成本领先战略和集中差异化战略。集中化战略的条件包括：公司资源和能力有限，难以在整个产业实现成本领先或者差异化，只能选定个别细分市场；目标市场具有较大的需求空间或增长潜力；目标市场的竞争对手尚未采用统一战略。实施集中化战略的风险包括：竞争者可能模仿；目标市场由于技术创新、替代品出现等原因而需求下降；由于目标细分市场与其他细分市场的差异过小，大量竞争者涌入细分市场；新进入者重新细分市场。

3. 职能层战略

职能层战略又称职能支持战略，是按照总体战略或业务战略对企业内各方面职能活动进行的谋划。职能层战略主要涉及公司内部各职能部门，如研发、财务、生产、营销等。职能战略是为企业战略和业务战略服务的，所以必须与企业战略和业务战略相配合。比如，公司把创新贡献纳入考核指标体系，在薪酬方面加强对各种创新的奖励等。

如何更好地配置企业内部资源，为各层次战略服务，提高公司的组织效率对公司来说至关重要。职能层战略是为贯彻、实施和支持公司战略与竞争战略而在企业特定的职能管理领域制定的战略，其重点是提高企业资源的利用率，使企业资源的利用最大化。职能层战略与公司层战略、业务层战略必须相辅相成。职能层战略可以分为市场营销战略、生产运营战略、研究与开发战略、财务战略、人力资源战略等。

7.2 战略执行的风险识别与内部控制

7.2.1 战略执行的过程

迈克尔·波特曾经说"任何战略莫胜于执行"，战略制定与战略执行过程是密不可分的，只有将合适的战略正确地付诸行动，公司战略才能真正获得成功。公司战略的执行是公司将事前制订的战略计划变成具体的行动，并最终实现公司战略目标的过程，即将公司战略付诸实施的过程。为此，公司应当明确自身的使命目标、制定统一的战略、分解落实战略，并通过结构调整、人员安排、管理变革等配套措施，保证战略的顺利执行。

1. 明确公司的使命与目标

公司的生存、发展、获利等根本性目的是公司使命的重要组成部分，公司的战略目标是公司使命的具体化。因此，公司应该明晰自身的使命，并据此确定公司的战略目标。公司战略目标可以从财务目标体系和战略目标体系两个方面建立，并从短期目标和长期目标两个维度体现出来。短期目标体系主要集中精力提高公司的短期经营业绩和经营结果；长期目标体系则主要是促使公司的管理者考虑现在如何实施战略，才能让公司可持续地保持竞争优势。

2. 制定统一的战略

公司应该在明确使命和战略目标的基础上，加强公司战略的统一领导、统一指挥，确保公司战略的有效实施。公司管理层作为制定和执行战略的最直接参与者，公司不同层级管理人员的素质和领导作风与战略执行要求其承担的角色相匹配，公司的战略目标体系需要所有管理者的参与。特别是公司的高层领导人员对公司的战略要有清晰明了的认知，对公司战略的各个方面的要求以及相互联系的关系了解得更全面，对公司未来的战略意图更明晰。因此，依据"统一领导、统一指挥"的原则，高层管理人员统一领导公司战略的实施，发挥公司管理层在资源分配、内部机构优化、公司文化培育、信息沟通、考核激励相关制度建设等方面的协调、平衡和决策作用，确保公司战略的有效实施。

3. 分解落实公司战略

组织结构是组织为实现共同战略目标而进行的各种分工与协调的系统。组织结构可以平衡公司组织内专业化与整合两个方面的要求，科学制定发展战略是一个复杂的过程，实施发展战略更是一个系统工程。公司战略制定后，公司管理层应当着手将发展战略分解落实，逐步细化。具体过程如下：一是根据战略规划，制订详细的年度工作计划；二是通过编制全面预算，将发展目标分解落实技术创新、风险管控等可操作性层面，确保发展战略能够真正有效地指导公司各项生产经营活动；三是将年度预算细分为季度预算、月度预算，通过实施分析控制，促进年度预算目标的实现；四是建立激励约束机制，将各责任单位年度预算目标完成情况纳入绩效考评体系，并提供及时、准确的反馈信息，切实做到奖惩分明，促进战略有效实施。

4. 协调运作不同的组织部门

战略执行过程是一个系统的有机整体，日益复杂的动态市场环境和激烈的市场竞争，对公司组织结构及其运行体制以及公司成员提出了越来越高的要求。公司在战略执行过程中，要充分考虑其不同组织部门之间的运作范式是否与战略执行相适应。因此，公司应当培育与公司战略执行相匹配的公司文化，优化调整组织结构和管理方式，整合公司内外部资源，确保各职能部门之间的资源分配和协作运行方式能够为公司战略的执行提供支持。

5. 培训公司各层级员工

一项新战略的出台和实施，做好宣传和发动工作是必不可少的，要为推进战略执行提供强有力的思想支撑和行为导向。只有让广大员工了解公司战略实施的意图，并认同公司战略目标，才能调动他们的积极性和主动性，激发出他们的参与热情。因此，在战略的执行过程中，公司要加强对各层级员工的培训，提高员工对战略的认同度。同时，公司要让员工清楚地理解公司的发展战略，并取得与其有关的战略意图的信息以及在其职责范围内为实施战略所必需的信息，促进公司战略的顺利实施。

6. 及时调整公司的战略

战略调整是一种特殊的决策，是对企业过去决策的追踪。公司应当加强对战略实施情况的实时监控，定期收集和分析战略执行过程中的相关信息，对于明显偏离战略目标的情况，应当及时报告并调整。当经济形势、技术创新、企业核心能力、企业文化以及不可抗力等重要因素发生重大变化时，确需对公司战略做出调整的，公司应当按照规定权限和程序及时调整公司的战略。

7.2.2 战略执行的关键风险点

战略风险是影响整个公司的发展方向、公司文化、信息和生存能力或公司效益的因素。战略风险要素是对公司发展战略目标、资源、竞争力或核心竞争力、公司效益产生重要影响的因素。在战略执行过程中，要充分考虑影响战略执行过程的风险因素，公司战略执行主要与下面六个因素有关：管理者的战略领导力，公司组织机构，公司文化，资源结构与分配，信息沟通，控制与监督制度。

1. 管理者的战略领导力

战略领导力是指预测事件、展望未来、保持灵活性并促使他人进行所需的战略变革的能力。战略领导力在本质上是多功能的而非单一功能的，包括管理他人、管理整个组织，以应对全球经济中不断增加的变化，这些都是公司竞争优势的重要来源。

有效的战略领导力是成功运用战略管理过程的基础。战略领导者通过形成愿景和使命来领导公司，在这一过程中，领导者会将目标分解到组织中的每一位员工，以提高其业绩。此外，为了提高公司获得战略竞争力和超额利润的可能性，战略领导者还负责确保战略制定后能够得到有效实施。

2. 公司组织架构

科学合理的组织架构是公司战略执行的前提和基础，良好且完善的公司组织架构为战略执行风险评估、战略执行控制与信息沟通以及强化战略执行的内部监督提供了组织保障。在所有组织架构中，战略和架构的匹配程度将会影响公司获得超额利润的情况。

公司架构决定了战略决策的制定，并对组织内每一个人应完成的工作做出了规定。更具体地说，架构的稳定性为公司战略的执行提供了持续、前瞻性的管理日常工作所需的能力，架构的灵活性有利于公司识别战略执行的机会和威胁，并配置资源来把握机会、清除威胁，促使公司在未来获得成功。

3. 公司文化

公司文化经常被定义为"公司成员广泛接受的价值观念以及由这种价值观念所决定的行为准则和行为方式"，这种价值观和行为准则可能未被明确宣布，但它们通常隐含于公司成员作为其行为前提的思维模式的假设中，是已经被公司成员无意识地普遍认可的。公司员工的行为会自觉地，甚至会不自觉地受到这些价值观和行为准则的影响。一些公司认为成功的公司都有一个强有力的公司文化作支撑，然而成功的公司文化都不是公司刻意追求的结果，而是公司经营者，甚至是几代经营者在公司实践中，通过自己的领导风格与行为方式对公司员工的行为产生了潜移默化的影响，从而促成了一种被公司员工广泛认同的价值观念和行为准则。

4. 资源结构与分配

公司战略过于激进，脱离企业实际能力或偏离主业，可能导致企业过度扩张，甚至经营失败。企业战略制定与执行时，首先受制于拥有的资源和能够整合的资源。因此企业战略管理者需要厘清企业的资源，如技术资源、组织资源等。要组织企业的资源形成能力，构建恰当的组织结构来促进这些能力的利用，选择合适的战略使这些能力为顾客创造价值。为实现这些目的，管理者需要探索和保持核心竞争力，开发并维持人力资本和社会资本。

5. 信息沟通

在企业经营活动中，良好的信息系统应能确保组织中的每个人都能清楚地知道自身所承担的特定责任和任务。经营者需要了解相关企业的经营状况，了解市场的发展变化，同时也应该通过财务报告等形式向社会提供必要的信息。企业应建立良好的适应企业发展的信息系统，这样才有助于提高企业内部控制的效率。

然而，不少企业在这方面存在着严重的问题。一是信息披露严重失真。从中国证监会历年查处上市公司的问题来看，多数是存在会计信息失真的问题，尤其是部分上市公司其实根本不具备上市资格，为了达到上市募集资金的目的居然把亏损做成盈利蒙混过关。有些公司对外财务报告中的数据甚至是由企业管理者通过讨论而得出的，上市公告及财务报告的虚假程度令人惊叹。虚假信息不仅糊弄外界也将误导公司内部，内部控制效果可想而知。二是缺乏必要的信息沟通系统。不少企业的沟通系统往往是单向的，即上层可以随时要求下层汇报情况，而下层却无法向上层了解他们应该获知的信息。沟通不畅势必带来更多控制程序的理解、执行方面的问题，内部控制效果自然不理想。

6. 控制与监督制度

内部控制作为一个完整的系统，它是一个动态过程。不论是制度的制定、执行还是最终的评判，均需要恰当的监督，以使内部控制系统更加完善、更加有效。代理人理论认为，由于公司经理人与股东、债权人的利益不一致从而产生代理人成本。经理人就会通过各种方式来使自己的收益最大化，最终损害股东和债权人的利益。当前，不少企业内部审计方面存在的一些突出问题，直接影响到内部控制功效的发挥。

一是内部审计流于形式。突出表现在企业的内审机构是企业的一个职能部门，或者只是众多企业内部单位的一个。内审机构在对单位内部其他同级部门进行审计时，因级别相同，又相互制约，且内部审计又在本单位主要负责人的直接领导下开展，其人员配置、职务升迁、工作地位及经济待遇等都由本单位决定，经济上依附于本单位，组织上独立性不够，加上内部审计人员与企业存在息息相关的经济利益关系，所以很难保证内审的客观公正。

二是侧重内部审计监督职能。很多单位仍把审计工作的重点停留在会计资料的真实性、查错防弊及生产经营的监督等方面，审计的对象主要是会计报表、账本、凭证及相关资料，其工作主要集中在财务领域而未深入管理和经营领域。例如，当对某一销售收入进行审计时，往往审核其合同金额与客户付款金额是否相同，所附票据是否齐全，而不管其价格是否合理，认为那是经营部门的职责范围，与财务无关。由于不能做到监督和服务并重，不从全局、战略、发展的眼光去观察问题、分析问题，最终不能有针对性地提出健全企业内部控制制度的建议来协助企业实现最终目标。

7.2.3 战略执行的监督机制

战略制定之后，为了检验战略的执行情况，公司需要持续对战略实施情况进行检查、监督、密切观察和确认战略执行过程中的风险状态，以识别公司所要求或期望的战略绩效发生变化的水平。因为没有有效的公司战略执行就无法实现公司的战略目标，因此公司必须建立一套系统的战略执行监督机制。战略监督机制是单位对战略的执行情况进行监督检查，评价战略执行的有效性，对发现的战略执行过程中的缺陷及时加以改进。公司可以借助先进的信息管理平台，在公司各个层面建立战略执行的监督机制。

1. 建立战略执行的反馈机制

公司需要建立年度、季度等定期的战略执行会议机制，通过平衡计分法等战略管理工具，将战略执行效果与公司预期设定的战略目标进行对比分析，及时做出客观的战略执行评价，并找出战略执行过程中所存在的差异，建立战略执行的有效反馈机制，确保战略有效、无偏差地执行，保障战略的顺利落地。

2. 建立完善的战略管理组织机构

公司应建立完善的战略管理组织机构，成立专门的战略委员会和战略管理部门，提高对战略执行的跟进与考核、评价。同时，至少每年度对战略环境进行一次审视，并对战略绩效达成进行一次评价，适时修订。战略风险预防是属于公司风险防控体系建设的一项重要内容，具有较强的专业性。

3. 提高员工的战略执行意识

在战略执行的过程当中，要转变员工的观念，只有这样才能够保证最终确定的战略具有执行的基础，而不至于成为一句空话。公司要召开多种形式、多个层面的内部沟通会议，员工要畅所欲言，领导要答疑解惑，通过不断的沟通，为战略执行创造一个良好的氛围。在战略的执行过程中，公司要做好制定政策、年度目标、配置资源、优化组织结构等管理工作。只有坚定不移地执行，才能够让战略得到实现，战略执行的成败直接关系到公司的生死存亡。

4. 加强对战略执行情况的监控

一个公司主体的风险管理会随着时间而变化，所以对公司风险管理的监控，需要随时对其构成要素的存在运行进行评估。公司对战略执行情况的监测与评审是公司战略风险管理过程中重要的一部分。监控可以分两种方式进行：持续监控活动或者专门评价。持续监控活动包含于一个主体正常的、反复的持续活动中，往往可以在风险发生前予以发现并采取控制活动。持续监控被实时地执行，动态应对变化的情况，并且根植于主体之中。由于专门评价发生在事后，利于总结，所以许多主体虽然有着良好的持续监控活动，也会定期地对公司战略执行风险管理进行专门评价、自我评估。

7.2.4 战略执行的闭环反馈

由于经济环境的动态性、不确定性日益加剧，公司在制定原有战略时的环境条件经常发生变化，这时就需要公司对战略进行动态调整。此时，如何落实战略执行的闭环反馈就显得十分重要。公司战略的反馈与评价就是公司把战略实施后所产生的战略执行的实际效果反馈到公司高层，以便第一时间发现战略执行过程中是否出现了偏差，有利于公司在第一时间采取战略纠偏的应对措施，以达到公司预期的战略目标。

1. 确定战略执行的评价标准

公司在战略执行情况的反馈工作之前，首先要明确战略执行情况反馈的目的和要求，反馈的直接目的是检验公司战略执行的效果，最终结果是服务于公司战略风险管理的目标，因此，明确战略执行情况的评价标准是落实战略执行闭环反馈的关键步骤，直接影响战略执行反馈工作的效率和效果。

评价标准被用来确定战略措施或计划是否达到战略目标。一般来说，公司的战略目标就是整个公司的评价标准，在制定战略时就应该确定。此外，在较低的组织层次上，个人制定的目标或生产作业计划都属于评价标准。评价标准同战略目标一样，应当是可定量、易于衡量的。选择合适的战略评价标准体系主要取决于公司所确定的战略目标及其具体实施的战略。例如，采用增长战略的公司评价标准体系，与采取更新战略的公司评价标准体系可能完全不同。

2. 评价战略执行绩效

评价战略执行绩效是指将实际战略业绩与确立的战略评价标准相比较，找出实际业绩与评价标准的差距及其产生差距的原因。这是发现战略实施后是否存在问题和存在什么问题，以及为什么存在这些问题的重要阶段。通过评价战略执行绩效发现问题，必须对其所产生的原因采取纠正措施，这是战略控制的目的所在。如果战略执行绩效令人满意，就不必采取纠正措施；相反，如果战略执行绩效令人不满意，公司就必须找出战略执行的偏差在哪里以及为什么会出现这些偏差，并及时加以纠正，及时对战略进行变更。

3. 战略执行的反馈和纠偏

战略执行与战略规划不同，公司战略执行明显注重执行过程中的细节。公司成立的战略风险管理机构有助于帮助公司不断地改进管理其主要风险的能力，并通过建立战略执行的反馈机制，及时发现战略执行过程中出现的问题，并及时地加以纠偏。同时，战略执行的及时反馈，可以协助董事和首席执行官在风险承担和风险承受能力之间取得平衡。管理层面临的挑战就是如何使公司的创业活动与公司的控制活动保持均衡，避免两者间出现过分的悬殊。

7.3 战略变革的风险识别与内部控制

7.3.1 战略变革的定义与种类

1. 战略变革的定义

天下战略，唯"变"永恒。作为提出公司战略、战略管理等系统理念和范式的第一人，安索夫提出了"战略管理是一种权变理论"。公司要取得经营绩效的最优化，应综合考虑目前组织所处环境的复杂程度，以及未来外部环境可能发生的诸多变化，动态地采取有针对性的应对措施，从而使组织的计划有效地根据环境变化而及时调整。

战略变革（Strategy Change）是指用现行的计划和概念将企业转换成新的状况的渐进和不断变化的过程。战略变革与战略革新、战略转化是有一定区别的。战略革新是产生新的构想和概念，并把它付之于企业战略管理的过程。战略转化是企业在经营过程中受动荡的外部环境影响而发生迅速、质变的过程。因此，一定要辨析不同战略情况，并采取不同的措施。

2. 战略变革的种类

（1）按照战略变革的范围和程度分类

公司战略的实施要求与公司组织结构的变化相适应。公司为了适应环境变化而实施的变革，按其范围和程度可以分为革命式变革和渐进式变革。

①革命式变革。革命式变革是指为了应对内外部环境变化，公司现有系统、经营模式或做事方式发生实质性变化，如公司转型、重组和业务流程再造等。革命式变革能够以较快的速度达到目的。革命性的变革往往是急剧的变化过程，它会使企业整个体系发生改变。因为这种变革模式对战略进行的调整是大幅度的、全面的，可谓是超调量大，所以变革过程就会较快；与此同时，超调量大会导致战略的平稳性差，严重的时候会导致战略无法实施。革命性变革既可能是公司重大决策的结果，也可能是渐进性变革长期积累所导致的。

②渐进式变革。渐进式变革是指为了应对内外部环境的变化，公司现有系统当中的某些部分发生持续、稳步前进的变化。渐进式变革是一系列持续、稳步推进的变化过程，它使企业能够保持平稳、正常运转。渐进式变革在某一刻影响企业体系当中的某些部分，通过局部的修补和调整来实现，如报销程序的变化、产品线的调整和信息系统的升级等。渐进式变革不改变公司现有系统、经营模式或做事方式的实质。

渐进式变革是战略变革的主要形式。传统的观念认为，战略变革是一种不经常的，有时是一次性的、大规模的变革。然而，使企业的战略成熟化往往被认为是一种连续变化的过程，一个战略变革往往带来其他变革的需要。企业生命周期当中基本的战略变革相对来说是不经常出现的，而渐进式的变化（可能是战略性的）是较为频繁的过程。因此，在很多情况下，渐进式的变化导致战略变革。

革命式变革与渐进式变革的比较，如表 7-2 所示。

表 7-2　革命式变革与渐进式变革的比较

渐进式变革	革命式变革
在公司战略管理中常常发生	在公司战略管理周期中不常发生
稳定地推进变化	全面大幅度转化
影响公司体系的某些部分或局部调整	影响公司整个体系

（2）按照战略变革的具体内容分类

战略变革最早是由戴富特于 1992 年提出的，企业战略变革是企业为了获得可持续竞争优势，根据所处的外部环境或内部情况已经发展或预测会发生或想要使其发生的变化，结合环境、战略、组织三者之间的协调性原则，并涉及企业组织各要素同步持续性变化，改变企业战略内容的发起、实施、可持续化的系统性过程。按照战略变革的具体内容可将战略变革划分为以下四种类型。

①技术变革。技术变革是往往涉及的公司的生产过程，使得同样的一批投入能得到更多的或更进步的产出。技术变革包括工作流程和使用方法及设备的改进、开发使之有能力与竞争对手抗衡的知识和技能。早期的科学管理方法中就包括实施那些有利于提高

生产效率的变革，如今的技术变革通常包括新的设备、工具或者方法的引进，自动化及计算机化。比如，一个污水处理厂，其技术变革是指设计出高效的污水再生系统，它还可以采用先进的信息技术在组织内传播技术知识。

②产品和服务变革。产品和服务变革是指公司产出的产品或服务的变革，包括开发新的产品、改进现有产品或服务，在很大程度上影响着市场机会。

③结构和体系变革。结构和体系变革是指公司运作的管理方法的变革，包括结构变化、政策变化和控制系统变化。结构和体系变革即指组织管理领域的变革，组织管理领域涉及组织的监控和管理。例如，当国民经济增长速度的变化、产业结构的调整、政府经济政策的调整、科学技术的发展引起产品和工艺的变革等外部环境的变化时，必然要求公司组织结构做出适应性的调整。

④人员变革。人员变革是指企业员工价值观、工作态度、技能和行为方式的转变，目的是确保职工努力工作，完成企业目标。人员变革包括态度、期望、认知和行为的变化。这些变化并不容易，最终目的是确保员工能够更加积极地工作，从而更好地完成公司目标。

以上四种变革并不是相互孤立的，一种变革往往会引起另一种变革。一个新产品可能会引起生产技术的变革，而组织结构的变化可能需要员工学习新的技能。而员工技能的升级又会引起薪资系统的变革。总之，企业是由互相联系、互相影响的系统组成的，某个部分的改变必然会引起其他部分的变革。

7.3.2 分析影响战略变革的因素

所谓战略变革，是企业为取得或保持持续的竞争优势，在企业内部及其外部环境的匹配方式正在或将要发生变化时，对企业的经营范围、核心资源与经营网络等战略内涵进行重新定义，改变企业的战略思维及战略方法的过程。环境对企业的影响是不断变化的，这是因为环境本身就是一个不断变化的动态体系，其中每个因素都会直接或间接地对企业产生影响。随着环境的变迁，企业的战略可能会老化、过时。对公司的外部环境和内部环境的有效诊断，是管理者成功制定战略的先决条件。公司通过外部环境分析来判断公司的外部机会与威胁，通过内部环境分析来判断公司的优势和不足。

1. 影响战略变革的内部因素

内部因素是影响组织变革全过程的核心因素，也是变革成功的关键。

（1）领导者

战略变革能否最终继续下去，取决于战略变革领导者能否完成自我变革。企业战略变革从本质上来说是一种判断和选择。领导者是整个战略过程的中心，决定了公司从自身的成功和失败中学习的能力，以及向外部利益相关者和环境力量变化中学习的能力。

只有领导者认为需要变革时，企业才会产生变革；反之，即使其他因素发生变化，但领导者不同意变革，则变革仍不会启动。因此，公司战略变革发生的主要原因在于领导的主观认知与意愿。

（2）员工

公司员工对战略变革的态度是公司进行战略变革的重要影响因素之一。员工对战略变革的态度是一种心理趋势，这种心理趋势反映出员工对战略变革的喜好与评价，也反映出公司员工是否能够对企业变革后的战略进行有效的实施。企业在做战略变革时，要与员工进行沟通，广泛听取员工的意见，让员工参与到战略变革的决策中。

（3）组织架构

企业组织架构的灵活性或组织柔性与战略变革能够有效实施密切相关。变化是企业战略变革的客观需要，而适应变化则是战略变革有效实施的必要条件。企业架构越灵活，组织柔性程度越大，企业越能及时适应变化，进而促进战略变革的有效实施。这是因为，组织柔性程度越大、组织架构越灵活，组织就越能够以最短的运行时间、最小的运营成本、最小的代价和最小的业绩损失对环境变化做出及时有效的调整，从而体现出较高的环境适应性，促使公司战略变革的有效实施。

（4）企业内部文化因素

企业信念和发展目标是企业文化的体现，没有文化的公司是不能适应社会，实现可持续发展的。企业文化是企业战略变革的主要影响因素，明显地表现出路径依赖的特征。路径依赖本是制度经济研究中的一个常用概念。企业经营过程中的战略变革决策及其组织实施也表现出类似的特征。影响企业战略变革的上述因素明显地表现出路径依赖的三个特征：企业文化的组织记忆特征；企业家的行为选择受过去经验的制约；核心能力的刚性特点。企业家在企业文化形成过程中的这种作用，使得企业文化基本上反映了企业组织的记忆。企业家的职能或经验背景可能使其自觉或不自觉地以过去的经历作为今天行为选择的参照系，作为组织记忆的文化则对上述因素产生着综合的作用，企业的战略变革可能因此而表现出明显的路径依赖特征。核心能力的刚性特点限制着企业战略变革方案的制定与选择，为了促进企业核心能力的发展，克服战略变革中的路径依赖特征，必须塑造学习型的企业文化。

2. 影响战略变革的外部因素

公司外部环境变化是不断变化的，直接影响到公司的经营模式、改革方向、战略手段等，只有顺应时代变迁和历史变革，与时俱进，与社会大环境同发展、同进步，企业才能在复杂、动态的环境中得以生存。战略变革应与公司所面临的外部环境因素相适应。

（1）市场因素

企业外部环境发生很大变化时，企业的战略也应该进行调整，因为大部分公司的战略是在过去比较老的观念下制定的，企业必须建立新的观念。新的观念必须符合当前经济全球化、全球信息化的形势，这样才会有新的思路，才会有新的战略，才会给企业带来比较好的效益。

（2）资源因素

企业的资源有些是有形的，有些是无形的。企业资源分析是对企业现有资源的数量和利用效率，以及资源的应变能力等方面的分析，有助于明确形成企业核心能力和竞争优势的战略性资源。企业通过与竞争对手比较来确认自己在资源上的优劣势，评价资源优势的价值创造能力和可持续性。资源分析的核心目的是基于企业现行战略面临的问题，考虑企业外部环境分析所提供的可选择性，认清企业自身的资源优势和劣势，分析企业可以整合的外部资源，判断企业所拥有的和可整合资源的多少、质量、稀缺性、可获取性和可转移性，为企业战略管理者做出战略选择提供依据。

（3）技术因素

不断提高经济社会的数字化、网络化、智能化水平，加速重构经济发展与治理模式的新型经济形态。"十四五"规划和2035远景目标纲要做出重要指示，要推动数字经济和实体经济深度融合，加快数字化发展，打造数字经济新优势，以"双融合"全面支撑"双循环"。数字化时代，不断创新的信息技术会对战略变革风险管理产生影响。这一影响在很大程度上取决于企业将来是否有能力利用这些新技术来更好地识别战略实施风险、控制战略风险成本，以及评估是否做出变革的重要决策。

企业要密切关注与本企业产品有关的科学技术的现有水平、发展趋势及发展速度，对于相关的新技术，如新材料、新工艺、新设备或现代管理思想、管理方法、管理技术等，企业必须随时跟踪，尤其对高科技行业来说，识别和评价关键的技术机会与威胁是宏观环境分析中最为重要的部分之一。

（4）社会文化因素

社会文化因素是指企业所在社会中成员的民族特征、文化传统、价值观念、宗教信仰、教育水平以及风俗习惯等因素。从影响企业战略制定的角度来看，社会文化环境可分解为人口、文化两个方面。人口因素对企业战略的制定有着重大影响。文化环境对企业的影响是间接的、潜在的和持久的，文化的基本要素包括哲学、宗教、语言与文字、文学艺术等，它们共同构筑成文化系统，对企业文化有重大影响。企业分析文化环境的目的是要把社会文化内化为企业的内部文化，使企业的一切生产经营活动都符合环境文化的价值检验。另外，企业对文化的分析与关注最终要落实到对人的关注上，从而有效地激励员工，有效地为顾客服务。

7.3.3 战略变革的过程

公司战略变革是一个不断发展演变的过程，是一个复杂的过程，需要组织在各个阶段中做出明智的决策，并持续关注变革的进展和结果。从长远来看，企业可能会发展、改变其战略。约翰逊和施乐斯在 1989 年指出，这种变化是渐进性的。因为从企业的角度来说，渐进性的变化易于管理，对企业体制运作的滋扰程度比革命性的变化要小。战略变革的四个发展阶段如图 7–1 所示。

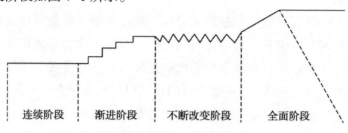

图 7–1　战略变革的四个发展阶段

1. 连续阶段

在连续阶段中，公司制定的战略基本上没有发生大的变化，仅有一些小的修正。强调利用公司已有的组织资源推进改革，在基本不触动既得利益格局的前提下实行增量改革以保持战略的连续性。

2. 渐进阶段

在渐进阶段中，公司战略发生缓慢的变化。这种变化可能是零打碎敲性的，也可能是系统性的。渐进阶段变革通常选择风险最小的方面作为变革的切入点，采取先试点后推广的方式推进。

3. 不断改变阶段

在不断改变阶段中，公司战略变化呈现无方向或无重心的特点。其典型做法是通过各个局部的击破，全方位出击，鼓励变革多样综合。不断改变阶段的关键是整体构建和多元发展，因而强调全方位探索。

4. 全面阶段

在全面阶段中，公司战略是在一个较短的时间内、发生革命性或转化性的变化。这是渐进性变革的"最后惊险一跃"。

7.3.4　战略变革的主要风险点

公司战略态势的选择会对公司的未来产生重大的影响，因而这一决策必须是非常慎重的。在实际工作中，公司管理者往往在经过对各项可能的战略态势进行全面评价以后，发现好几种方案都是可以选择的，在这种情况下，会有一些因素会对最后决策产生影响。这些因素在不同的公司和不同的环境中起到的影响作用是不同的，但了解这些因素对公司管理者制定合适的战略方案来说是非常必要的。总的来说，战略调整是一种特殊的决策，是对公司过去决策的追踪。这种追踪决策受到公司过去的战略、管理者对风险的态度、环境、公司文化、利益相关者和竞争者的反应等因素的影响。

1. 公司过去的战略

对大多数公司来说，过去的战略常常被当成战略选择过程的起点，一个很自然的结果是，进入考虑范围的战略数量会受到公司过去战略的限制。同时，由于公司管理者是过去战略的制定者和执行者，对于持续经营的公司而言，选择新的战略必须考虑过去的战略。战略变革要充分利用公司现有的资源，使新战略的选择减少过去战略的限制和影响。因此，公司常常不倾向于改动这些既定战略，这就要求公司在必要时撤换某些管理人员，以削弱失败的战略对公司未来战略的影响。

2. 管理者对风险的态度

公司管理者对风险的态度影响着公司战略态势的选择。风险承担者一般采取一种进攻性的战略，以便在被迫对环境的变化做出反应之前做出主动的反应。风险回避者一般采取一种防御性战略，只有环境迫使他们做出反应时他们才不得不这样做。风险回避者相对来说更注重过去的战略，而风险承担者则有着更为广泛的选择。同时，公司管理者的价值观念和行为偏好不仅会影响公司对不同经营领域或方向的评价与选择，而且会影响公司在既定方向下技术路径与水平以及职能活动重点的选择，不仅影响公司对市场环境的适应，而且影响公司在适应过程中对活动风险的态度。

3. 日益复杂的环境

环境是公司的外生全部因素，是对公司经营业绩产生持续影响的各种外部力量的综合。公司生存在一个受到股东、竞争者、客户、政府、行业协会和社会影响的环境之中。公司对这些环境力量中的一个或多个因素的依赖程度也影响着公司战略管理的过程。依据公司对环境适应方式和能力不同，公司战略选择也会不同。同时，环境的动态性、复杂性会促使公司通过不断变更战略来应对变化的威胁，从而寻求未来生存的空间。

4. 公司文化

任何公司都存在着或强或弱的文化，公司文化影响并决定着公司战略的选择与实施。公司的经营理念、价值观影响着公司的使命、目标，影响着员工对战略实施的态度，这些都决定着公司战略变革。公司文化和战略态势的选择是一个动态平衡、相互影响的过程。公司在选择战略态势时不可避免地要受到公司文化的影响。公司未来战略的选择只有在充分考虑到与公司文化和未来预期的公司文化相互包容和相互促进的情况下才能被成功地实施。另外，公司中总存在着一些非正式组织。由于种种原因，某些组织成员会支持某些战略，反对另一些战略。这些成员的看法有时甚至能够影响战略的选择，因此在现实的公司中，战略态势的决策或多或少地都会打上这些力量的烙印。

5. 利益相关者和竞争者的反应

利益相关者能够影响公司战略的制定，他们的意见将作为战略决策时考虑的因素。只有通过不断开发新产品，为顾客提供更多价值并提高经营效率，公司才能发展壮大，从而增加股东价值。

在战略态势的选择中，还必须分析和预计竞争对手对本公司不同战略方案的反应，公司必须对竞争对手的反击能力做出恰当的估计。在寡头垄断的市场结构中，或者市场上存在着一个极为强大的竞争者时，竞争者反应对战略选择的影响更为重要。

7.3.5 战略变革的决策分析

公司战略就是对公司长远发展方向、发展目标、发展业务及发展能力的选择及相关谋划。公司制定战略的目的是解决公司发展问题，实现公司的长远发展。当公司目前执行的战略不再适合公司的发展目标时，公司就需要对战略进行调整。根据公司不同管理层级，变更战略的选择也不同。

1. 公司战略的选择

公司层战略是公司最高层次的战略，是公司整体的战略规划。总体战略的目标是确定公司未来一段时间的总体发展方向，协调公司下属的各个业务单位和职能部门之间的关系，合理配置公司资源，培育公司核心能力，实现公司总体目标。公司层战略主要考虑的问题是公司业务是应当扩张、收缩还是维持不变。相应的公司层战略可以在发展型战略、稳定型战略和紧缩型战略之间进行选择。

2. 业务层战略的选择

业务层战略是指在特定的一个业务或行业内，公司用于区分自己与竞争对手业务的方式，是公司一种局部战略，也是公司战略的子战略。例如现代大型公司一般同时从事多种经营业务或者生产不同的产品，有若干独立的产品或市场部，由于各个业务部门的产品和服务不同，导致各部门在参与经营活动过程中所采取的战略也不尽相同，各经营单位有必要制定指导本部门产品或服务经营活动的业务层战略。业务层战略需要考虑的是公司在市场竞争中会如何营造、获取竞争优势的途径或方式。相应的业务层战略可以在成本领先战略、差异化战略和目标集聚战略之间进行选择。

3. 职能层战略的选择

职能层战略是战略选择的第三个层面，是为贯彻、实施和支持公司层战略与业务层战略而在公司特定的职能管理领域制定的战略。其内容比业务层战略更为详细，其作用是使公司层战略和业务层战略的内容得到具体的落实，并使各项职能之间协调一致。该层次的战略选择侧重于公司内部特定职能部门的经营效率与效益，如研发、采购、生产、销售、财务等。职能战略在更细的层面上运行，从各部门的战略执行层面考虑，以实现公司总体和业务层的战略目标。

复习思考题

1. 战略实施的过程是什么？
2. 战略实施监督机制的作用是什么？
3. 战略变革的定义与种类是什么？
4. 影响战略变革的因素是什么？
5. 战略变革的主要风险点是什么？

即测即练

自学自测　　扫描此码

第8章

投融资风险识别与内部控制

本章学习目标

投融资活动是企业获取资金和效益的主要渠道,加强投融资风险管理,有利于降低风险概率及经济损失,完善企业风险管理体系,强化企业内部控制能力,促进企业管理模式创新。因此通过对本章的学习,学员应该能够了解企业的投融资关键风险点,对企业投融资风险有一个全面、清晰的认知;理解企业投融资风险的管控措施;掌握企业投融资风险的解决措施。

引导案例

乐视网:曾经辉煌成旧梦,乐视前路未可知

在互联网传媒类企业中,乐视网产业链扩张迅速,融资规模大,并且同时存在大比例的股权质押情况与较高的资产负债率,反映出在融资方面存在一定的风险。

乐视网掌舵人贾跃亭在资金短缺的情况下,通过频繁的股权质押行为获取资金,为公司几个子生态业务正常运营输送"血液",最终风险暴发,导致手机业务亏损欠债、股价暴跌、生态模式崩塌,整个乐视网陷入资金困境;同时,以孙宏斌为代表的融创中国等多家战略投资者在乐视网濒临资金链危机时,为乐视网注入资金,然而其效甚微。曾经辉煌一时的乐视网多元生态模式,在未来究竟该何去何从,该舍弃还是该继续坚持?

1. 渠道多样化,债权融资为主

纵观乐视网的融资渠道,充分利用了多层次资本市场,利用一级市场和二级市场进行多轮融资,其资金来源主要以权益融资与债务融资为主。由于乐视网的高速扩张与上市公司股权融资的限制,债务融资成为乐视网每年获得流通资金的主要融资手段,大规模地进行债务融资,使乐视网的融资风险较大。

2. 融资规模不足,时机协调不佳

乐视网由于其产业的特殊性,试图以股权融资为主要途径,但是由于产业扩张加速,

仅依靠股权融资无法满足投资需求，不得不多次采用债权融资，包括股权质押的债务融资方式，缓解资金压力。乐视网主要以较高成本的债务融资实现资产扩张，并且在该类企业中处于最低水平，融资规模与资产的匹配度较差，融资风险较大。

3. 市场风险受政策影响大

政府对互联网传媒行业是否支持，很大程度上决定了互联网传媒企业融资的成功率以及相关风险大小，政策的支持无疑会给行业带来巨大的好处，使企业资本成本降低。同时，政府对互联网行业发展的规范作用也会给企业带来一定的风险，如果企业投资了政府限制发展的项目，企业资金的回收将会面临很大的风险。

毫无疑问，在竞争越来越激烈的市场环境下，任何一个企业都会面临这样或那样的投融资风险，这些风险会或多或少地给企业带来损失或收益。如何分析企业所面临的投融资风险？如何对企业的融资风险进行管理？本章将对上述问题做出进一步的阐述。

8.1 上市公司的财务报告披露

8.1.1 财务报告披露的关键风险点

目前，市场经济和资本市场正处于高速发展时期，在报送财务报告时，该抵销的经济业务未抵销，该调整的事项未调整，最终便会导致财务信誉报告的使用需求不断增加，财务报告质量直接失真，存在财务报告风险因素。因此，财务报告披露的风险防范措施关系到广大投资者乃至其他信息需求部门的切身利益。为了对外反映企业某一特定日期的财务状况和某一会计期间的经营成果、现金流量等会计信息，企业需要进行财务报告的编制与披露。在此过程中，会涉及的关键风险点如下：

1. 偿债风险

公司如果违反了国家法律法规或者公司内部制度，可能会面临重大的处罚，这些处罚的结果可能会对公司的财务状况和经营业绩产生重大的影响。因此，公司需要在财务报告中披露这些违规和处罚的情况，包括违规的事实、处罚的种类和程度等。

2. 流动性风险

财务报告中的某些项目需要进行估计和假设，这些估计和假设的准确性可能会影响财务报告的真实性和公正性。重要会计估计和假设通常包括长期的资产减值、存货减值、退休福利计划和收益确认等。

3. 法律风险

如果公司为他人提供担保，公司可能会面临担保责任，如果被担保人无法履行其债务，公司可能需要承担相应的责任。因此，公司在财务报告中需要披露对外担保的情况，包括担保种类、担保对象、担保额度等。

公司可能会面临一些重大的诉讼和争议，这些诉讼和争议的结果可能会对公司的财务状况和经营业绩产生重大的影响。因此，公司需要在财务报告中披露这些诉讼和争议的情况，包括案件的背景、原因、诉讼方的要求和公司的回应等。

4. 经营风险

企业由于战略选择、产品价格、销售手段等经营决策引起的未来收益不确定性；特别是企业利用经营杠杆而导致息前税前利润变动形成的风险。经营风险时刻影响着企业的经营活动和财务活动、企业必须防患于未然，对企业经营风险较为准确的计算和衡量，是企业财务管理的一项重要活动。

5. 市场风险

财务报告中还需要披露其他可能对公司产生重大影响的风险，如重大经营风险、重大市场风险等。这些风险的披露可以帮助投资者更好地了解公司的风险状况，从而做出更为准确的投资决策。

8.1.2 财务报告披露的控制与内部管理措施

财务报告披露的控制与内部管理措施指的是企业为确保财务报告的准确性、及时性和完整性而采取的管理控制措施。为了降低企业财务报告编制与披露过程中的风险，企业需要对此过程进行控制，这些措施旨在识别、评估和管理潜在的风险，从而提高内部控制的有效性，确保财务报告的可靠性。在实施控制时，应强化的关键环节如下：

①企业需要确保其会计政策符合会计准则和相关法律法规的要求，避免随意更改会计政策，从而保证财务报告的一致性和可比性。

②企业需要建立和完善内部控制体系，包括审计、风险管理和内部审计等环节，防止财务信息被篡改或误报，确保财务报告的准确性。

③企业需要建立先进的财务信息系统，确保数据的准确性和完整性，并且能够及时反映企业的财务状况和业绩。

④企业需要建立内部审计部门，定期对企业的财务信息、内部控制等方面进行审计，及时发现和纠正问题。

⑤企业可以聘请会计师事务所等专业机构对企业的财务报告进行审计，以确保财务报告的准确性和合法性。

扩展阅读 8-1 治理视角下 ST 博元信息违规实例

以上是财务报告披露的控制与内部管理措施的几个方面，企业需要根据自身情况选择和采取相应的措施来提高内部控制的有效性和财务报告的可靠性。

8.2 投资风险识别与内部控制

8.2.1 企业投资的关键风险点

我国经济转型是企业投资的基本背景，按照社会经济结构调整的规律进行投资是企业投资风险的关键。在复杂多变的市场环境中进行投资，必须要能够识别这些风险因素，从而进行相关投资决策。企业投资的关键风险点指的是在企业投资过程中可能出现的、对企业产生较大影响的风险因素。这需要在投资决策过程中做充分的考虑和评估，并采取相应的措施进行管控，以降低风险，保证投资的收益和效益。企业投资的关键风险点可能因企业所处行业、投资领域、投资规模等因素而不同，可能涉及市场风险、法律风险、经营风险、政策风险、信用风险、资金风险等方面。

1. 市场风险

人民币升值使我国出口企业面临利润空间挤压，甚至亏损的局面。企业所处市场的波动或变化可能对投资带来不利影响。例如，市场需求的下降、市场价格波动等都可能影响企业的投资收益。

2. 法律风险

企业因无法满足或违反法律要求，导致企业不能履行合同或产生其他法律纠纷，因此可能会给企业造成经济损失。随着全球经济一体化的形成，我国目前仍处于市场经济体系形成的初期，社会经济的法规体系仍在变动之中。企业投资必须充分考虑法规的许可，以及法规变动导致的市场变化。

3. 经营风险

经营风险是指企业内部管理和经营方面的问题可能对投资带来的不利影响，目前我国许多企业投资决策机制不健全，企业经营者非理性决策，造成投资经营决策的随意性，都可能影响企业的投资收益，由此产生投资风险。

4. 政策风险

我国目前承担环境保护的国际业务和责任，实行低碳环保的产业政策，众多高耗能、高污染的小规模传统企业面临关停并转的风险，企业投资成本也在不断上升。因此，政府相关法规的改变、政策的调整等都可能对企业的投资带来不利影响。

5. 信用风险

一些企业在投资运作中没有认真挑选可靠的交易对象，在与其他方合作时可能存在风险，其中包括客户信用风险、供应商信用风险等。如果与企业进行合作的其他方存在信用问题，就可能对企业的投资带来不利影响。

6. 资金风险

有的企业盲目地扩大投资规模，本身运用资金不足，融资能力有限，资金结构不合理，导致财务负担过重，企业筹集资金的困难或成本的上升可能对投资带来的不利影响。如果企业筹集资金的成本过高或者难以筹集到足够的资金，就可能影响企业的投资收益。

8.2.2 企业投资风险的内控措施

企业投资风险的内控措施指企业投资决策时，对投资风险进行全面识别和评估，并采取一系列管理和控制措施，以降低投资风险的发生概率和影响程度，最大限度保护企业的投资安全和收益。这种内控措施是企业风险管理的重要组成部分，它可以通过多种手段和方法实现，如制定投资风险管理制度、建立风险管理框架、开展投资风险评估、强化内部控制等。企业投资风险的内控措施可以有效保障企业的可持续发展，避免重大经济损失和信誉损害。企业投资风险的内控措施通常包括以下几个方面。

1. 构建财务风险预警机制

企业应建立实时、全面、动态的财务风险预警系统。财务风险预警系统是以企业信息化为基础，对企业在经营管理活动中的潜在风险进行实时监控的系统。它贯穿于企业经营活动的全过程，以企业的财务报表、经营计划及其他相关的财务资料为依据，利用财会、金融、企业管理、市场营销等理论，采用比例分析、数学模型等方法发现企业存在的风险，并向经营者示警。该系统不仅应包括流动比率、速动比率、资产负债率等财务指标，还应包括企业经营中的一系列产品合格率、市场占有率等指标。对财务管理实施全过程监控，一旦发现某种异常征兆就着手应变，以避免和减少风险损失；同时，建立爱德华·阿尔曼的"Z-Score"模型，用以计量企业破产、产生财务危机的可能性。该模型从企业的资产规模、获利能力、财务结构、偿债能力、资产利用效率等方面综合反映了企业的财务状况，进一步推动了财务风险预警的发展。

2. 利用闲散资金进行投资

从现代企业战略管理的角度来看，任何一个企业都应该积极地培养自己的核心竞争力，使企业的产品和服务达到行业领先水平，这样才有利于企业的发展和盈利能力的增强。不应进行所谓的多元化投资，选择一些与企业主业不相关的投资项目或利润率相互独立的产品来分散企业的资本。因为虽然进行多元化投资可以使不同产品的旺季或淡季、高利润与低利润项目在时间或数量上相互补充或抵销，某些项目在短期来看确实有利可图，但总体来说它只会弱化企业的竞争力。世界级的大公司只在一个行业里具有领先优势，很少会同时在几个行业里都出类拔萃。比如，英特尔公司的芯片制造技术与质量在世界上都是首屈一指的，但是该公司不会因为 IT 行业不景气就转而投资房地产、医药或其他行业，仍然会加大投资，加强研发芯片的力度，不断使芯片技术更新换代，始终在行业里保持领先优势地位。企业在保持主业健康发展的同时，可以把闲散的资金交由投资公司或基金管理公司运作以获取利润，这样既可以保证资金的安全，又能实现预期的利润。

3. 通过多元化投资组合来降低投资风险

多元化投资组合是一种投资策略，其基本原理是将资金分散投资于不同的资产类别、行业、地域和市场中，以降低整体投资组合的风险。这种策略的主要目的是减少特定投资或市场变动对整个投资组合的影响。一般来说，投资期越长，风险就越大，因此企业应尽量选择短期投资。在进行证券投资的时候，应采取分散投资的策略，选择若干种股票组成投资组合，通过组合中风险的相互抵消来降低风险。

4. 转移企业风险

企业通过某种手段将部分或全部财务风险转移给他人承担，包括保险转移和非保险转移。非保险转移是指将某种特定的风险转移给专门机构或部门，如：将一些特定的业务交给具有丰富经验技能、拥有专门人员和设备的专业公司去完成；在对外投资时，企业可以采用联营投资方式，将投资风险部分转移给参与投资的其他企业；对企业闲置的资产，采用出租或立即售出的处理方式，可以将资产损失的风险转移给承租方或购买方。保险转移即企业就某项风险向保险公司投保，交纳保险金。总之，采用转移风险的方式将财务风险部分或全部转移给他人承担，可以大大降低企业的财务风险。

对于企业投资风险的管控决策，需要在风险评估、投资决策、风险控制、风险分散和风险保障等方面制定有效的措施，确保投资项目的顺利进行和风险最小化。

8.2.3 企业财务风险内部控制的优化措施

随着市场经济的发展和企业规模的扩大，财务风险已成为企业发展过程中不可避免的一部分。优化财务风险内部控制措施对于企业的稳定运营和持续发展具有重要意义。

1. 提高企业投资风险识别能力

不管是企业内部技术提升和扩大规模的投资，还是外延式并购重组，抑或是金融产品投资，目标都是希望为企业带来更多收益，但同时也存在很多财务危机。财务管理人员需要掌握新型的投资专业知识，创新并优化企业投资决策制度，全面提高财务人员的投资能力，这将有助于企业在分析财务风险的过程中，认识到改善企业经验成果在自身持续发展中的作用。现阶段，管理方式逐渐向大型企业靠拢，不断规范企业的投资程序，实现投资管理工作的制度化，这就需要针对企业投资的各个环节提前进行精密安排和计划，不断更新企业发展战略，减少企业内部的投资风险。

2. 建立完善的筹资风险控制制度

财务管理部门需要建立完善的筹资风险控制制度，减少财务风险的出现，其主要是针对财务风险进行事前控制、事后控制。在筹资活动开始之前，进行全面的筹资风险评估是至关重要的。这一环节应涵盖对筹资市场环境、筹资方式、筹资成本、筹资期限等要素的深入分析，以及对筹资活动可能面临的各种风险的预测和评估。在财务风险预控过程中，企业需要充分准备筹资计划，合理地选择融资方式，完善各项融资结构，建立可行性高的财务风险控制方案。除此之外，在企业生产和管理过程中，财务管理部门需要建立财务风险预警制度，在分析财务信息、资料的基础上，实时监测、预报财务风险，并合理地调整财务危机偏差，减少各种财务风险的产生，为生产经营活动的顺利实施提供支持。

3. 完善内部控制和财务管理制度

财务风险有其客观性和必然性，完全杜绝是不现实的，但很多方面的风险是可以通过流程制度去规避和降低的。财务协同相关的业务管理部门需要做好以下工作：

实现全面预算管理。企业管理水平提升的关键是企业预算管理，统筹安排企业未来的计划，针对预算资源进行统一分配，为企业预算管理的全面性提供支持。

日常经营管理中，要注重对基层人员基本技能和专业的培养与考核，制定与职业规划和风险相关的业绩考核指标，实现有条件的风险共担责任机制，建立公司全员范围内的监察约束机制和多方协同工作制度，提高企业整体财务风险控制的现代化水平，更好地管理与防范潜在风险。

财务管理部门首先需要注重资金、资产管理工作，实现各项资金的充分利用，降低资金使用成本，还要深入分析银行贷款利率的变化情况，掌握银行贷款利率的变化趋势，合理地规划融资方式和资金结构，确保资金配置的合理性。关注资产的使用效率和变现能力，有条件下减少赊销，通过第三方管理库存等方式转移风险。

建立财务总监或总会计师负责制度，重点把握重大财务收支决策，加强对各项财务活动的管理。同时，要将财务和业务融合起来，并强化以信息管理模式代替人工管理。

4. 加强信息化建设与管理，提升财务内控效率

首先，企业应组织专业人员建立完善的信息系统，提升内部信息化覆盖率，并以实际工作需求为基础，为有效共享内部信息资源提供渠道，便于内部沟通，支撑企业做出科学的决策，减少潜在的风险隐患。财务人员则可积极学习和使用各种信息系统、软件，提高工作效率，减轻繁重的手工作业量，腾出更多精力来分析财务数据，为经营策略的制定提供数据支持，充分发挥财务

扩展阅读 8-2　对外投资微观风险分析实例

内控成效。其次，企业要利用信息平台建立信息公开制度。以预算管理工作为例，企业可在信息管理平台建立各部门指标完成公示模块，各部门可查看本部门与其他部门的差距，共同分析实际执行与指标差异较大的原因，从而及时改进。最后，企业也要关注信息技术的安全问题。设定相应的信息查看及使用权限，对于内部机密信息应做好加密工作，保障数据信息在安全的环境下传递；应用防火墙技术，避免外部网络恶意攻击信息系统；依据实际工作需求，及时更新内部硬件设施设备，并积极维护，为财务内控以及风险管理工作的高效执行提供保障。

8.3 融资风险识别与内部控制

8.3.1 企业融资的关键风险点

企业投资的风险之一是资金链条的断裂，资金是完成投资的保证，在进行投资决策时，必须反复论证其融资方案的可行性。事实上，企业的业务、投资和融资是一个整体，融资是企业资金链的安全保证。企业融资的关键风险点是指在企业筹措融资过程中可能面临的风险因素或问题，包括但不限于以下几个方面：

1. 借款人信用风险

借款人信用风险是指借款人不能按时还款或无法还款的风险。为了控制这种风险，银行通常会评估借款人的信用状况和还款能力，并采取必要的担保措施。

2. 利率风险

利率风险是指由于市场利率变化而导致借款成本增加或借款人无法承受利息负担的风险。为了控制这种风险，银行可以采取固定利率的贷款方式，或者通过利率互换等金融工具进行对冲。

3. 流动性风险

流动性风险是指由于资金短缺或市场变化导致借款人无法按时偿还债务的风险。为了控制这种风险，银行通常会要求借款人提供充足的抵押物或担保品，以便在借款人无法还款时变卖来弥补损失。

4. 担保风险

担保风险是指由于担保物价值下跌或者出现法律纠纷等原因，银行无法获得担保物或者无法变卖担保物所导致的风险。为了控制这种风险，银行通常会对担保物进行充分的评估和审查，并在必要时采取多种担保方式。

5. 政策风险

政策风险是指由于宏观经济政策、法律法规变化等原因导致融资项目受到不利影响的风险。为了控制这种风险，企业需要密切关注政策和法规的变化，并在融资决策中充分考虑政策风险因素。

6. 监管风险

监管风险是指由于监管部门规定的限制、审批等程序而导致融资项目受到不利影响的风险。为了控制这种风险，企业需要了解监管规定和程序，并在融资决策中充分考虑监管风险因素。

8.3.2 企业融资风险的解决措施

企业融资风险是指企业在进行融资活动时所面临的可能导致财务损失或经营风险的各种不确定因素和潜在风险。融资风险可能导致企业难以按时还款、获得融资资金的成本增加、资产负债表不稳定等问题。因此，企业需要通过有效的融资风险管理来降低风险水平，并确保融资活动的顺利实施。此过程要求企业加强融资前中后的风险控制与管理，提高对风险存在的客观性和不确定性认识，掌握主动权，将风险水平降到最低。企业融资风险的解决措施具体包括以下几点：

1. 债务融资

债务融资方式的特点是融资过程简易、融资速度快、融资成本低，企业还能享受财务杠杆作用等多种因素带来的好处，但这种融资方式也有致命的缺点。通过债务融资的企业会承受较大的债务性资金风险，因为企业一旦取得债务性资金，就必须按期还付本息，对企业的生产经营来说有不小的压力。如果企业无法按时还清本息，那债务危机就会变成企业内部的财务危机，企业所欠的债务越多，财务危机就越大，越难以控制，处理不当，企业便有破产的危险。

2. 股权融资

股权融资中股本没有固定期限，无须偿还。股权融资渠道的优点就是企业不用承受股票到期还本付息的压力，也没有股利负担，相对而言，风险较小。一般的股权融资会构成权益性资本，可有效提高企业的信誉度。普通股股本在运行中会产生资本公积金和盈余公积金等，这就是企业负债的基础，它能有效扩展企业的融资渠道，提高公司的融资能力，降低融资风险。不过，股权融资方式也存在一些风险：①控制权稀释风险，当投资者获得了企业的一些股份之后，企业原本股东的股权就会被分割、减弱，有的小股东甚至会失去控股权；②机会风险，企业由于参与了股权融资，便会失去其他融资方式给自己带来的融资机会；③经营风险，企业股东在公司的战略、经营管理方式上与投资人会有较大的分歧，企业进一步的经营决策变得困难而摇摆不定。

3. 合理规划资金需求

合理规划资金需求是企业财务管理中至关重要的一环，它涉及企业的运营、扩张、投资等多个方面。企业在融资前应该对自身的资金需求进行详细规划,并确保融资金额与资金需求相匹配,以避免融资不足或过度融资的风险。要建立和不断完善管理系统,以适应不断变化的投融资管理环境。总之,合理规划资金需求是企业财务管理的重要组成部分,它关系到企业的生存和发展。企业应根据自身情况和市场环境等因素制定具体的规划方案并加强执行和监督以确保资金需求的合理性和可持续性。

4. 多元化融资渠道

企业应该尽可能地探寻各种融资渠道,如银行贷款、债券发行、股权融资等,以分散融资风险。企业也可以通过非保险转移的方式,将某种特定风险转移给专门机构或部门。

5. 严格的财务管理

企业应建立完善的财务管理制度,对资金流入流出进行精确的记录和管理,确保融资资金的合理使用和还款。建立科学严密的内部控制制度,实时监控项目进程,严格控制预算。

6. 安全抵押物与转移风险

企业在融资时应提供足够的抵押物或担保措施,以保障借贷双方的合法权益。与此同时,要做好项目的转移风险工作,企业以一定代价、采取一定的方式,将风险转嫁给他人承担,以避免可能带给企业的灾难性损失。例如,企业可通过购买财产保险等方式将财产损失等风险转嫁给保险公司承担。

7. 风险评估与控制

企业应根据自身的经营状况和融资用途,对可能产生的风险进行评估,并采取相应的控制措施,如利率对冲、期限匹配等。面对不断变化的融资管理环境,企业应设置高效的融资管理机构,配备高素质的管理人员,健全管理制度,以防范因管理系统不适应环境变化而产生的风险。

8. 合规合法

企业应严格遵守相关法律法规和规范性文件,及时与政府部门沟通获取政策信息,确保融资行为的合规合法性,以避免可能带来的法律风险。

8.3.3 企业融资风险控制策略

企业运营过程中,对资金有着旺盛需求,而开展融资活动能够充分满足企业运营发展的资金需求,将富余资金用于投资,可以给企业带来丰厚的效益回报。因此,投融资被视为现代企业获得资金和效益的有效途径,投融资活动受到的重视程度与日俱增。然而在投融资期间,企业会面临诸多的风险,风险成因较为复杂,风险危害极大,会对企业运营发展造成一些负面影响。唯有准确识别、分析和评价投融资风险,运用合适的风险管控措施,实施对投融资风险的全过程、全方位监控,才能应对投融资风险的侵袭,降低损失,促使企业在激烈的市场竞争环境中能够始终立于不败之地。

1. 完善企业融资的内部控制制度

完善企业融资的内部控制制度是企业管理的核心和基础,有利于企业全面规范和有效地内部控制,进一步控制企业融资风险,降低企业融资成本。首先,建立合理的融资授权和审批机制。在企业的内部控制制度中,应当明确规定融资决策权、融资管理权和融资监督权的分配,并建立一套完备有效的授权审批制度。针对不同融资方式、不同融资项目及相关融资权限,制定不同的审批流程和管理制度,实现审批制度的科学化和规范化,保证融资审批过程的公正性和客观性。其次,强化融资风险防范机制。企业要建立各项风险预警和监测的机制,及时发现和降低风险,在企业运营期间,还需要加强对融资相关的风险识别、评估和控制,根据企业的发展阶段、经营情况以及财务状况及时进行调整和优化,确保融资风险得到有效控制。最后,完善企业的内部监督机制。企业应定期开展关于融资项目的内部控制自评活动,识别已存在的控制缺陷,针对问题及时进行整改和提升,并通过第三方独立审计等手段,建立内外部监督机制。

2. 加强对资金用途的监管

企业在融资的同时,如何加强对资金的监管,已成为企业融资风险控制的关键环节。第一,建立严格的资金管理制度。企业应根据自身的财务状况和业务特点,建立合理的资金管理制度,并严格执行。制度应明确规定资金来源、去向以及使用范围,对各个环节进行监督和审批,并明确资金管理方式和责任,以此确保资金使用的合理性和安全性。就专项融资获得的资金,还应该建立联签审批机制,以防止专项融资资金被挪用。第二,强化内部监督与审计。企业应建立一支专业的审计团队,对内部业务进行全面审计。审计的重点应在于风险控制和内部控制,包括资金使用情况和风险状况等方面,通过审计结果来发现企业内部存在的风险点,及时采取措施进行纠正,以及通过审计防范资金欺诈、贪污舞弊等行为。第三,加强风险防范意识。企业应在内部员工、外部合作伙伴以及投资者等方面加强风险防范意识,加强资金使用的监管和控制。具体做法包括定期组织培训和研讨,提供与风险相关的信息和数据,并与大数据平台和人工智能相结合,建立实时监控和风险评估机制等。

3. 动态优化融资结构

企业应结合自身的行业特性、发展阶段、增长计划,可承担的融资成本与融资风险以及融资规模来综合考虑融资类型并制定相应的融资计划。比如:一些小型科技型企业在成立初期更适合通过引入股权投资的方式进行融资,但要审慎考虑业绩承诺对赌;一些处于快速成长期的企业可能会更适合银行贷款来进行融资;有些成熟期企业可能更适合通过发行债券融资。此外,企业应该积极优化融资结构,尽量减少高风险的融资方式。通过优化债券结构,降低债务风险;适当控制融资规模,避免过度债务;通过建立稳定的股东结构,降低股权融资的风险等。企业在发展的过程中,其融资结构也应是动态变化的,企业要及时对加权融资成本进行跟进,以便自身能够快速掌握融资成本以调整融资结构,从而最终降低融资风险。

4. 建立风险管理机构

风险管理机构是企业内部的一个独立部门,负责制定和实施风险管理政策和风险控制措施,并督促企业各部门遵守风险管理政策和措施,对风险管理工作进行监督和评估。风险管理是企业融资风险控制的基础。通过建立风险管理机构,企业可以实现以下目标:第一,总体风险的识别和评估。可以通过建立风险管理机构来识别企业面临的各种风险,并对其进行评估。这有助于企业制定针对性的风险管理和控制措施,有效应对各种风险。第二,内部流程的规范化。企业建立风险管理机构后,可以为各类融资活动建立相关的规定和流程,确保内部融资流程的规范和透明,有效控制风险。

5. 增加融资储备

企业在平时的经营活动中,要建立融资资源储备的意识,包括投资者资源储备、中介资源储备、银行授信额度储备等方式,以保证企业在企业快速成长的过程中能够及时获得资金支持,避免企业在急需融资时再去寻找资金支持,有助于增强企业在融资谈判过程中的话语权,进一步降低企业融资风险。总之,企业融资风险控制研究是一个复杂而且关键的主题,需要涵盖多个因素和方面的考虑。企业需要结合宏观和微观层面信息进行评估,从而建立融资风险控制策略,并积极应对外部环境的变化,以确保企业的不断发展和成长。

复习思考题

1. 投资风险的影响因素是什么?
2. 投融资风险内部控制的功能有哪些?

第9章

运营活动风险识别与内部控制

本章学习目标

对企业来说，风险始终是开展业务所不可避免的东西。基于保障企业价值链安全的企业运营风险管理，是在对企业全流程诊断的同时，加强企业运营风险控制，提高企业价值链的价值增值能力。运营风险是指因企业内部流程、人为错误或外部因素而令企业产生经济损失的风险。运营风险管理对整个企业的运营风险进行识别、衡量、监督、控制和报告的作用。通过本章学习，掌握采购环节的关键风险点；了解采购环节的风险管理措施；了解生产环节的业务流程；掌握生产环节关键风险点；了解销售环节业务流及关键风险点。

引导案例

瑞 幸 咖 啡

瑞幸咖啡于 2017 年 6 月注册于美国的开曼群岛，注册资本 45 400 美元，法定代表人（第一控股股东）为陆正耀，主要办公地址设在福建省厦门市。引例运用舞弊三角模型[①]从压力、机会和合理化三个方面对瑞幸咖啡财务舞弊诱因风险进行分析，以便得出瑞幸咖啡财务舞弊诱因方面的风险。

（1）压力

在瑞幸咖啡盈利模式下主要的盈利点是咖啡产品，虽然瑞幸咖啡宣称其提供的咖啡产品是高质量、高价格与高便利，但是市场上存在像星巴克、Costa 等多种同类竞争产品，咖啡品质同质化非常严重，差异化太小。而瑞幸咖啡主要是通过价格折扣来吸引客户的，这些客户的忠诚度不会很高，当瑞幸咖啡降低折扣后，这些客户在价格相同的情况下也许会选择像星巴克、Costa 等公司的咖啡产品。面对外部竞争的压力，瑞幸咖啡的产品缺乏核心竞争力。

---

① 舞弊三角模型是由美国社会学家和犯罪学家 Donald R. Cressey 博士（1953）提出的。他研究的重点放在导致个人从事舞弊和不道德行为的情况上。舞弊三角模型用于识别导致舞弊者进行舞弊的风险因素，这些风险因素有：压力、机会、合理化。

（2）机会

瑞幸咖啡虽然存在外部竞争的压力，但是如果没有财务舞弊的机会管理层是没有办法实施财务舞弊行为的。瑞幸咖啡管理层利用关联公司大量虚构销售交易，这说明瑞幸咖啡内部控制存在重大缺陷。同时，由于公司管理层与社会公众存在重大信息不对称，瑞幸咖啡管理层利用这一点通过多渠道进行虚假宣传来误导与欺骗社会公众。瑞幸咖啡在美国上市，我国境内一部分投资者因购买了其股票而遭受损失，瑞幸咖啡的资产主要在国内，如果在国内追究瑞幸咖啡的责任，也许能够全部或部分挽回投资者的损失。但是章祥兵律师认为现有《证券法》只对像瑞幸咖啡这种情况做了原则性的规定，要想追究瑞幸咖啡及其相关管理人员的责任还缺乏实际的可操作性。

（3）合理化

当财务舞弊的压力、机会因素满足后，财务舞弊者还得要说服自己实施财务舞弊才行，使财务舞弊行为合理化。在2018—2019年间，国内公司财务造假事件屡见不鲜，瑞幸咖啡在财务舞弊过程中关联方通力合作，首席运营官与手下员工一直在虚构交易。

一个企业无论从事何种行业、经营何种产品，其最终目的都是实现企业价值的最大化。为了实现这一目的，企业在其战略的指引下，需要在合法合规经营的基础上，保证企业运营的效率与效果。企业价值链是企业运营的平台，基于企业价值链安全视角，从采购、生产和销售三大企业价值链环节阐述企业的运营风险并对其环节进行风险管理，有助于降低企业运营的风险，精益价值链的各个环节，使企业获取可持续的竞争优势，促进企业的高质量发展。

9.1 采购环节的风险识别与内部控制

9.1.1 采购的定义

采购，是指购买物资（或接受劳务）及支付款项等相关活动。采购环节是企业生产经营活动的起点，是企业"实物流"的重要组成部分，同时又与"资金流"密切相关。企业采购业务涉及请购、审批、供应商选择、物资质量和价格、采购合同订立、验收和支付等众多环节，出现差错和舞弊的风险较大，决定了企业的生存和可持续发展。企业应根据《企业内部控制应用指引第7号——采购业务》的规定，梳理采购流程、明确采购业务的关键风险点、提出针对性的控制措施。

9.1.2 采购环节的业务流程

1. 采购业务的总体要求

在进行采购业务时，首先，应完善采购管理制度。企业应当结合实际情况，全面梳理采购业务流程，完善采购业务相关管理制度，统筹安排采购计划，明确请购、审批、购买、验收、付款、采购后评估等环节的职责和审批权限。确保管理流程科学合理，能够较好地保证物资和劳务供应顺畅。其次，应严格执行与监控。企业各部门按照规定的审批权限和程序办理采购业务，落实责任制，建立价格监督机制，定期检查和评价采购过程中的薄弱环节，采取有效控制措施，确保物资和劳务采购能够经济、高效地满足企业的生产经营需要。

2. 采购业务流程

采购业务流程主要包括请购与审批、购买、验收与付款三大环节，具体如图 9–1 所示。

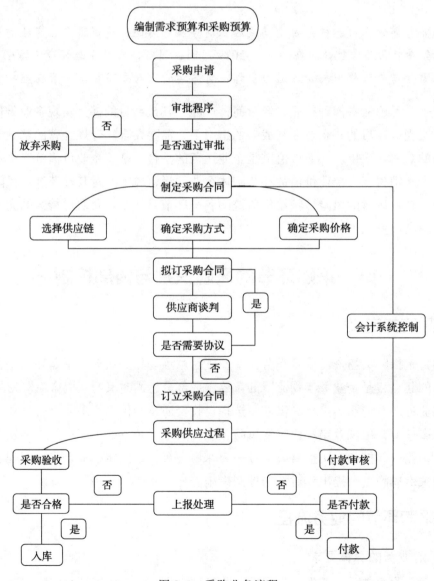

图 9–1 采购业务流程

9.1.3 采购环节的关键风险点

采购环节的风险点包括以下几点：

采购业务从预算开始，包括需求预算和采购预算，在这第一环节的风险点是采购行为违反国家法律法规，可能遭受外部处罚、经济损失和信誉损失。

采购的第二环节是采购的申请与审批，在这一环节的风险点采购未经适当审批或超越授权审批，可能因重大差错、舞弊、欺诈而导致损失。

采购的第三、四、五环节是请购相关问题，这一环节的风险点是请购依据不充分、不合理，相关审批程序不规范、不正确，可能导致企业资产损失、资源浪费或发生舞弊。

采购的第六环节是管理供应过程，在这一环节的关键风险点是计划程序失控、依据不当、分解不到位与其他计划不协调，可能造成资源浪费。

采购的第七环节是验收，在这一环节的关键风险点是验收程序不规范，可能造成账实不符或资产损失。

采购的最后环节就是付款，在这一环节的关键风险点是付款方式不恰当、执行有偏差，可能导致企业资金损失或信用受损。

9.1.4 采购环节的控制与风险管理措施

1. 编制需求预算和采购预算

采购业务从预算开始，包括需求预算和采购预算。需求部门根据生产经营需要向采购部门提出物资需求预算。采购部门根据需求预算和现有库存物资情况，统筹安排采购预算。该环节的主要风险有需求预算和采购预算安排不合理、采购与生产经营计划不协调等。该环节的主要控制措施包括：第一，需求部门应根据实际生产经营需要，准确、及时地编制需求预算，并且不能在提出需求计划时指定或变相指定供应商；第二，采购部门根据需求预算和现有库存情况，统筹安排采购预算，并按规定的权限和程序经相关负责人审批后作为企业刚性指令严格执行。

2. 采购申请与审批

该环节的主要风险包括：缺乏采购申请制度，请购审批不当或越权审批；对市场变化趋势预测不准确，造成库存短缺或积压、企业生产停滞或资源浪费等情形。该环节的主要控制措施包括：第一，企业应当建立采购申请制度，依据购买物资或接受劳务的类型，确定归口管理部门，授予相应的请购权，明确相关部门或人员的职责权限及相应采购和审批程序。第二，企业可以根据实际需要设置专门的请购部门，对需求部门提出的采购需求进行审核，并进行归类汇总，统筹安排企业的采购计划。第三，具有请购权的部门对于预算内采购项目，应当严格按照预算执行进度办理请购手续，并根据市场变化提出合理的采购申请；对于超预算和预算外采购项目，应先履行预算调整程序，由具备相应审批权限的部门或人员审批后,再行办理请购手续。

3. 选择供应商

该环节的主要风险包括:缺乏供应商评估和准入制度以及供应商管理系统和淘汰制度、供应商评估不严、供应商选择不当、采购物资质次价高、采购舞弊行为等。该环节的主要控制措施包括:第一,企业应当建立科学的供应商评估和准入制度,确定合格供应商清单,并按规定的权限和程序审核批准后,将其纳入供应商网络。第二,择优确定供应商,与选定的供应商签订质量保证协议。第三,建立供应商管理信息系统和供应商淘汰制度,对供应商提供物资或劳务的质量、价格、交货及时性、供货条件及其资信、经营状况等进行实时管理和综合评价,并根据评价结果对供应商进行合理选择和调整。

4. 确定采购方式和采购价格

该环节的主要风险有采购方式选择不当、招投标或定价机制不科学、定价方式不合理、缺乏对重要物资价格的跟踪监控、采购价格过高等。该环节的主要控制措施包括:第一,企业应当根据市场情况和采购计划合理选择采购方式。大宗采购应当采用招标方式,合理确定招投标的范围、标准、实施程序和评价规则;一般物资或劳务等的采购可以采用询价或定向采购的方式并签订合同协议;小额零星物资或劳务等的采购可以采用直接购买等方式。第二,企业应当建立采购物资定价机制,采取协议采购、招标采购、谈判采购、咨询比价采购等多种方式合理确定采购价格,最大限度地降低市场变化对企业采购价格的影响,实现以最优性价比采购到需求的物资的目标。第三,大宗采购等应当采用招投标方式确定采购价格;其他商品或劳务的采购,应当根据市场行情制定最高采购限价,并适时调整最高采购限价。

5. 订立采购合同

该环节的主要风险包括有未订立采购合同或未经授权对外订立采购合同、合同内容存在重大疏漏和欺诈等。该环节的主要控制措施包括:企业应当根据采购需要、确定的供应商、采购方式、采购价格等情况拟订采购合同,准确描述合同条款,明确双方权利、义务和违约责任,按照规定权限签订采购合同。对于影响重大、涉及较高专业技术的合同或法律关系复杂的合同,应当组织法律、技术、财会等专业人员参与谈判,必要时可聘请外部专家参与相关工作。

6. 管理供应过程

该环节的主要风险有缺乏对采购合同履行的跟踪管理、运输工具和方式选择不当、忽视投保等,造成采购物资损失或无法保证供应。该环节的主要控制措施包括:第一,企业应建立严格的采购合同跟踪制度,依据采购合同中确定的主要条款跟踪合同的履行情况,对有可能影响生产或工程进度的异常情况,出具书面报告并及时提出解决方案。第二,评价供应商供货情况,并根据生产建设进度和采购物资特性,选择合理的运输工具和运输方式，办理运输投保，尽可能地降低采购物资损失，保证物资及时供应。第三，对采购过程实行全程登记制度，确保各项责任可追究。

7. 验收

该环节的主要风险有缺乏验收制度、验收程序不规范、验收标准不明确、对验收过程中的异常情况未做处理等，可能造成采购损失或影响生产。该环节的主要控制措施包括：第一，企业应当建立严格的采购验收制度，明确验收程序和验收标准，确定检验方式，由专门的验收机构或验收人员对采购项目的品种、规格、数量、质量等相关内容进行验收，出具验收证明。涉及大宗和新特物资采购的，还应进行专业测试。第二，对于验收过程中发现的异常情况，负责验收的机构或人员应当立即向企业有权管理的相关机构报告，相关机构应当查明原因并及时处理。第三，对于不合格物资，采购部门依据检验结果办理让步接收（如降级使用、挑选使用、返工使用等）、退货、索赔等事宜。

8. 付款

该环节的主要风险有付款审核不严、付款不及时、付款方式不当、预付款项损失等，可能造成企业资金损失或信用损失。该环节的主要控制措施包括：第一，企业应当加强采购付款的管理，完善付款流程，明确付款审核人的责任和权力，严格审核采购预算、合同、相关单据凭证、审批程序等，审核无误后按照合同规定及时办理付款。第二，严格审查采购发票的真实性、合法性和有效性。发现虚假发票的，应查明原因，及时报告处理。第三，重视采购付款的过程控制和跟踪理。发现异常情况的，应当拒绝付款，避免出现资金损失和信用受损。第四，合理选择付款方式，并严格遵循合同规定，防范付款方式不当带来的法律风险，保证资金安全。超转账起点金额的采购应通过银行办理转账。第五，加强预付账款和定金的管理。对涉及大额或长期的预付款项，应当定期进行追踪核查，综合分析预付账款的期限、占用款项的合理性、不可收回风险等情况。发现有疑问的预付款项，应当及时采取措施。

9. 退货

该环节的主要风险有缺乏退货管理制度、退货不及时等，给企业造成损失。该环节的主要控制措施包括：企业应当建立退货管理制度，对退货条件、退货手续、货物出库、退货货款回收等做出明确规定，并在与供应商的合同中明确退货事宜，及时收回退货货款。涉及符合索赔条件的退货，应在索赔期内及时办理索赔。

10. 会计系统控制

该环节的主要风险有缺乏有效的采购会计系统控制，会计记录、采购记录与仓储记录不一致，会计处理不准确、不及时等，导致未能如实反映采购业务以及采购物资和资金损失。该环节的主要控制措施包括：第一，企业应当加强对购买、验收、付款

扩展阅读 9-1　G 医院的采购风险应对现状

业务的会计系统控制，详细记录供应商情况、请购申请、采购合同、采购通知、验收证明、入库凭证、商业票据、款项支付等情况，确保会计记录、采购记录与仓储记录一致。第二，指定专人通过函证等方式，定期与供应商核对应付账款、应付票据、预付账款等往来款项。

9.2 生产环节的风险识别与内部控制

9.2.1 生产环节的业务流程

1. 生产业务

生产业务是从原材料开始到生产出成品为止的过程。也即生产部根据市场部的订单进行生产排单计划，根据市场正常走货的情况，安排一周生产计划，然后根据订单情况查看核实仓库的材料实际在库情况，如发现缺料情况及时向供应部汇报，最后由生产部根据市场订单进行生产，并对生产实行统一调度，综合协调，确保生产活动安全稳定运行，完成产品完工入库。对于生产业务，企业应结合实际，制定《企业生产管理组织办法》《生产作业管理办法》《安全生产管理办法》《生产计划管理制度》《生产技术管理制度》《生产质量控制制度》等制度，以保障生产管理业务的有序进行。

2. 生产业务流程

首先，应正确划分产品制造费用与期间费用的界限、正确划分本期产品与下期产品应负担的费用界限；其次，应保证成本费用开支合理合法、规范成本核算方法，真实反映生产过程中的各种消耗，按照权责发生制的原则核算产品成本；最后，保证生产过程的不间断和生产目标的顺利达成。生产业务流程如图 9-2 所示。

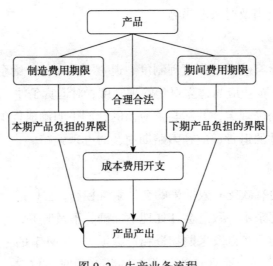

图 9-2　生产业务流程

9.2.2 生产环节的关键风险点

在生产的最初环节，如果相关部门未考虑生产能力而盲目接单，可能导致生产车间超负荷运作，影响产品质量和交货期。

在接单的过程中有很多类型的订单，这就要求对这些订单更严谨地加以备注，急单、小单、零单的插入以及不同订单之间的调货可能打乱生产计划，影响企业产品的生产效率。

部门与部门之间的沟通很重要，部门沟通不及时导致信息传递不及时，这将影响很多环节。生产部门与其他部门之间的信息沟通不畅可能导致公司生产计划偏差，引发盲目生产，无法按期交货。

在生产商品的过程中，生产工人的人数、对生产工艺的熟练程度、生产过程中的相关设备等诸多因素都影响着生产环节的进度。生产工人对生产工艺流程的不熟练可能导致生产效率低下，增加企业生产成本，使企业损失更大。同样，如果生产车间的人数过少，导致生产过程太慢也可能导致无法按期交货。生产设备陈旧、缺乏保养可能导致生产中出现故障的概率偏高，影响生产效率和产品交货期。

在生产过程中的流程都是经过不断磨合及总结得出的，是最适合生产的，所以缺乏完善的现场作业指导书，可能导致生产出不符合质量要求的产品。

生产安全是头等大事。安全生产是指在生产经营活动中，为了避免造成人员伤害和财产损失的事故而采取相应的事故预防和控制措施，使生产过程在符合规定的条件下进行，以保证从业人员的人身安全与健康，设备和设施免受损坏，环境免遭破坏，保证生产经营活动得以顺利进行的相关活动。

9.2.3 生产环节的控制与风险管理措施

1. 生产业务活动风险评估矩阵

该风险评估矩阵就是根据生产业务活动发生的可能性以及生产业务活动发生后的影响程度来分析生产业务活动的风险，按照生产业务活动风险事件发生的可能性和风险事件发生后对企业经营目标的影响程度两个维度，将各个生产业务活动风险事件绘制在风险坐标图上，再根据这些风险对生产业务活动进行分析，进而评估风险。生产业务活动风险评估矩阵如图9-3所示。

从图9-3可以看出，生产业务活动风险对企业会造成很大的影响，因此我们针对生产业务活动中发生的风险事件制订了相应的应对计划，具体如下：

对于风险①，建立生产计划制订机制，改变企业现行生产计划随意的现象，生产部部长应严格实行生产计划的制订，按照生产计划来安排生产，对此公司应不惜成本帮助生产部部长来制订生产计划。

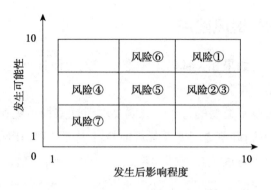

图 9-3　生产业务活动风险评估矩阵

对于风险②，建立订单筛选机制，企业无盈利的订单不接受。公司可以利用富余资源，成立应急小组，适当调配生产任务。

对于风险③，建立生产管理信息系统，确保生产业务信息的准确及时；建立有效的部门沟通机制，力争改变企业碰头会流于形式的局面，公司现行的碰头会应严格落实，以此来调度生产，解决生产中遇到的实际问题。

对于风险④，建立员工培训机制，定期进行员工培训，补充和巩固员工的专业知识。

对于风险⑤，由于车间工人不是很充足，企业可以根据各个车间的实际需要招聘工人，满足企业生产的需要。

对于风险⑥，对于确实有必要的，公司可以利用资金来购置新设备，同时公司设备部应加强对设备的维修以及保养，确保设备运行时状况良好。

对于风险⑦，努力完善公司现场作业指导书，确保指导书能够指导员工工作。

2. 动态监督存货水平

（1）动态监督存货水平的要点

存货水平是指生产厂商、批发商和零售商保存在其库房里的产品数量。存货水平与企业的材料采购量和顾客的需求量密切相关。存货水平太低，可能造成脱销，不能满足顾客的需求和中断供应；存货水平太高又会增加成本，降低经济效益。因此，为了保持适当的存货水平，企业要解决两个问题：一是订货量（订多少货）；二是订货点（何时订货）。存货管理是将厂商的存货政策和价值链的存货政策进行作业化的综合过程。

①订货量。订货量是指企业每次订货的数量。在任何情况下，企业的订货数量都会遇到两个相互矛盾的因素，即订货费用和存储费用。若订货数量少，则订货次数多，订货成本高，而存储成本低；若订货数量多，则订货次数少，订货成本低，而存储成本高。要使总费用最少，常用的计算方法是经济订货量法。所谓经济订货量，就是预先确定一个订货点和订货批量，随时检查库存，当库存下降到订货点时就发出订货，订货批量取经济订货批量。定量订货库存控制方法的再订货点和订货量都是事先确定的，而且检查时刻是连续的，需求量是可变的。

②订货点。存货水平随着销售的增加而下降,当降低到一定数量时,就需要再订货、进货,这个需要再进货的存量就称为订货点。订货点的确定要考虑办理进货手续的繁简、运输时间的长短、是否容易发生意外情况等。既要保证企业的销售需求,又不至于因存货增多而导致存储费用增加。实际上,订货点是确定仓库的进货时间,亦即确定采购时间的库存量。根据它来订货,可保证销售产品的采购不早不晚,供应不中断,库存不积压。

(2)动态监督存货水平的方法

第一种反应方法或称拉式存货方法,是利用顾客需求,通过配送渠道来拉动产品的配送。第二种管理理念是计划方法,它是按照需求量和产品可得性,主动排定产品在渠道内的运输和分配。第三种方法,或称混合方法,即用逻辑推理将前两种方法进行结合,形成对产品和市场环境做出反应的存货管理理念。一项综合的存货管理战略将详细说明各种政策,并用于确定何处安排存货、何时启动补给装运和分配多少存货等过程。

①产销一体化。产销一体化的库存控制新模式将原来独立运作的两个系统物资需求计划(MRP)、配送需求计划(DRP)统一起来。这意味着供应链中的任何一个企业都可以快速、准确地掌握最终市场需求状况。信息共享的实现,有效地提高了供应链的透明度,使需求预测的准确性得到了革命性的提高。另外,通过供应链成员企业之间的协调运作,实现了统一决策、统一运作,使供应链的库存管理趋于一致性和整体化。一体化的库存控制模式可以从根本上消除"牛鞭效应"所带来的负面影响,因而可以大幅度降低供应链的库存水平,改善库存控制状况。

②联合库存管理。联合库存管理是解决供应链系统中由于各节点企业相互独立库存运作模式导致的需求放大问题,提高供应链同步化程度的一种有效方法。联合库存管理和供应商管理用户库存不同,它强调双方同时参与,共同制订库存计划,使供应链过程中的每个库存管理者(供应商、制造商、分销商)都从相互之间的协调性考虑,供应链相邻的两个节点之间的库存管理者对需求的预期保持一致,从而消除了需求变异放大现象。任何相邻节点需求的确定都是供需双方协调的结果,库存管理不再是各自为政的独立运作过程,而是供需连接的纽带和协调中心。

③多级库存管理。联合库存管理是一种联合式供应链管理策略,是对供应链的局部优化控制,而要进行供应链的全局优化与控制,则必须采用多级库存优化与控制方法。多级库存优化与控制是在单级库存控制的基础上形成的。多级库存控制系统根据不同的配置方式,可分为串行系统、并行系统等。多级库存控制的方法有两种:一种是非中心化(分布式)策略;另一种是中心化(集中式)策略。非中心化策略是各个库存点独立地采取各自的库存策略,这种策略在管理上比较简单,但是并不保证产生整体的供应链优化,如信息的共享度低,容易产生次优的结果,因此非中心化策略需要更多的信息共享。采用中心化策略,所有库存点的控制参数是同时决定的,考虑了各个库存点的相互

关系，通过协调的方法获得库存的优化。但是中心化策略在管理协调上难度特别大，特别是供应链层次比较多，即供应链长度增加时，更增加了协调控制的难度。

3. 确保企业安全生产

（1）保护劳动者的生命安全和职业健康

保护劳动者的生命安全和职业健康是安全生产最根本、最深刻的内涵，是安全生产本质的核心。安全生产充分揭示了以人为本的导向性和目的性，它是我们党和政府以人为本的执政本质、以人为本的科学发展观的本质、以人为本构建和谐社会的本质在安全生产领域的鲜明体现。

扩展阅读 9-2　UPC 公司生产环节风险控制

（2）突出强调最大限度的保护

最大限度的保护，是指在现实经济社会所能提供的客观条件的基础上，尽最大的努力，采取加强安全生产的一切措施，保护劳动者的生命安全和职业健康。根据目前我国安全生产的现状，需要从三个层面上对劳动者的生命安全和职业健康实施最大限度的保护：

一是在安全生产监管主体，即政府层面，把加强安全生产、实现安全发展，保护劳动者的生命安全和职业健康，纳入经济社会管理的重要内容，纳入社会主义现代化建设的总体战略，最大限度地给予法律保障、体制保障和政策支持。

二是在安全生产责任主体，即企业层面，把安全生产、保护劳动者的生命安全和职业健康作为企业生存和发展的根本，最大限度地做到责任到位、培训到位、管理到位、技术到位、投入到位。

三是在劳动者自身层面，把安全生产和保护自身的生命安全和职业健康，作为自我发展、价值实现的根本基础，最大限度地实现自主保护。

（3）突出在生产过程中的保护

生产过程是劳动者进行劳动生产的主要时空，因而也是保护其生命安全和职业健康的主要时空。安全生产的以人为本，具体体现在生产过程中的以人为本。同时，它还从深层次揭示了安全与生产的关系。在劳动者的生命安全和职业健康面前，应该是安全地进行生产，安全是生产的前提，安全又贯穿于生产过程的始终。二者发生矛盾，当然是生产服从于安全，是安全第一。这种服从，是一种铁律，是对劳动者生命和健康的尊重，是对生产力最主要最活跃因素的尊重。如果不服从、不尊重，生产也将被迫中断。

9.3　销售环节的风险识别与内部控制

销售是指企业出售商品（或提供劳务）及收取款项等相关活动。规范销售行为、防范销售风险，可以促进企业扩大销售、拓宽销售渠道、提高市场占有率，对增加收入、实现企业经营目标和发展战略具有重要意义。

9.3.1 销售环节业务流程

根据《企业内部控制应用指引第 9 号——销售业务》的规定，企业应当结合实际情况，全面梳理销售业务流程。企业的销售业务流程包括销售计划管理、客户信用管理等环节。企业应确保管理流程科学合理，保证销售顺畅进行。销售业务的基本流程包括销售计划管理、客户信用管理、确定定价机制和信用方式、销售业务谈判、订立销售合同、开具销售通知、发货、收款、客户服务等，具体如图 9-4 所示。

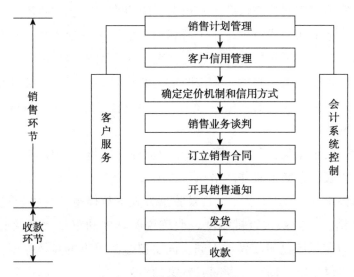

图 9-4 销售环节业务流程

9.3.2 销售环节的关键风险点

1. 销售与收款业务的主要风险事件

企业应加强对销售业务的内部控制，并至少应关注以下风险事件：

在职责分工与授权批准的环节，风险点有：销售未经适当审批或超越授权审批，可能因重大差错、舞弊、欺诈而导致损失；没有定人定岗，导致人员和岗位不适配，可能会因压力过大导致出现严重失误。

在销售与发货的环节，风险点有：销售政策和信用政策管理不规范、不科学，可能导致资产损失或资产运营效率低下；合同协议签订未经正确授权，可能导致资产损失、舞弊和法律诉讼。

在收款的环节，风险点有：应收账款和应收票据管理不善，账龄分析不准确，可能由于未能收回或未能及时收回欠款而导致收入流失和法律诉讼；销售发票开具差错，引起涉税风险。

2. 销售与收款业务的关键风险控制点

（1）职责分工与授权批准

职责分工与授权批准的关键风险控制点：第一，客户信用管理与销售合同协议的审批、签订的不相容岗位应该分离；第二，销售合同协议的审批、签订与办理发货的不相容岗位应该分离；第三，销售货款的确认、回收与相关会计记录的不相容岗位应该分离；第四，销售退回货品的验收、处置与相关会计记录的不相容岗位应该分离；第五，销售业务经办与发票开具、管理的不相容岗位应该分离；第六，坏账准备的计提与审批、坏账的核销与审批的不相容岗位应该分离；第七，应由多部门参与制定信用政策；第八，信用政策应明确规定定期（或至少每年）对客户资信情况进行评估，并就不同的客户明确信用额度、回款期限、折扣标准以及违约情况下应采取的应对措施等；第九，应建立销售业务授权制度和审核批准制度，并按照规定的权限和程序办理销售业务；第十，应根据具体情况对办理销售业务的人员进行岗位轮换或者管区、管户调整。

（2）销售与发货

销售与发货的关键风险控制点：第一，企业应建立销售定价控制制度，制定价目表、折扣政策、收款政策，定期审阅并严格执行；第二，在销售合同协议订立前，企业应指定专门人员就销售价格、信用政策、发货及收款方式等具体事项与客户进行谈判；第三，企业应建立健全销售合同协议审批制度，明确说明具体的审批程序及所涉及的部门人员，并根据企业的实际情况明确界定不同合同协议金额审批的具体权限分配等；第四，重要的销售合同协议，应征询法律顾问或专家的意见；第五，与客户签订正式销售合同协议的销售人员应经过上级授权；第六，发货部门应对销售发货单据进行审核，严格按照销售通知单所列的发货品种和规格、发货数量、发货时间、发货方式、接货地点组织发货，并建立货物出库、发运等环节的岗位责任制，确保货物的安全发运；第七，企业应建立销售退回管理制度，企业的销售退回必须经销售主管审批后方可执行；第八，销售退回的货物应由质检部门检验和仓储部门清点后入库，企业应对退货原因进行分析并明确有关部门和人员的责任；第九，销售部门应设置销售台账，及时反映各种商品、劳务等销售的开单、发货、收款情况，并由相关人员对销售合同协议执行情况进行定期跟踪审阅。

（3）收款

收款的关键风险控制点：第一，销售收入应及时入账；第二，销售人员应避免直接接触销售现款；第三，应建立应收账款账龄分析制度和逾期应收账款催收制度；第四，对催收无效的逾期应收账款应及时通过法律程序等途径予以解决；第五，对于可能成为坏账的应收账款，应按照相应的会计准则规定计提坏账准备，并按照权限范围和审批程序进行审批；第六，对确定发生的各项坏账，应及时查明原因，明确责任，并在履行规定的审批程序后做出会计处理；第七，企业核销的坏账应进行备查登记，做到账销案存，已核销的坏账又收回时应及时入账，防止形成账外款；第八，应明确应收票据的受理范围和管理措施；第九，已贴现但仍承担收款风险的票据应在备查簿中登记，以便日后追踪管理；第十，应定期抽查、核对销售业务记录、销售收款会计记录、商品出库记录和库存商品实物记录，及时发现并处理销售与收款中存在的问题；第十一，应定期与往来客户通过函证等方式，核对应收账款、应收票据、预收账款等往来款项，如有不符，应及时查明原因并处理。

9.3.3 销售环节的控制与风险管理措施

1. 销售计划管理

企业应结合销售预测和生产能力，设定销售总体目标额以及不同产品的销售目标额并据此制定销售方案，实现销售目标。

销售计划管理环节的主要风险包括：销售计划缺乏或不合理、未经授权审批等，导致产品结构和生产安排不合理、库存积压。其主要控制措施包括：第一，企业应根据发展战略，结合销售预测、生产能力以及客户订单情况，制订年度、月度销售计划。第二，要不断根据实际情况，及时调整销售计划，并按程序进行审批。

2. 客户信用管理

客户信用管理环节的主要风险包括：客户信用档案不健全、缺乏对客户资信的持续评估，可能造成客户选择不当、款项不能及时收回甚至遭受欺诈，影响企业现金流和正常经营。

客户信用管理的主要控制措施包括：企业应建立和不断更新、维护客户信用动态档案，关注重要客户的资信变动情况，采取有效措施，防范信用风险。对于境外客户和新开发客户，应建立严格的信用保证制度。

3. 确定定价机制和信用方式

确定定价机制和信用方式环节的主要风险包括：定价不合理、销售价格未经适当审批或存在舞弊、信用方式不当等，造成销售受损，损害企业经济利益和企业形象。

确定定价机制和信用方式的主要控制措施包括：第一，企业应加强市场调查，合理确定定价机制和信用方式，根据市场变化及时调整销售策略，灵活运用销售折扣、销售折让、信用销售、代销和广告宣传等多种策略和营销方式，促进销售目标的实现，不断提高市场占有率。第二，产品基础价格以及销售折扣、销售折让等政策的制定应按规定程序与权限进行审核批准。第三，对于某些商品可以授予销售部门一定限度的价格浮动权,销售部门结合产品市场特点,将权力逐级分配并明确权限执行人。

4. 订立销售合同

订立销售合同环节的主要风险包括:销售价格、结算方式、收款期限等不符合企业销售政策,导致企业经济利益受损;合同内容存在重大疏漏或欺诈、订立合同未经授权,导致侵害企业的合法权益。

订立销售合同的主要控制措施包括:第一,企业在销售合同订立前,应结合企业的销售政策,与客户进行业务洽谈、磋商或谈判,关注客户的信用状况、销售定价、结算方式等相关内容,重大的销售业务谈判应当吸收财会、法律等专业人员参加,并形成完整的书面记录。第二,销售合同应明确双方的权利和义务,审批人员应对销售合同草案进行严格审核,对于重要的销售合同,应征询法律顾问或专家的意见。第三,销售合同草案经审批同意后,企业应授权有关人员与客户签订正式销售合同。

5. 发货

发货环节的主要风险包括:未经授权发货、发货不符合合同约定或者发货程序不规范,可能造成货物损失或发货错误,引发销售争议,影响货款收回。

发货的主要控制措施包括:第一,企业销售部门应按照经批准的销售合同开具相关销售通知。发货和仓储部门应对销售通知进行审核,严格按照所列项目组织发货,确保货物的安全发运。第二,企业应严格按照发票管理规定开具销售发票,严禁开具虚假发票。第三,应以运输合同或条款等形式明确运输方式、商品短缺、毁损或变质的责任、到货验收方式、运输费用承担、保险等内容,货物交接环节应做好装卸和检验工作,确保货物的安全发运,由客户验收确认。

6. 客户服务

客户服务环节的主要风险包括:服务水平低,影响客户满意度和忠诚度,造成客户流失。

客户服务的主要控制措施包括:第一,根据企业自身状况与行业整体情况,企业应完善客户服务制度(包括服务内容、方式、标准等),加强客户服务和跟踪,提升客户满意度和忠诚度。第二,做好客户回访工作,建立客户投诉制度,不断改进产品质量和服务水平。第三,企业应加强销售退回管理,分析销售退回原因,并及时妥善处理。

7. 收款

收款环节的主要风险包括:结算方式选择不当、账款回收不力、票据审查和管理不善,使企业经济利益受损。

收款环节的控制措施包括:第一,企业应结合销售政策和信用政策,选择恰当的结算方式。第二,企业应完善应收款项管理制度,落实责任,严格考核,实行奖惩制度。销售部门负责应收款项的催收,妥善保存催收记录(包括往来函电),财会部门负责办理资金结算并监督款项回收。第三，企业应加强商业票据管理，明确商业票据的受理范围，严格检查商业票据的真实性和合法性，防止票据欺诈，并关注商业票据的取得、贴现和背书，已贴现但仍承担收款风险的票据以及逾期票据，应当进行追索监控和跟踪管理。

8. 会计系统控制

会计系统控制环节的主要风险包括：销售业务会计记录和处理不及时、不准确，造成企业账实不符、账账不符、账证不符等，不能反映企业利润和经济资源的真实情况。

会计系统控制环节的主要控制措施包括：第一，企业应加强对销售、发货、收款业务的会计系统控制，详细记录销售客户、销售合同、销售通知、发运凭证、商业票据、款项收回等情况，确保会计记录、销售记录与仓储记录核对一致。第二，建立应收账款清收核查制度，指定专人通过函证等方式定期与客户核对应收账款、应收票据、预收账款等往来款项。第三，加强应收款项坏账的管理。应收款项全部或部分无法收回的，应当查明原因，明确责任，并严格履行审批程序，按照国家统一的会计准则和制度处理。

总之，复杂多变的内外市场经济环境，使企业的营销风险也不断增加。因此，企业要在竞争如此激烈的环境中立于不败之地，就必须从加强营销风险识别能力、建立风险防范与处理机构、建立风险责任制、提高企业员工素质四个方面来加强和改进营销风险管理，这样才能确保企业安全和稳定地运营，促进企业的发展。

复习思考题

1. 采购环节的业务流程有哪些？结合实际进行阐述。
2. 企业在采购时应该关注的风险点有哪些？
3. 企业销售环节的流程有哪些？哪些是需要特别注意的？
4. 请举例说明企业在运营过程中可能遇到的风险，应采取哪些措施？
5. 会计系统控制这一环节的关键风险点是什么？应采取哪些措施？

第10章

内部控制与风险管理评价

本章学习目标

通过学习本章内部控制与风险管理评价内容，认识内部控制与风险管理评价的基本概念，了解内部控制与风险管理评价的机构及程序，熟悉内部控制与风险管理评价的认定步骤，掌握内部控制与风险管理评价报告编制要求及披露报送。

引导案例

美国萨班斯法案

2001年12月2日，美国最大的能源公司——安然公司（Enron Corporation），突然申请破产保护；2002年1月10日，安达信公开承认销毁了与安然审计有关的档案；此后，其他上市公司丑闻不断，规模也"屡创新高"，特别是2002年6月的世界通信（World Communication）会计丑闻事件，彻底打击了美国投资者对美国资本市场的信心。如何改变这一局面呢？

美国国会和政府于2002年7月加速通过了《萨班斯法案》，由于这个法案是由参议院银行委员会主席保罗·萨班斯（Paul Sarbanes）和众议院金融服务委员会（Committeeon Financial Services）主席麦可·奥克斯利（Mike Oxley）联合提出的，因此也被称为《萨班斯—奥克斯利法案》（以下简称萨班斯法案）。该法案的另一个名称是《2002年上市公司会计改革与投资者保护法案》，法案的第一句话就是"遵守证券法律以提高公司披露的准确性和可靠性，从而保护投资者及其他目的"。萨班斯法案对在美国上市的公司提供了合规性要求，使上市公司不得不考虑控制IT风险在内的各种风险。7月30日，美国总统布什签字，该法案正式成为美国的一项法律。

基于美国萨班斯法案的案例，内部控制与风险管理的重要性可见一斑。那么什么是内部控制与风险管理评价呢？本章将向大家详细介绍。

10.1　内部控制与风险管理评价概述

10.1.1　内部控制与风险管理评价的定义

企业内部控制是由企业董事会、管理层及其员工共同实施的，旨在合理保证实现以下基本目标的一系列控制活动：企业战略；经营的效率和效果；财务报告及管理信息的真实、可靠和完整；资产的安全完整；遵循国家法律法规和有关监管要求。它包括五个方面的组成要素：控制环境、风险评估、控制活动、信息与沟通、监督。内部控制的目的是在合理的范围内保证企业基本目标的实现。

企业风险管理是一个过程，是由企业董事会、管理层以及其他人员共同实施的，应用于战略制定及企业各个层次的活动，旨在识别可能影响企业的各种潜在事件，并按照企业的风险偏好管理风险，为企业目标的实现提供合理的保证。风险源于行为和活动。而采取行动和活动必然有预期目标，但是，结果形成于将来，将来具有不确定性，因此风险是客观存在的。任何经营企业所面临的环境，都存在诸多的不确定因素。对于实现企业经营目标来说，国家政策、市场需求等外部环境因素无法改变，但通过对企业内部组织、人员、业务、财务等方面采取一定的控制方法、制定控制措施和程序，同样能实现企业目标。企业内部控制的根本作用就是防范风险，即从人、物与资金、信息等方面控制风险。

企业内部控制评价是指企业董事会或类似权力机构对内部控制的有效性进行全面评价、形成评价结论、出具评价报告的过程。可从以下三个角度进行理解：内部控制评价的主体是董事会或类似权力机构；内部控制评价的对象是内部控制的有效性；内部控制评价是一个过程。

风险管理评价是指对组织或项目所面临的各种潜在风险进行系统性、综合性的分析和评估过程。其主要目的是识别、量化、评估和处理可能对组织或项目实现目标产生负面影响的各种不确定因素，从而采取相应的措施来降低或控制这些风险对组织或项目的影响。具体来说，风险管理评价包括对风险识别、风险分析、风险控制和风险管理效果等方面的评价。它旨在确保风险管理活动能够达到预期目标，并且风险控制措施得到有效执行。通过风险管理评价，可以发现风险管理过程中存在的问题和不足，为进一步的风险管理改进提供依据。

10.1.2　内部控制与风险管理评价的作用

任何企业内部控制与风险管理的基本目标都是要保证企业完成自己的任务和达到目的。内部控制是保证企业管理按其规定作用得以贯彻执行以及保证合适有用的信息的一种制度。这种制度还能使资源的使用经济有效,而且不违反法纪。但是内部控制本身是不完善的,这不仅有制度本身的原因,也因为制度在执行的过程中存在漏洞。这就要求我们进行内部控制与风险管理评价,找出内部控制与风险管理的缺陷并有针对性地进行克服。

实施合理有效的内部控制与风险管理活动的目的,是保证企业设置的程序和标准被严格、科学地执行。内部控制与风险管理系统通过划分业务循环、明确控制要点、进行风险评估从而采取相应的控制措施,促使企业里的每一个环节都按照相应的程序和标准来进行。企业应根据内部管理需要,结合生产经营特点,将各项经营活动划分为若干个业务循环,按照不同控制目标,建立各主要业务控制程序,确定处理程序、把握控制要点,使每一项经济业务从发生到完成的处理都遵循严格合理的业务程序,符合确定的业务标准,以防止产生差错,堵塞漏洞。而当我们对内部控制与风险管理进行检查以后,就可以对其健全性与有效性进行评价,就可以确定内部控制与风险管理可依赖的程度。如:评价内部控制制度是否完善;能否保证企业能完成任务与实现目标;内部控制所设定的标准和程序是否得到了贯彻执行;内部控制与风险管理的进行是否有助于企业目标的实现;是否有助于节约与有效使用资源;能否预防和发现错误和弊端;等等。通过上述评价便能够了解本企业本部门内部控制与风险管理中的缺陷所在,就能有针对性地、不断地完善本企业的制度,建立起适合本企业自身情况的内部控制与风险管理制度,实现企业的目标。

10.1.3 内部控制与风险管理评价的原则

1. 内部控制评价原则

内部控制评价部门应当根据企业实际情况和管理要求,分析企业经营管理过程中的高风险领域和重要业务事项,制定科学合理的评价工作方案,经董事会批准实施。评价工作方案应当明确评价主体范围、工作任务、人员组织、进度安排和费用预算等相关内容,在进行内部控制评价过程中,更要遵循内部控制评价原则,这也是开展评价工作必须进行的步骤。

2012年9月,财政部等五部门印发的《企业内部控制规范体系实施中相关问题解释第2号》中指出,集团性企业在确认内部控制评价范围时,应当遵循全面性、重要性、客观性原则,在对集团总部及下属不同业务类型、不同规模的企业进行全面、客观评价的基础上,关注重要业务单位、重大事项和高风险业务。内部控制评价至少应遵循以下原则。

(1)全面性原则

全面性原则强调的是内部控制评价的涵盖范围应当全面。内部控制评价的范围应全面完整,结合内部控制的五大目标,涵盖内部控制的五大要素,覆盖企业及其所属单位的各种业务和管理活动；在业务流程上应包括决策、执行、监督、反馈等各环节。

（2）重要性原则

重要性原则强调内部控制评价应当在全面性的基础之上，着眼于风险，突出重点。内部控制评价应在全面性的基础上，突出重点，在制定和实施评价工作方案、分配评价资源的过程中，着重关注那些重要业务事项、关键控制环节和重要业务单位。

（3）风险导向原则

评价人员应关注影响内部控制目标实现的高风险领域和主要风险，及时获取风险评估形成的风险清单，进行风险排序，将评价重点放在高风险领域和重大风险点控制的效率与效果上。

（4）客观性原则

客观性原则强调内部控制评价工作应当准确地揭示经营管理的风险状况，如实反映内部控制设计和运行的有效性。内部控制评价工作只有在制定评价工作方案、实施评价的全过程中始终坚持客观性，才能保证评价结果的客观性。

2. 风险管理原则

风险管理是一个系统性的过程，是一项重要的经营管理工作。风险管理的原则是指在进行风险管理活动时应遵循的基本准则和指导方针。这些原则旨在确保风险管理过程的有效性、透明度和可持续性，以最大限度地减少不确定性并实现组织或项目的目标。以下是一些常见的风险管理原则。

（1）全面性原则

风险管理应覆盖企业或项目的所有领域和环节，确保对风险的全方位管理和控制。要求对风险进行识别、评估、应对和监控等全过程管理。

（2）重要性原则

在全面考虑风险的基础上，应关注重大风险和关键领域，进行重点管理和控制。确保企业资源的有效利用，优先处理对企业影响较大的风险。

（3）平衡性原则

在风险管理过程中，应权衡风险与收益，确保在可接受的风险范围内追求最大的收益。避免过度追求收益而忽视风险管理，导致企业面临不可承受的风险。

（4）融合性原则

风险管理应与企业或项目的战略规划、运营管理等方面相互融合，形成一个有机整体。风险管理活动应贯穿于企业或项目的整个生命周期，确保风险管理的持续性和有效性。

（5）战略性原则

从战略层面整合和管理企业层面的风险，实现全面风险管理的价值。将风险管理纳入企业的战略规划中，确保风险管理与企业战略的一致性。

（6）全员性原则

风险管理是企业全体员工共同参与的过程，要求全员参与风险管理的实施和推进。提高员工的风险管理意识和能力，确保风险管理的有效执行。

（7）专业性原则

要求风险管理的专业人才实施专业化管理，确保风险管理的专业性和科学性。培养和引进风险管理专业人才，提升企业的风险管理能力。

（8）适应性原则

风险管理要与企业或项目的经营规模、业务范围等相匹配，并根据实际情况进行适时调整。确保风险管理活动的灵活性和适应性，以应对不断变化的市场环境和风险挑战。

（9）独立性原则

风险管理的专业部门或机构应独立制定具体的方案、政策等，确保风险管理的客观性和公正性。避免利益冲突和主观偏见对风险管理活动的影响。

10.1.4 内部控制与风险管理评价的内容

1. 内部控制环境评价

企业内部控制活动的环境可以分为内部环境和外部环境两部分，具体是指内部利益相关者塑造的控制环境和外部利益相关者塑造的控制环境。

内部环境通常是指影响企业内部控制效率的各种因素，包括公司组织结构、股东大会、董事会、监事会的职责、权限及职能行使情况，管理层的监控、检查方式与方法，公司核心人员素质以及所处工作环境等。其中公司治理架构是内部控制环境的核心。

外部环境通常是指在企业外部影响企业内部控制行为的各种因素，包括政府机构的立法与监管、注册会计师的审查、舆论的监督等。

内部控制环境评价是针对企业所处的内部控制环境有效性展开的调查，从企业层面和环境层面展开研究。企业层面的研究是以企业的内部环境作为研究的出发点，发现在企业内部存在的内部控制问题；从环境层面考虑，企业的内部控制环境则要从企业的角度出发，考虑外部环境对于企业内部控制活动产生的影响，进行综合分析评价。为了完整反映我国企业内部控制环境的特点，企业应从利益相关者的角度出发，构建企业内部控制环境评价指标体系。在整个过程中，企业自我评价与外部环境评价共同构成了企业内部控制环境的综合评价。

2. 风险评估评价

企业开展风险评估评价，应当遵从《企业内部控制基本规范》有关风险评估的要求，以各项应用指引中所列主要风险为依据，对已经识别的评估对象面临的各种风险、承受风险的能力、风险消减对策等进行认定和评估。

3. 控制活动评价

控制活动是企业为保障管理层指令的有效实施和实现企业目标而建立的政策和程序。各控制活动的评价标准依不同的业务类型而不尽相同，评价企业控制活动的主要关注点则是企业针对每一项业务活动是否制定了恰当的控制政策和程序，以及已确定的控制政策和程序是否得到持续、恰当的执行。

4. 信息与沟通评价

《企业内部控制评价指引》第二章第九条指出：企业组织开展信息与沟通评价，应当以内部信息传递、财务报告、信息系统等相关指引为依据，结合本企业的内部控制制度，对信息收集、处理和传递的及时性、反舞弊机制的健全性、财务报告的真实性、信息系统的安全性，以及利用信息系统实施内部控制的有效性进行认定和评价。

5. 内部监督评价

内部监督分为日常监督和专项监督。日常监督是对企业内部控制与风险管理情况进行常规、持续的监督检查。专项监督是指企业在建立于实施内部控制、经营活动、业务流程、关键岗位员工等发生较大调整或变化的情况下，对内部控制的某一个或者某些方面进行有针对性的监督检查。内部监督的重点是关注监事会、审计委员会、内部审计机构等是否在内部控制设计和运行中有效发挥监督作用。

10.1.5　内部控制与风险管理评价的方法

内部控制评价是指企业董事会或类似权力机构对内部控制的有效性进行全面评价，形成评价结论，出具评价报告的过程。企业在开展内部控制与风险管理检查评价工作过程中，应当根据评价内容和被评价单位具体情况，综合运用个别访谈、调查问卷、专题讨论、穿行测试、抽样、实地查验和比较分析等方法，充分搜集被评价单位内部控制设计和运行是否有效的证据，按照评价的具体内容，如实填写评价工作底稿，广泛收集被评价单位内部控制设计和运行是否有效的证据，研究分析内部控制与风险管理缺陷。

1. 个别访谈法

个别访谈法主要用于了解公司内部控制与风险管理的现状，在企业层面评价及业务层面评价的了解阶段经常被使用。访谈前应根据内部控制与风险管理评价需求形成访谈提纲，撰写访谈纪要，记录访谈内容。为了保证访谈结果的真实性，应尽量访谈不同岗位的人员以获得更可靠的证据。如分别访问财务部主管和基层员工，公司是否建立了员工财务软件培训长效机制，相应的财务软件培训能否满足员工和业务岗位需要。

2. 调查问卷法

调查问卷法主要用于企业层面评价。调查问卷应尽量扩大对象范围，包括企业各个层级的员工，应注意事先保密，题目尽量简单易答（如答案只为"是""否""有""没有"

等），比如：你对企业的内部控制与风险管理流程是否满意？你对企业未来的发展是否有信心？

3. 专题讨论法

专题讨论法是指集合有关专业人员就内部控制与风险管理的执行情况或控制问题进行分析，它既是控制评价的手段，也是形成缺陷整改方案的途径。对于同时涉及财务、业务、信息技术等方面的控制缺陷，往往需要由内部控制管理部门组织召开专题讨论会议，综合内部各机构、各方面的意见，研究确定缺陷整改方案。

4. 穿行测试法

穿行测试法是指在内部控制与风险管理流程中任意选取一笔交易作为样本，追踪该交易从最初起源直到最终在财务报表或其他经营管理报告中反映出来的过程，即该流程从起点到终点的全过程，以此了解控制措施设计的有效性，并识别出关键控制点。例如，在保险公司的内部控制评价中，选取一笔保险新单，追踪其从投保申请到财务入账的全过程。

5. 抽样法

抽样法分为随机抽样和其他抽样。随机抽样是按随机原则从样本库中抽取一定数量的样本；其他抽样是人工任意选取或按某一特定标准从样本库中抽取一定数量的样本。使用抽样法时，首先要确定样本库的完整性，样本库应该包含符合控制测试的所有样本；其次要确定所抽取样本的充分性，即样本的数量应当能检验所测试的控制点的有效性；最后要确定所抽取样本的适当性，即获取的证据应当与所测试控制点的设计和运行相关，并能可靠地反映控制的实际运行情况。

6. 实地查验法

实地查验法主要针对业务层面的控制，通过使用统一的测试工作表，与实际的业务、财务单证进行核对的方法进行控制测试，如实地盘点某种存货。

7. 比较分析法

比较分析法是指通过数据分析，识别评价关注点的方法。数据分析可以是与历史数据、行业（公司）标准数据或行业最优数据等进行比较。

在实际评价工作中，以上这些方法可以配合使用。此外，还可使用观察、重新执行、利用信息系统开发检查方法，或者利用实际工作和检查测试经验等方法。对于企业采用系统进行自动控制、预防性控制的，应在方法上注意与人工控制、发现性控制的区别。以上方法都可以在内部控制与风险管理评价中使用，具体应该根据组织的实际情况和需要选择合适的方法来进行评价。同时，评价方法的选择也应该符合内部控制评价的原则和要求。

10.2 内部控制与风险管理评价的组织与实施

10.2.1 内部控制评价的责任主体及其职责

董事会是内部控制评价的责任主体，对内部控制评价承担最终的责任，对内部控制评价报告的真实性负责。董事会可以通过审计委员会来承担对内部控制评价的组织、领导、监督职责。通过授权内部审计部门或独立的内部控制评价机构执行内部控制评价的具体工作，但董事会仍对内部控制评价承担最终的责任，对内部控制评价报告的真实性负责。对内部控制的设计和运行的有效性进行自我评价并对外披露是管理层解除受托责任的一种方式，董事会可以聘请会计师事务所对其内部控制的有效性进行审计，但其承担的责任不能因此减轻或消除。董事会或审计委员会应听取内部控制评价报告，审定内部控制重大缺陷、重要缺陷整改意见，对内部控制部门在督促整改中遇到的困难，积极协调，排除障碍。

2022年3月，财政部在《关于进一步提升上市公司财务报告内部控制有效性的通知》中提出上市公司董事会应对内部控制评价报告内容的真实性、准确性和完整性负责，并授权内部审计机构或履行内部审计职能的机构对内部控制的有效性进行监督，对监督发现的内部控制重大缺陷，应及时向董事会和监事会报告，并督促整改。

10.2.2 内部控制与风险管理评价机构

内部控制评价工作的具体组织实施主体一般为内部审计机构或专门的内部控制评价机构。在实践中，也有组织设内部控制评价结构，比如组成内部控制评价小组。企业也可以委托会计师事务所等中介机构实施内部控制评价。

国务院国资委在2019年10月印发的《关于加强中央企业内部控制体系建设与监督工作的实施意见》中指出，对"内部控制体系监管不到位、风险事件和合规问题频发的中央企业"，必须聘请具有相应资质的社会中介机构进行审计评价，切实提升内部控制体系管控水平。

内部控制和风险管理评价的机构包括以下几种，如图10-1所示。

1. 内部审计部门

内部审计部门是组织内部独立的审计机构，负责对内部控制和风险管理制度进行独立的评价和监控，发现问题并提出改进建议。监督职能是内部审计的基本职能，同时内部审计是内部控制的重要组成部分，通过对内部控制制度和管理效能进行审计，发现管理方面存在的问题，找出管理中的薄弱环节，促进被审计单位改进管理，提高管理水平，帮助企业更好地实现组织目标。

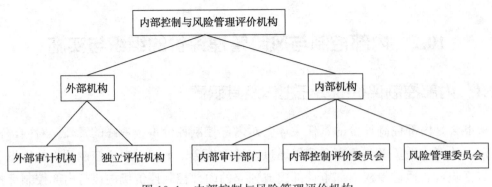

图 10–1 内部控制与风险管理评价机构

2. 外部审计机构

外部审计机构是独立的审计机构,负责对组织的财务报表和内部控制制度进行独立的评价和监控,发现问题并提出改进建议。外部审计很好地发挥了内部控制评价重要的作用,通过外部的评价去将企业内部控制的缺陷查出来。正常来说,外部审计是不需要看企业的眼色的,只需要对国家、社会以及法律负责,因而能保证审计的独立性及公正性。

3. 独立评估机构

独立评估机构是专业的第三方机构,负责对组织的内部控制和风险管理制度进行独立的评价和监控,发现问题并提出改进建议。独立评估机构通过由评估因素、评估标准、评估方法和信用等级划分而构成的评估体系对企业进行信用评级。企业的信用评级转移具有两面性:高等级信用评级有助于提升企业的管理效力,而降级的企业则面临着运营环境恶化的巨大风险。

4. 内部控制评价委员会

内部控制评价委员会是由组织内部成员组成的专门委员会,负责对组织的内部控制制度进行评价和监控,提出改进建议,并向组织高层管理人员汇报评价结果。

5. 风险管理委员会

风险管理委员会是由组织内部成员组成的专门委员会,负责对组织的风险管理制度进行评价和监控,提出改进建议,并向组织高层管理人员汇报评价结果。

以上机构都可以对内部控制和风险管理制度进行评价和监控,不同机构的评价方式和侧重点可能有所不同,组织应根据自身情况选择合适的机构进行评价。同时,评价机构的选择也应符合评价的原则和要求。

10.2.2 内部控制与风险管理评价程序

内部控制与风险管理评价程序是一个系统性的方法,帮助组织评估其内部控制体系的有效性和适当性，以保护组织的财务信息和资产，确保业务活动的合法性和符合道德规范。内部控制与风险评价程序包含以下七个步骤，这些程序环环相扣、相互衔接、相互作用，构成了内部控制评价的基本流程。内部控制与风险管理评价程序，如图 10–2 所示。

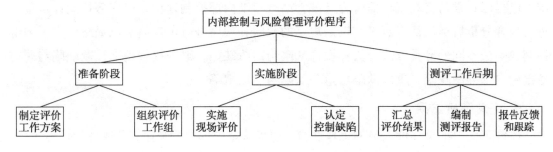

图 10–2　内部控制与风险管理评价程序

1. 制定评价工作方案

评价机构应根据内部监督情况和管理要求，分析企业经营管理过程中的高风险领域和重要业务事项，确定与检查评价方法，制定科学的评价方案，经董事会批准后实施。评价方案应明确评价范围、工作任务、人员组织、进度安排和费用预算等内容。评价方案既可以全面评价为主，也可根据需要采用重点评价的方式。

2. 组成评价工作组

评价工作组是在内部控制评价机构的领导下，具体承担内部控制的检查评价任务。评价机构根据经批准的评价方案，挑选具备独立性、业务胜任能力和职业道德素养的评价人员实施评价。评价工作组应吸收企业内部相关机构熟悉情况、参与日常监控的负责人或业务骨干参加。评价工作组成员对本部门的评价应实行回避制度。企业应根据自身条件，尽量建立长效的内部控制评价培训机制。

3. 实施现场评价

现场评价首先要了解被评价单位的基本情况，充分沟通企业文化和发展战略、组织机构设置及职责分工、领导层成员构成及分工等基本情况。根据掌握的情况，进一步确定评价范围、检查重点和抽样数量，并结合评价人员的专业背景进行合理分工。检查重点和分工情况可根据需要适时调整。评价人员应对被评价单位进行现场测试，综合运用个别访谈、调查问卷、专题讨论、穿行测试、实地查验、抽样和比较分析等方法，充分搜集被评价单位内部控制设计和运行是否有效的证据，按评价内容如实填写评价工作底稿，研究分析内部控制缺陷。工作底稿应详细记录企业执行评价工作的内容，包括评价要素、主要风险点、采取的控制措施、有关证据资料及认定结果等。工作底稿可以通过一系列评价表格加以实现。

4. 认定控制缺陷

内部控制缺陷是评价内部控制有效性的负向维度，如果内部控制的设计或运行无法合理保证内部控制目标的实现，即意味着存在内部控制缺陷。企业对内部控制缺陷的认定，应当以日常监督和专项监督为基础，结合年度内部控制评价，由内部控制评价部门进行综合分析后提出认定意见，按照规定的权限和程序进行审核后予以最终认定。内部控制缺陷按不同的分类方式分为：设计缺陷与运行缺陷；财务报告内部控制缺陷与非财务报告内部控制缺陷；重大缺陷、重要缺陷与一般缺陷。

5. 汇总评价结果

评价工作组汇总评价人员的工作底稿，初步认定内部控制缺陷，形成现场评价报告。评价工作底稿应进行交叉复核签字，并由评价工作组负责人审核后签字确认。评价工作组将评价结果及现场评价报告向被评价单位通报，由被评价单位相关责任人签字确认后，提交评价机构。评价机构汇总各评价工作组的评价结果，对评价工作组现场初步认定的内部控制缺陷进行全面复核、分类汇总；对缺陷的成因、表现形式及风险程度进行定量或定性的综合分析，按其对控制目标的影响程度判定缺陷等级。

6. 编报测试报告

评价机构以汇总的评价结果和认定的内部控制缺陷为基础，综合内部控制工作的整体情况，客观、公正、完整地编制内部控制评价报告，并报送企业经理层、董事会和监事会，由董事会最终审定后对外披露。

7. 报告反馈和跟踪

对于认定的内部控制缺陷，评价机构应结合董事会和审计委员会的要求，提出整改建议，要求责任单位及时整改，并跟踪其整改落实情况；已经造成损失或负面影响的，应追究相关人员的责任。

10.3 内部控制与风险管理缺陷的认定

10.3.1 内部控制与风险管理缺陷的种类

财政部等五部门联合发布的《企业内部控制评价指引》指出，内部控制与风险管理缺陷分为两类，即设计缺陷和执行缺陷。其中，设计缺陷是指企业缺少为实现控制目标所必需的控制，或现存控制设计不适当，即使正常运行也难以实现控制目标。执行缺陷是指设计完好的内部控制由于执行不当（包括不恰当的人执行、未按设计的方式执行、执行的时间或频率不当、执行者没有获得必要授权或缺乏胜任能力难以有效地实施控制）而形成的缺陷。

实践中，有的企业先把内部控制与风险管理缺陷分成财务缺陷和非财务缺陷两类，然后分别从设计和运行两个维度去评价。

内部控制与风险管理缺陷是评价有效性的负向维度，如果设计或运行无法合理保证目标的实现，即意味着存在内部控制与风险管理缺陷。内部控制与风险管理缺陷的种类包括但不限于以下几类。

1. 设计缺陷

内部控制和风险管理方案在设计阶段存在问题，内部控制设计不科学、不适当，即使正常运行也难以实现控制目标。评价内部控制设计的有效性，可以考虑以下三个方面：①内部控制的设计是否做到了以内部控制的基本原理为前提，以《企业内部控制基本规范》及其配套指引为依据；②内部控制的设计是否覆盖了所有关键的业务与环节，对董事会、监事会、经理层和员工具有普遍的约束力；③内部控制的设计是否与企业自身的经营特点、业务模式以及风险管理要求相匹配。

2. 实施缺陷

内部控制和风险管理方案在实施阶段存在问题，即使设计比较科学、适当，但在实际运行过程中没有严格按照设计意图执行，导致内部控制运行与设计相脱节，未能有效实施控制、实现控制目标。评价内部控制实施的有效性，可以从三个方面进行考察：①相关控制在评价期内是如何运行的；②相关控制是否得到了持续一致的运行；③实施控制的人员是否具备必要的权限和能力。

3. 监控缺陷

内部控制和风险管理方案在监控阶段存在问题，例如对内部控制和风险管理的监控不及时、监控措施不够有效等。

4. 信息处理缺陷

内部控制和风险管理方案在信息处理方面存在问题，例如信息系统的安全性不足、数据处理不准确等。

5. 组织结构缺陷

组织结构设计、人员配备等方面存在问题，例如内部控制和风险管理责任不明确、人员素质不足等。

6. 外部环境缺陷

外部环境因素对内部控制和风险管理产生影响，例如政策法规变化、市场风险变化等。

以上是常见的内部控制与风险管理缺陷种类，不同组织可能存在不同的缺陷类型，需要根据具体情况进行评估和纠正。为了提高内部控制和风险管理的有效性和适当性，组织应持续评估和改进其内部控制和风险管理方案,并建立完善的内部控制和风险管理机制。

10.3.2 内部控制与风险管理缺陷的认定标准

内部控制与风险管理缺陷是在内部控制与风险管理过程中发现的不符合要求的情况或存在的问题,可能导致内部控制不完善、失效或不适当。内部控制缺陷是内部控制在设计和运行中存在的漏洞,这些漏洞将不同程度地影响内部控制的有效性,影响控制目标的实现。衡量内部控制有效性的关键步骤就是查找内部控制在设计或运行环节中是否存在重大缺陷。内部控制缺陷的认定通常被视作判断内部控制有效性的一个负向维度。

1. 缺陷程度

《企业内部控制规范体系实施中相关问题解释第 1 号》指出,查找并纠正企业内部控制设计和运行中的缺陷,是开展企业内部控制评价的一项重要工作,是不断完善企业内部控制的重要手段。对内部控制缺陷的认定是对内部控制缺陷的重要程度进行识别和确定的过程,即判定一项缺陷属于重大缺陷、重要缺陷还是一般缺陷的过程。

重大缺陷是内部控制中存在的、可能导致不能及时防止或发现并纠正财务报表出现重大错报的一项控制缺陷或多项控制缺陷的组合。

重要缺陷是内部控制中存在的、其严重程度不如重大缺陷但足以引起负责监督被审计单位财务报告的人员(如审计委员会或类似机构)关注的一项控制缺陷或多项控制缺陷的组合。

一般缺陷是内部控制中存在的、除重大缺陷和重要缺陷之外的控制缺陷。

2. 缺陷类型

内部控制与风险管理的缺陷类型有许多种,包括但不限于人员缺陷、信息处理缺陷、控制活动缺陷、监督管理缺陷、组织架构缺陷等。不同类型的缺陷对内部控制的影响不同。一般可以分为财务报告内部控制缺陷和非财务报告内部控制缺陷两种类型。

(1) 财务报告内部控制缺陷

财务报告内部控制缺陷认定标准直接取决于由于该内部控制缺陷的存在可能导致的财务报告错报的重要程度。"重要程度"主要取决于两个方面的因素:①该缺陷是否具备合理可能性导致企业的内部控制不能及时防止或发现并纠正财务报告错报;②该缺陷单独或连同其他缺陷可能导致的潜在错报金额的大小。

如果一项内部控制缺陷单独或连同其他缺陷具备合理可能性导致不能及时防止或发现并纠正财务报告中的重大错报,就应将该缺陷认定为重大缺陷。一项内部控制缺陷单独或连同其他缺陷具备合理可能性导致不能及时防止或发现并纠正财务报告中错报的金额虽然未达到或超过重要性水平,但仍应引起董事会和管理层重视,就应将该缺陷认定为重要缺陷。不构成重大缺陷和重要缺陷的内部控制缺陷，应认定为一般缺陷。

一旦企业的财务报告内部控制存在一项或多项重大缺陷，就不能得出该企业的财务报告内部控制有效的结论。出现以下迹象之一则通常表明财务报告内部控制可能存在重大缺陷：①董事、监事和高级管理人员舞弊；②企业更正已公布的财务报告；③注册会计师发现当期财务报告存在重大错报，而内部控制在运行过程中未能发现该错报；④企业审计委员会和内部审计机构对内部控制的监督无效。需要说明的是，内部控制缺陷的严重程度并不取决于是否实际发生了错报，而是取决于该控制不能及时防止或发现并纠正潜在缺陷的可能性。

在财政部和证监会 2022 年 3 月印发的《关于进一步提升上市公司财务报告内部控制有效性的通知》中，针对当前多发的上市公司财务造假和相关内部控制缺陷，主要包括以下重点领域：①资金资产活动相关舞弊和错报的风险与控制；②收入相关舞弊和错报的风险与控制；③成本费用相关舞弊和错报的风险与控制；④投资活动相关舞弊和错报的风险与控制；⑤关联方交易相关舞弊和错报的风险与控制；⑥重要风险业务和重大风险事件相关的风险与控制；⑦财务报告编制相关的风险与控制。

（2）非财务报告内部控制缺陷

非财务报告内部控制缺陷是指除财务报告目标之外的与其他目标相关的内部控制缺陷，包括战略内部控制缺陷、经营内部控制缺陷、合规内部控制缺陷、资产内部控制缺陷。非财务报告目标内部控制缺陷的认定具有涉及面广、认定难度大的特点，尤其是战略内部控制缺陷和经营内部控制缺陷。

非财务报告内部控制缺陷的认定可以采用定性和定量的认定标准，企业可以根据风险评估的结果，结合自身的实际情况、管理现状和发展要求合理确定。应主要考察企业制定战略、开展经营活动的机制和程序是否符合内部控制要求，以及不适当的机制和制度对战略目标和经营目标的实现可能造成的影响。

以下迹象通常表明非财务报告内部控制可能存在重大缺陷：①违反法律、法规；②除政策性亏损外，企业连年亏损，持续经营受到挑战；③缺乏制度控制或制度系统性失效；④并购重组失败，或新扩充下属单位经营难以为继；⑤子公司缺乏内部控制建设，管理散乱；⑥企业管理层人员纷纷离开或关键岗位人员流失严重；⑦被媒体频频曝光负面新闻；⑧内部控制评价的结果特别是重大或重要缺陷未得到整改。

3. 影响范围

内部控制与风险管理缺陷的影响范围是指缺陷对哪些业务、流程、账务或系统等产生影响。影响范围越广，缺陷对企业的影响就越大。

4. 缺陷的原因和后果

内部控制与风险管理的原因和后果也是评估缺陷的重要标准。如果缺陷是由人为因素引起的,那么可能需要加强培训和监督;如果缺陷导致的后果严重,就需要采取紧急措施及时修复。

5. 缺陷持续时间

内部控制与风险管理缺陷的持续时间也是评估缺陷的一个标准。如果缺陷已经存在很长时间并且一直没有被发现或解决,那么缺陷的后果可能更加严重。

综上所述,内部控制与风险管理缺陷的认定标准包括缺陷程度、缺陷类型、影响范围、缺陷的原因和后果、缺陷持续时间等方面。企业应该建立完善的内部控制和风险管理机制,对缺陷进行持续监测、评估和修复,确保内部控制和风险管理的有效性和适当性。

10.3.3 内部控制与风险管理缺陷的认定步骤

内部控制与风险管理是一个持续的过程,企业需要不断进行风险评估、制定解决方案、实施控制措施和评估效果等,以保持内部控制与风险管理的有效性和适应性。企业应建立完善的内部控制及风险管理机制,加强对风险的监测和评估,及时发现和解决风险,确保企业的稳健经营。内部控制与风险管理缺陷的认定步骤如下:

1. 识别潜在缺陷

企业首先需要识别可能存在的内部控制与风险管理缺陷,包括对可能存在的业务风险、流程风险、系统风险等进行评估,找出可能存在的风险点。

2. 缺陷的影响程度

对于识别出来的潜在缺陷,企业需要根据缺陷的程度和影响范围等因素进行评估,以确定缺陷的影响程度。

3. 确认缺陷的存在

企业需要采用一些适当的测试和审计程序来确认缺陷的存在和程度,例如内部审计、风险评估、流程控制等。

4. 确认缺陷的原因

对于确认存在的缺陷,企业需要对缺陷的原因进行深入的分析,以确定缺陷的根本原因,从而有针对性地制定解决方案。

5. 制定解决方案

企业需要制定一些适当的解决方案,以解决识别出来的内部控制与风险管理缺陷。解决方案可能包括改进流程、增加控制、加强培训、更新系统等。如果重要性水平和一般水平是绝对金额,那么可直接将潜在错报金额合计数与其进行比较,判断缺陷类型;

如果重要性水平和一般水平是相对数，需进一步计算错报指标再进行比较判断。计算公式如下：

$$错报指标 = 潜在错报金额合计数 / 当期主营业务收入（或期末资产）$$

6. 实施解决方案

企业需要按照制定的解决方案实施，并进行跟踪和监测，以确保解决方案的有效性和适当性。

7. 重新评估效果

企业应定期重新评估内部控制与风险管理缺陷的效果，并对缺陷的处理情况进行记录和报告。

以上是内部控制与风险管理缺陷认定的一般流程。企业应根据自身的情况和需要进行具体的实施。同时，企业应建立完善的风险控制制度，加强内部控制监测和评估，及时发现和解决内部控制与风险管理缺陷，确保企业的稳健经营。

10.4 内部控制与风险管理评价的底稿与报告

10.4.1 内部控制与风险管理评价报告的底稿

内部控制评价工作底稿是内部控制工作的载体，也是内部控制评价报告形成的基础。在实际工作中，评价底稿一般是通过一系列的评价表格来实现的。一般来说，评价底稿包括业务流程评价表、控制要素评价表、内部控制评价汇总表三个层次。

1. 业务流程评价表

企业的经营活动涉及多个业务流程，包括采购业务流程、销售业务流程、工程项目流程、担保业务流程等。企业应根据其自身业务特点，设计合理的业务流程模块，由相对独立的评价小组对每个业务流程进行测试与评价，形成业务流程评价表。各类业务流程评价应包括设计有效性和运行有效性。各业务流程评价表应包括评价指标（对控制点的描述）、评价标准（检查是否符合控制要求）、评价证据（如××规定或实施办法或抽取的样本对应的凭证号等）、评价结果（评价得分）、未有效执行的原因等。

2. 控制要素评价表

控制要素评价表包括内部环境评价表、风险评估评价表、控制活动评价表、信息与沟通评价表、内部监控评价表。其中，内部环境评价表、风险评估评价表、信息与沟通评价表、内部监控评价表都是根据现场评价结果直接形成的，而控制活动评价表是在对各业务流程评价表的基础上汇总而成的。内部控制要素评价表的内容包括评价指标、评价标准、评价结果、评价得分等。

3. 内部控制评价汇总表

内部控制评价汇总表包括：内部环境评价及其评分，风险评估评价及其评分，控制活动评价及其评分，信息与沟通评价及其评分，内部监控评价及其评分，缺陷的认定，综合评价得分。内部控制评价汇总表是在内部控制五大要素评价表的基础上汇总形成的，并将缺陷的认定单列项目，作为最后评价得分的减项。为了更清楚地了解缺陷的基本情况，应分类反映缺陷数量、等级等项目。

10.4.2 内部控制与风险管理评价报告的内容

1. 内部控制评价报告的内容

（1）内部控制评价报告的类型

内部控制评价报告是企业内部控制评价的重要输出形式，旨在对公司内部控制、风险管理和合规性进行全面评估和披露。企业因其外部环境和内部条件的变化，其内部控制系统不可能是固定的、一成不变的，而是一个不断更新和自我完善的动态体系，因此对内部控制需要经常展开评价，在实际工作中可以采用定期与不定期相结合的方式。内部控制评价报告可分为对内报告和对外报告。对外报告是为了满足外部信息使用者的需求，需要对外披露，在时间上具有强制性，披露内容和格式强调符合披露要求；对内报告主要是为了满足管理层或治理层改善管控水平的需要，不具有强制性，内容、格式和披露时间由企业自行决定。

对外报告一般采用定期的方式，即企业至少应该每年进行一次内部控制评价并由董事会对外发布内部控制报告。年度内部控制评价报告应以 12 月 31 日为基准日，内部控制报告应于基准日后 4 个月内报出。值得说明的是，如果企业在内部控制评价报告年度内发生了特殊的事项且具有重要性，或因为具有了某种特殊原因（如企业因目标变化或提升），企业需要针对这种特殊事项或原因及时编制内部控制评价报告并对外发布。这种类型的内部控制评价报告属于非定期的内部控制报告。

内部报告一般采用不定期的方式，即企业可以持续地开展内部控制的监督与评价，并根据结果的重要性随时向董事会（审计委员会）或经理层报送评价报告。从广义上讲，企业针对发现的重大缺陷等向董事会（审计委员会）或经理层报送的内部报告（内部控制缺陷报告）也属于非定期的报告。

（2）内部控制报告需要披露的内容

内部控制应全面、完整，结合内部控制的目标，涵盖内部控制的要素，覆盖企业及其所属单位的各种业务和管理活动的全过程。企业对内部控制评价可以提高企业治理能力。内部控制评价报告可以帮助企业建立健全的内部控制机制，规范公司日常运营管理，减少汇报错误和违规行为，提升企业的治理能力和经营水平。企业对内部控制评价保护投资人利益。内部控制评价报告可以为投资人提供一个更加全面、真实的企业运营状况，在降低投资人交易成本的同时,也保护了投资人的利益。企业对内部控制评价规避企业风险。内部控制评价报告可以帮助企业识别和避免潜在风险和风险缺陷,加强风险控制和防范措施,降低企业经营风险。

根据《企业内部控制评价指引》第二十一条和二十二条的规定,内部控制评价对外报告一般包括以下内容。

①董事会对内部控制报告真实性的声明。声明董事会及全体董事对报告内容的真实性、准确性、完整性承担个别及连带责任,保证报告内容不存在任何虚假记载、误导性陈述或重大遗漏。

②内部控制评价工作的总体情况。明确企业内部控制评价工作的组织、领导体制、进度安排,是否聘请会计师事务所对内部控制有效性进行独立审计。

③内部控制评价的依据。说明企业开展内部控制评价工作所依据的法律法规和规章制度。

④内部控制评价的范围。描述内部控制评价所涵盖的被评价单位,以及纳入评价范围的业务事项、重点关注的高风险领域。内部控制评价的范围如有遗漏的,应说明原因,及其对内部控制评价报告真实完整性产生的重大影响等。

⑤内部控制评价的程序和方法。描述内部控制评价工作遵循的基本流程,以及评价过程中采用的主要方法。

⑥内部控制缺陷及其认定情况。描述适用本企业的内部控制缺陷具体认定标准,并声明与以前年度保持一致或做出的调整及相应原因;根据内部控制缺陷认定标准,确定评价期末存在的重大缺陷、重要缺陷和一般缺陷。

⑦内部控制缺陷的整改情况及重大缺陷拟采取的整改措施。对于评价期间发现、期末已完成整改的重大缺陷,说明企业有足够的测试样本显示,与该重大缺陷相关的内部控制设计且运行有效。针对评价期末存在的内部控制缺陷,公司拟采取的整改措施及预期效果。

⑧内部控制有效性的结论。对不存在重大缺陷的情形,出具评价期末内部控制有效结论;对存在重大缺陷的情形,不得做出内部控制有效的结论,并需描述该重大缺陷的性质及其对实现相关控制目标的影响程度,可能给公司未来生产经营带来相关风险。自内部控制评价报告基准日至内部控制评价报告发出日之间发生重大缺陷的,企业须责成内部控制评价机构予以核实,并根据核查结果对评价结论进行相应调整,说明董事会拟采取的措施。

2. 风险管理报告的内容

风险管理评价是指对风险管理技术适用性及其收益性情况进行的分析检查、修正与评估,具体地说,就是评估风险管理的有效性。风险管理评价可用以检查、评价风险管理过程的充分性和

扩展阅读10-1 案例研究

有效性。

评价风险管理主要目标的完成情况主要表现在：评价公司以及同行业的发展情况和趋势，确定是否可能存在影响企业发展的风险；检查公司的经营战略，了解公司能够接受的风险水平；与相关管理层讨论部门的目标、存在的风险，以及对降低风险和加强控制的活动评价其有效性；评价风险监控报告制度是否恰当；评价风险管理结果的充分性和及时性；评价管理层对风险的分析是否全面，为防止风险而采取的措施是否完善，建议是否有效；对管理层的自我评估进行实地观察、直接测试，检查自我评估所搜集的信息是否准确，以及审计技术的应用；评估与风险管理有关的薄弱环节，并与管理层、董事会、审计委员会讨论，提出意见并监督实施。

评价管理层选择的风险管理方式的适当性。每个公司应根据自身活动来设计风险管理过程。一般来说，规模大的、有市场融资能力的公司必须用正式的定量风险管理方法；规模小的，业务不太复杂的，则可以设置非正式的风险管理委员会定期开展评价活动。内部审计人员的职责是评价公司风险管理方式与公司活动的性质是否适当。

以下是风险管理报告的一般内容，具体内容可能因企业不同而有所不同。

（1）报告目的和范围

报告概述报告的目的和范围，包括对企业面临的主要风险进行分析和评估，以及制定相应的应对策略。

（2）风险管理框架

报告描述企业的风险管理框架，包括风险识别、评估、控制、监控和报告等环节。

（3）风险识别和评估

报告列出企业面临的主要风险，包括经济、市场、政策、技术、自然灾害等方面。对每种风险进行评估，包括风险概述、影响程度、概率等方面。

（4）风险控制和管理

报告列出企业对各种风险所采取的控制措施和管理方法，包括风险承担、风险转移、风险规避等方面。对控制措施的有效性进行评价和监督。

（5）风险监控和报告

报告描述企业对各种风险的监控和报告机制，包括风险预警、风险监控、风险溢出等方面。对监控机制的有效性进行评价和监督。

（6）风险管理结果

报告总结企业的风险管理结果，包括对风险的控制和管理效果进行评价和分析。同时，报告还对评价结果进行分析和评价，并提出未来风险管理改进的方向和建议。

以《招商银行股份有限公司2021年度风险管理报告》为例，说明风险管理报告的内容。

（1）风险管理框架和体系

阐述招商银行的风险管理框架和体系，包括风险管理政策、制度、流程和方法。

（2）风险管理组织和人员

介绍招商银行的风险管理组织和人员配置情况，包括风险管理部门、风险管理委员会和风险管理人员的职责和作用。

（3）风险管理情况

对招商银行的风险管理情况进行概述，包括风险管理的目标、范围和方法，并对各类风险（信用风险、市场风险、流动性风险等）进行分析和评估。

扩展阅读 10-2 招商银行股份有限公司 2021 年度风险管理报告

（4）风险监测和报告

阐述招商银行的风险监测和报告机制，包括风险数据采集、分析和报告的流程和方法，以及风险报告的内容和形式。

（5）风险应对和控制

介绍招商银行的风险应对和控制措施，包括风险管理的预警机制、风险控制的策略和方法，以及应对风险的应急预案。

（6）风险管理成效

评估招商银行风险管理的成效，包括风险管理的效益、风险水平的变化、风险管理体系的完善程度等方面的指标。

（7）风险管理创新

介绍招商银行的风险管理创新情况，包括风险管理技术和方法的创新，以及风险管理的数字化、智能化和网络化应用。

（8）风险管理目标和计划

提出招商银行未来风险管理的目标和计划，包括风险管理的重点、方向和措施等。

10.4.3　内部控制与风险管理评价报告的编制要求

1. 内部控制评价报告的编制要求

内部控制评价报告的编制是对内部控制评价的目的和责任主体、内部控制评价的内容和所依据的标准、内部控制评价的程序和所采用的方法、被评估的内部控制是否有效及其存在的重大缺陷的可能性、所有在评估过程中发现的控制缺陷，以及针对这些缺陷的补救措施及补救措施的实施计划等内容进行总结编报。内部控制评价报告是进一步完善内部控制、提高经营管理水平和风险防范能力的重要依据。内审人员应当向董事会、监事会和管理层报告内部控制设计与运行环节存在的主要问题以及将要采取的整改措施。企业管理层和董事会应当根据评价结论对相关单位、部门或人员实施适当的奖励和惩戒。内部控制评价报告的编制要求可以从以下几个方面进行说明。

（1）报告的范围和目的

报告需要明确内部控制评价的范围和目的，包括评价的时间范围、评价的对象、评价的目的等。

（2）评价方法和过程

报告需要详细描述内部控制评价的方法和过程，包括评价的标准、评价的程序、评价的具体内容、评价结果的分析和总结等。

（3）评价结果的呈现

报告需要清晰地呈现评价结果，包括内部控制的强项和薄弱项、内部控制缺陷的种类和数量、缺陷的严重程度等。

（4）缺陷改进计划和建议

报告需要提出缺陷改进计划和建议，包括针对不同类型的缺陷的改进措施、改进的时限和责任人等。

（5）签字和承诺

报告需要由内部控制评价负责人签字，并承诺报告的真实性、准确性和完整性。

此外，内部控制评价报告的编制还需要遵循相关的法律法规和规范性文件的要求，如《内部控制基本规范》《公司法》等。同时，报告的编制过程需要保证独立性、客观性和审慎性，避免任何不当干扰或压力的影响。

2. 风险管理报告的编制要求

风险管理报告是企业对其风险管理情况进行全面评估并向内部和外部相关方公开的重要报告。企业需按要求完成本单位的风险评估，在本单位风险管理办公室的组织下编制年度"全面风险管理报告"，经本单位风险管理委员会或相应决策机构批准后提交。为了提高对风险管理报告的管理水平，应对风险管理报告的编制提出如下要求及流程，如图10-3所示。

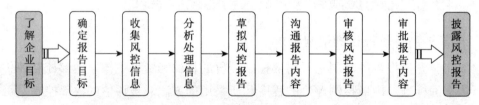

图10-3 风险管理报告的编制流程

（1）报告的范围和目的

报告应明确阐述其编制的目的、范围和所涉及的风险类型、业务领域和期间。

（2）风险管理框架

报告应详细描述企业的风险管理框架，包括风险管理政策、流程和制度等，以及其在企业治理结构中的定位和作用。

（3）风险识别和评估

风险识别与评估是风险管理报告的核心内容，也是风险管理工作的基础。报告应明确描述企业对风险的识别和评估方法，以及在评估过程中所考虑的因素和数据来源。

（4）风险管理策略和措施

报告应阐明企业的风险管理策略和措施，并说明这些策略和措施是如何应对特定风险的。

（5）风险监测和反馈

报告应描述企业对风险的监测和反馈机制，以及如何有效地监测和反馈风险信息，并指出在监测和反馈过程中的改进和调整。

（6）风险管理成效评估

报告应对企业风险管理的成效进行评估，包括风险管理措施的有效性、成本效益和风险管理水平的提高程度等。

（7）报告的披露要求

报告应符合相关法律法规和监管要求，并对企业风险管理情况进行透明披露，使内部和外部相关方了解企业的风险状况、管理措施和成效。

（8）报告的审计要求

报告应由独立审计机构进行审计，并在报告中披露审计结论和意见，以确保报告内容的真实性、准确性和可信度。

需要注意的是，风险管理报告是企业对外披露风险管理情况的重要渠道，编制风险管理报告应当严格按照规定要求，确保报告真实、准确、完整、及时。同时，企业应该注重风险管理报告的可读性和易理解性，使各利益相关方能够准确理解企业的风险管理情况，从而更好地评估企业的风险水平和潜在风险。

10.4.4 内部控制与风险管理评价报告的披露与报送

1. 内部控制评价报告的披露与报送

内部控制评价报告的披露与报送是指将内部控制评价结果以书面形式向公司内外相关方披露和报送的过程。披露与报送是内部控制评价的重要环节，其目的是通过透明公开的方式向内外部相关方展示公司内部控制体系的完整性和有效性，提高投资者对公司的信任度，增强公司的透明度和规范性。内部控制评价报告的披露要求通常由监管机构、证券交易所、上市规则等规定。

《企业内部控制评价指引》规定，企业编制的内部控制评价报告应当报经董事会或类似权力机构批准后对外披露或报送相关部门。企业应以每年的 12 月 31 日为年度内部控制评价报告的基准日，于基准日后 4 个月内报出内部控制评价报告。在我国，上市公司应遵守《公司法》《证券法》《企业内部控制基本规范》等相关法律法规和规范性文件的要求。具体如下：

（1）披露方式

上市公司应将内部控制评价报告在公司网站、证券交易所指定的披露平台等互联网渠道上披露，同时，也可以通过纸质文件的形式报送给证券监管机构等相关部门。

（2）内容要求

内部控制评价报告应包括评价方法、评价范围、评价结果、存在的问题及改进措施等内容，要求真实、准确、完整、明确，对评价结果进行充分说明。

（3）报送时间

内部控制评价报告应在规定的时间内报送给证券监管机构、证券交易所等相关部门，并及时在公司网站披露。我国上市公司一般在年报中披露内部控制评价报告。

（4）独立性要求

内部控制评价报告的编制应由公司内部控制部门、审计部门、外部独立评价机构等独立第三方机构进行，保证评价结果客观、公正、独立。

总之，内部控制评价报告的披露与报送要求是保证公司内部控制评价透明度和有效性的重要环节，上市公司应严格遵守相关规定，确保评价结果的真实性、准确性和完整性。

2. 风险管理报告的披露与报送

风险管理报告是企业按照规定编制的一份重要报告，用于公开披露企业的风险管理情况，为投资者、监管部门和其他利益相关方提供信息。风险管理报告的披露与报送要求如下：

（1）披露范围

风险管理报告应包括企业的风险管理框架、风险识别和评估、风险控制和应对、风险信息披露等方面的内容。

（2）报告周期

风险管理报告应每年至少编制一次，按照财务报告披露的时间进行披露。

（3）内容要求

风险管理报告应包括企业的风险管理政策、组织架构、风险管理流程和制度、风险识别、评估和控制情况、应对措施、风险信息披露等内容，应当真实、准确、完整、及时。

（4）报告披露渠道

风险管理报告应在企业的网站上公开披露，同时应在我国证监会指定的信息披露网站上披露。

（5）报告报送对象

风险管理报告应报送我国证监会和所在地证监局，同时应报送证券交易所或全国中小企业股份转让系统。

企业年度风险管理报告涉及企业发展的核心风险分析，所以它是一份需要保密的文件，随报告内容详细程度的不同，可分为机密级和秘密级。

企业年度风险管理报告经风险管理委员会审核、董事会审批后方可对外披露。对国企而言，一般只是向监管机构披露。如需提交国资委的（对应非金融国有企业），则在报告审批后，按照上报时限要求上报给国资委（国务院国资委或地方国资委）分管处室；如需提交银保监会的（对应银行和保险机构），则在报告审批后，按照上报时限要求进行上报。

复习思考题

1. 谈谈你对内部控制评价定义的理解。
2. 在开展内部控制评价工作时，全面性和重要性哪个更重要？二者应如何权衡？
3. 内部控制评价的具体内容有哪些？
4. 试说明内部控制评价方法及其适用范围。
5. 内部控制缺陷如何分类？财务报告内部控制缺陷的认定标准是什么？
6. 内部控制评价机构的内部结构一般分为哪几部分？
7. 根据《企业内部控制评价指引》的规定，内部控制评价报告包含哪些基本内容？

即测即练

自学自测　扫描此码

参 考 文 献

[1] 杜安妮. 夫妻控股型公司治理法律问题研究[D]. 石家庄：河北经贸大学，2023.
[2] 佚名.美国审计史的塞翁失马——麦克森罗宾斯欺诈案[J]. 中国总会计师，2008(4): 91.
[3] COSO. 企业风险管理——整合框架[M]. 方红星，译. 大连：东北财经大学出版社，2005.
[4] 刘柳. 海尔公司外部环境分析与竞争战略研究[J]. 西部皮革，2020, 42(10): 65.
[5] 王岩，许彩俊. 长三角一体化视角下 OLED 面板行业 PEST 分析及其发展思路[J]. 海派经济学，2021, 19(3): 105-122.
[6] 林琦. 基于淘宝网的 C2C 店铺竞争战略研究——以波特五力分析模型为视角[J]. 商场现代化，2019(16): 22-23.
[7] 《风险管理》编写组. 风险管理[M]. 成都：西南财经大学出版社，1994.
[8] 池国华，朱荣. 内部控制与风险管理[M]. 北京：中国人民大学出版社，2022.
[9] 秦荣生，张庆龙. 企业内部控制与风险管理[M]. 北京：经济科学出版社，2012.
[10] 谢凯南. 公司内控与外汇风险——以中信泰富巨亏事件为例[J]. 中国农业会计，2022(10): 28-31.
[11] 高伟. 2012. 企业内部控制机制建立与风险管理分析——以正保远程教育集团为例[J].财经界，2013(2): 113-114.
[12] 丁家丰，马军生. 企业授权审批体系的有关问题及实施路径[J]. 财务与会计，2012(5): 39-41.
[13] 韩亚培. 基于内部控制的财产保护体系构建研究——以 F 公司为例[J]. 商，2013(10).
[14] 财政部会计司. 企业内部控制规范讲解：2010[M]. 北京：经济科学出版社，2010.
[15] 丁栋虹. 创业学[M]. 上海：复旦大学出版社，2014.
[16] 杨正艺. 上市公司内部控制缺陷的多案例研究[D]. 石家庄：河北经贸大学，2022.
[17] 武志敏. 互联网传媒类企业融资风险案例研究——以乐视网为例[D]. 呼和浩特：内蒙古财经大学，2017.
[18] 郭浩芊. 上市公司信息违规披露案例与实证研究[D]. 成都：西南交通大学，2016.
[19] 安雪梅. 企业投资风险的分析和预测——对2009年我国钢铁企业投资风险的预测[J]. 2009(3): 100-103.
[20] 侯锋锐. PPP 项目融资风险管控及解决措施[J]. 金融天地，2020 (1): 78-79.
[21] 郑丽萍，赵杨. 上市公司财务舞弊的成因与治理研究——以瑞幸咖啡公司为例[J]. 管理现代化，2020(4): 4-6.
[22] 方红星，池国华. 内部控制[M]. 5 版. 大连：东北财经大学出版社，2022.
[23] 杨铭. 基层医疗卫生机构采购环节风险管理研究——以 G 医院为例[J]. 财务管理研究，2022(11): 47-52.
[24] 徐凤菊，赵新娥，夏喆. 企业内部控制与风险管理[M]. 2 版. 大连：东北财经大学出版社，2016.
[25] 李健. 风电制造 UPC 公司生产环节风险控制研究[D]. 天津：河北工业大学，2019.
[26] 游茂鑫. A 寿险公司销售环节内部控制研究[D]. 贵阳：贵州财经大学，2021.
[27] 李素鹏. 企业风控体系建设全流程操作指南[M]. 北京：人民邮电出版社，2020.
[28] 吕文栋. 公司战略与风险管理[M]. 北京：中国人民大学出版社，2020.
[29] 王满，沙秀娟，邓莹. 企业风险管理：风险识别与防范[M]. 北京：人民邮电出版社，2023.

教师服务

感谢您选用清华大学出版社的教材！为了更好地服务教学，我们为授课教师提供本书的教学辅助资源，以及本学科重点教材信息。请您扫码获取。

❯❯ 教辅获取

本书教辅资源，授课教师扫码获取

❯❯ 样书赠送

会计学类重点教材，教师扫码获取样书

清华大学出版社

E-mail：tupfuwu@163.com
电话：010-83470332 / 83470142
地址：北京市海淀区双清路学研大厦 B 座 509

网址：https://www.tup.com.cn/
传真：8610-83470107
邮编：100084